Die Märchen der Weltliteratur

Begründet von Friedrich von der Leyen

Schwedische Volksmärchen

Herausgegeben und übersetzt
von Kurt Schier

EUGEN DIEDERICHS VERLAG

CIP-Kurztitelaufnahme der Deutschen Bibliothek
Schwedische Volksmärchen
hrsg. u. übers. von Kurt Schier. –
14.–15. Tsd. – München: Diederichs, 1988
(Die Märchen der Weltliteratur)
ISBN 3-424-00427-8
NE: Schier, Kurt [Hrsg.]

14.–15. Tausend 1988
© 1971 by Eugen Diederichs Verlag GmbH & Co. KG, München
Einbandgestaltung: Gerhard Tubbessing
Gesamtherstellung: Passavia Passau
ISBN 3-424-00427-8

1. Der große und starke Bauernsohn Bären-Öra

Da war einmal ein Bauer, der hatte einen Sohn von sechzehn Jahren, der doch noch niemals in der Stadt gewesen war. Als nun der Sohn verlangte, mit dem Vater dorthin zu gehen, bekam er die Erlaubnis, und so gingen sie zusammen zur Stadt. Als sie nahe der Stadt waren, sahen sie Kanonen auf den Mauern der Festung, und der Sohn fragte, was für Dinge das denn wären.

»Das sind Kanonen«, sagte der Vater, »damit schießt man im Krieg.«

Da bat der Sohn den Vater, er solle ihm ein solches Ding zum Spielen kaufen.

»Du bist närrisch«, antwortete der Bauer, »zehn Mann könnten kaum das eine Ende heben, und du willst damit spielen.«

Aber der Sohn ging hin, hob das eine Ende mit einem Finger, und sogleich warf er sich die Kanone über die Schulter und trug sie so leicht wie einen Strohhalm. Da bekam der Bauer Angst vor der Stärke seines Sohnes; dann ging er mit ihm in die Stadt. Aber alles, was der Sohn da Großes und Schweres sah, das sollte ihm der Vater als Spielzeug kaufen. Endlich gingen sie wieder nach Hause. – Aber als der Sohn zwanzig Jahre alt war, wollte er hinaus und sein Glück in der Welt versuchen; deshalb bat er den Vater, ihm sein Erbe zu geben, und als der Vater fragte, worin das bestehen sollte, antwortete der Sohn:

»Ja, zwölf Ochsen sollen geschlachtet werden, aus der Haut von allen zusammen soll man einen Rucksack für mich ma-

chen, und das ganze Fleisch mit Brot soll man da hineingeben; und dann soll mir der Vater einen Stab aus zwanzig
Liespfund[1] Eisen und zwanzig Liespfund Stahl machen!«
Aus Furcht gab ihm der Vater alles, und er fragte ihn nur,
welchen Namen er jetzt führen wolle.

»Ja, mein Vater, ich nenne mich Bären-Öra, weil ich so stark
bin«, antwortete der Sohn; dann nahm er Abschied und
machte sich auf die Wanderschaft, mit seinem Sack auf dem
Rücken und seinem Eisenstab in der Hand.

Er ging nun durch große Wälder einen langen, langen Weg,
bis er zu einem breiten Strom kam, wo ein alter Mann stand
und das Wasser mit seinem Bart aufstaute.

»Weshalb machst du das so, Bruder?« sagte Bären-Öra zu
dem Alten.

»Ja«, sagte der, »damit die da unten nicht einen Tropfen
Wasser für ihre Mühlen bekommen.«

»Na«, sagte Bären-Öra, »da wirst du wohl schön stark sein,
und da habe ich Lust, dich ein wenig zu prüfen.«

Und so rang Bären-Öra mit dem Bartmann, daß der auf
beide Knie fiel.

»Du bist nicht übel!« sagte Bären-Öra. »Komm, wir wollen
miteinander gehen«; und so machten sie's.

Nachdem sie einige Tage zusammen gewandert waren, erblickten sie im Wald einen Mann, der riß große Eichen mit
der Wurzel aus.

»Guten Tag«, sagte Bären-Öra, »du scheinst tüchtig stark zu
sein, und drum möchte ich's einmal mit dir versuchen.«

Da griffen sie einander an, aber dieser Mann war stärker als
der mit dem Bart; dennoch zwang ihn Bären-Öra schließlich
auf ein Knie.

»Du bist nicht übel!« sagte Bären-Öra. »Komm, so wollen wir
alle drei gemeinsam gehen« – und so machten sie's.

So wanderten die drei starken Männer eine lange Zeit
zusammen, bis sie zu einer Hütte mit einem flachen Dach

[1] 1 Liespfund = ungefähr 8,5 kg.

kamen, und da gingen sie hinein, fanden jedoch niemanden drinnen; aber auf dem Feuer stand ein Topf und kochte.

»Hier lassen wir uns nieder und bleiben«, sagte Bären-Öra; und so geschah es.

Am ersten Tag sollte der mit dem Bart zu Hause bleiben und nach dem Essen sehen, und die beiden anderen wollten in den Wald hinausgehen und sich Wildbret verschaffen, und Bären-Öra sagte:

»Schau nun nach dem Kochtopf und laß dir von keinem das Essen wegnehmen!«, und so gingen sie in den Wald.

Aber als der Mann, der zu Hause geblieben war, den Topf vom Feuer genommen hatte, kam da ein Bergtroll herein und verlangte Essen. Der Mann mit dem Bart verweigerte es ihm wohl, aber der Bergtroll nahm ganz einfach den Topf und setzte ihn an den Mund und schüttete das ganze Essen in sich hinein und ging seines Weges. Jetzt kommt Bären-Öra mit dem anderen Kameraden nach Hause und fragt, ob das Essen fertig sei; aber der Mann mit dem Bart wagte nicht zu sagen, wie es zugegangen war.

Am anderen Tag sollte der, der Eichen mit der Wurzel herausgerissen hatte, zu Hause bleiben und nach dem Essen schauen; aber wieder kam der Bergtroll und schlang alles in sich hinein. Aber am dritten Tag sollte Bären-Öra selbst zu Hause bleiben und kochen: wieder kam der Bergtroll und wollte das Essen wegnehmen. Aber Bären-Öra sagte:

»Nun sehe ich, wie es mit den anderen gegangen ist – jetzt wirst du's gewahr werden«, und dabei erhob er seinen Eisenstab, daß das Dach davonflog; und damit mußte der Bergtroll weichen, ohne etwas zu essen zu bekommen. Er wurde aber so zornig, daß er eine große Eiche mit den Wurzeln herausriß und verschwand.

Als die anderen aus dem Wald nach Hause kamen, sagte Bären-Öra:

»Hier habt ihr jetzt Essen, denn ich hab's dem Bergriesen auch gegeben, aber mit Schwung durch die Tür.«

Als sie alle drei gegessen hatten, sagte Bären-Öra, sie müßten jetzt los und den Bergtroll im Wald suchen. Alle Bäume waren niedergebrochen, wo der Bergtroll mit der Eiche gegangen war, und so konnten sie seiner Spur leicht auf einen hohen Berg folgen, in dem sie ein bodenloses Loch sahen, und da war der Troll hinuntergegangen.

Nun lag der Berg dicht am Meeresufer, und draußen auf dem Wasser lag ein großes Schiff. Da nahmen sie ein Boot und ruderten dort hinaus und nahmen von den erschreckten Seeleuten das ganze Tauwerk des Schiffes. Sie schleppten alles hinauf zu dem Loch im Berg, banden alles zu einem Tau zusammen, und Bären-Öra läßt sich in den Berg hinein abfieren. Als Bären-Öra hinunterkam, erblickte er ein Schloß mit einem Burghof dabei, und dort lag eine ausgerissene Eiche. Aber er sah nirgends einen Eingang in das Schloß, nur einen kleinen Spalt; da nahm er einen so großen Stein, wie er ihn gerade heben konnte, und schlug so daran, daß es drinnen im Schloß dröhnte. Da kam eine Prinzessin heraus und sagte: »Ihr riecht nach Christenblut! Seine Majestät ist heimgekommen und ist sehr böse, denn irgendeiner scheint ihn erzürnt zu haben; aber wenn Ihr mir nur vertrauen wollt, so werde ich versuchen, Euch zu helfen.

Wenn nun der Bergkönig Euch zu sehen bekommt, so sagt er zu mir: ›Geh hinunter und zapfe Starkenflut für mich und Müdenflut für Euch‹ – die eine gibt Stärke und Mut, die andere nimmt Stärke und Mut; und dann reiche ich Euch Starkenflut, und da werdet Ihr doppelt so stark.«

Das merkte auch der Bergkönig sofort: er läuft zur Wand und nimmt sein Trollschwert; aber Bären-Öra rief: »Wart' ein wenig!«, und sogleich schlug er mit seiner Eisenstange den Bergtroll zu Tode. Im gleichen Augenblick kam ein altes, hinkendes Weib herzugelaufen und fragt, was denn hier los sei.

»Das sollst du gleich sehen!« antwortete Bären-Öra, zog das Schwert, das der Troll besessen hatte, und schlug der Alten den Kopf ab.

»Jetzt sind wir befreit!« rief die Prinzessin und erzählte Bären-Öra dann, daß sie eine Prinzessin von Reich-Arabien sei und daß sie vor zehn Jahren von dem Bergkönig in einer Wolke aus dem Schloßgarten geraubt wurde; und nun bat sie Bären-Öra, er solle sie heim nach Reich-Arabien bringen.

Das versprach Bären-Öra, ging mit der Prinzessin aus dem Schloß, band einen Korb an das Tau und ließ seine Kameraden die Prinzessin aus dem Berg hinaufziehen, und sogleich kam der Korb für Bären-Öra wieder herunter. Der aber ahnte eine Spitzbüberei und legte deshalb zur Probe in den Korb einen Stein, der ebenso schwer war wie er selbst. Und als der Stein ungefähr den halben Weg hinaufgezogen war, schnitten die Schurken das Tau ab, und der Stein fiel wieder herunter.

Jetzt glaubten die beiden anderen Kameraden, die die Prinzessin in ihrer Gewalt hatten, daß Bären-Öra tot oder für alle Zeit im Berge eingeschlossen sei. Deshalb zwangen sie die Prinzessin zu sagen, daß sie sie gerettet hätten, sonst drohe ihr der Tod, und das mußte sie auch versprechen. Aber die Hochzeit mit einem von den beiden sollte ein Jahr aufgeschoben werden.

So machten sie sich mit der Prinzessin auf die Wanderung und kamen nach einer Zeit nach Reich-Arabien, und dort wurde der König unendlich froh, als er seine schöne, weggeraubte Tochter wiederbekam; die erzählte jetzt von ihrem Schicksal und wie sie am Ende von diesen beiden starken Männern gerettet worden war und daß sie einem von ihnen übers Jahr ihre Hand versprochen hatte. Damit war der König sehr zufrieden, und die beiden waren am Königshof wie Prinzen angesehen und fühlten sich so.

Inzwischen geht Bären-Öra im Berg umher und ist traurig über seine Not und seine falschen Kameraden. Er geht jetzt ganz allein durch das Bergschloß und grübelt, aus einem Saal in den anderen, aus einer Kammer in die andere. Endlich findet er da eine kunstvoll gemachte Pfeife, und als er in die hineinbläst, kommt sogleich ein Diener hervor, der ihn fragt, was Seine Majestät befiehlt. Bären-Öra wurde stumm vor Verwunderung, aber, so dachte er bei sich, du mußt doch wohl etwas antworten, und da sagte er:

»Ich befehle etwas zu essen hierher!«, und im Augenblick stand da ein königlicher Tisch mit allerhand Speisen und Getränken.

Da dachte Bären-Öra: ›Hier hast du keine Not!‹, und als er sich sattgegessen hatte, befahl er ein Bett zu bekommen, und das geschah auch im Augenblick. Am anderen Morgen blies Bären-Öra in die Pfeife, und wieder kam derselbe Diener und fragte, was Seine Majestät befehle:

»Ich will was zu essen haben«, sagte Bären-Öra.

Während er aß, fragte der Diener, ob Seine Majestät nicht geruhen wolle, die Regimenter zu sehen.

»Was, gibt es hier so etwas!« sagte Bären-Öra.

»Ja, und sie sind auch tüchtig.«

Aber als Bären-Öra kam und ein Regiment sehen wollte, da bestand es aus Schlangen und Fröschen. Bären-Öra wunderte sich über ein solches Regiment, aber der Diener behauptete, das seien im Krieg die Zuverlässigsten. Darauf fragte Bären-Öra, ob es hier auch Pferde gebe. »Ja«, antwortete der Diener, »drei Paar, eines, das läuft hundert Meilen in der Stunde, das andre Paar läuft zweihundert und das dritte dreihundert Meilen in der Stunde.«

Danach fragte er:

»Gibt es hier irgendwelche königliche Kleider?«

»Ja«, antwortete der Diener, »drei von dem vorigen König.« Aber die waren so groß, daß Bären-Öra gerade durch jeden Ärmel hindurchgehen konnte. Da fragte Bären-Öra nach einem Schneider, den ihm der Diener sogleich verschaffte, und der änderte das prächtige goldgestickte Kleid nur dadurch, daß er es ein paar Mal schüttelte.

»Hier gibt's nette Leute«, sagte Bären-Öra.

Aber nun begann er an die Prinzessin zu denken, befahl die

besten Pferde vorzuführen und sagte, der Diener solle ihn nach Reich-Arabien fahren.

»Ja«, sagte der Diener, »die Prinzessin hat auch schon viel an Eure Majestät gedacht; morgen aber soll sie mit dem, der Eichen mit der Wurzel herausgezogen hat, getraut werden.«

Nun hatte es Bären-Öra eilig; und es ging über Berge, Seen und Wälder, und am nächsten Tag stand die Kutsche auf dem königlichen Schloßhof in Reich-Arabien.

Die Prinzessin, die eben am Fenster stand, kannte Bären-Öra sogleich an seinem großen Stab wieder, und sie rief laut ihrem Vater, dem König, zu:

»Jetzt kommt der, der mich von dem Bergtroll gerettet hat!«

Als Bären-Öras zwei falsche Kameraden das sahen und hörten, flohen sie Hals über Kopf vom Schloß. Und so bekam Bären-Öra die Prinzessin als Gemahlin. Zu seinem treuen Diener sagte er:

»Reise nun zurück in das Bergschloß und sei dort König an meiner Stelle.«

Danach wurde der große und starke Bauernsohn Bären-Öra König über ein großes Reich.

2. Die Prinzessin in der Erdhöhle

Es war ein König, der hatte eine Tochter. Und als sie einen Freier hatte, der dem König nicht zusagte, da ließ er im Wald eine Erdhöhle bauen und gab ihr sieben Mägde und für sieben Jahre Essen und für sieben Jahre Licht und für sieben Jahre Holz und auch einen kleinen Hund mit in die Höhle. Und dann ließ er die Höhle zumachen, und nun war die Prinzessin ganz abgeschlossen von der Welt und vom Licht und von allem.

Als nun die sieben Jahre zu Ende waren, da starb eine Magd nach der anderen, bis alle sieben tot waren. Und jetzt hatte sie nichts mehr, weder Essen noch Licht oder Holz.

So fing sie an, an der Decke der Höhle zu schürfen, und sie schürfte, daß ihre Nägel ganz abgewetzt wurden. Endlich hatte sie da ein kleines Loch, so eng, daß sie gerade den kleinen Hund hindurchstecken konnte. Und da half er ihr, an der Erddecke von außen her zu graben, so daß sie selbst heraufkommen konnte. Aber da fand sie sich nicht zurecht und wußte auch keinen Weg zu anderen Menschen, und da wanderte sie nur den ganzen Tag dahin.

Da kam ein großer Bär, der hatte Hunger, und er sagte zu ihr, wenn er den kleinen Hund bekäme, sagte er, da dürfe sie auf ihm reiten, und er werde sie zu Menschen bringen.

Wenn sie auch das kleine Tier ungern entbehren wollte, so mußte sie doch dem Bären seinen Willen lassen, um wieder zu Menschen zu kommen. Und der Bär verschlang den Hund auf einen Sitz. Danach durfte sie sich auf seinen Rücken setzen, und er trottete mit ihr weiter bis in die Nähe eines Köhlers, der an seinem Meiler Kohlen brannte. Und da hieß er sie absteigen und sagte, er wage es nicht, bis zu dem Köhler zu gehen, nun müsse sie selbst zu ihm gehen.

Da ging sie zu dem Köhler und bat ihn um ein wenig Essen, und er gab es ihr mit der Bedingung, daß sie ihm helfen sollte, die Kohlen zu löschen.

Später begleitete er sie zu einem Königshof in der Nähe, und da fand sie einen Dienst als Hühnermagd.

Der König dort sollte gegen seinen Willen ein Frauenzimmer heiraten; die war schwanger, aber er wußte nichts davon. Weil sie nun am gleichen Tag ihr Kind zur Welt bringen sollte, an dem sie heiraten sollte, überredete sie die Hühnermagd, an ihrer Stelle als Braut zu gehen. Währenddessen lag sie im Stall und bekam ihr Kind.

Als sie nun zur Kirche ritten, trat das Pferd der Hühnermagd auf einen Stein. Da sagte sie:

>Huf am Steine, klinge laut!
Zu Haus im Stalle gebiert ein Kind die junge Braut.«

Darauf wandte sich der König zu ihr und fragte:
»Was ist es, was du da sprichst, mein Lieb?«
Sie aber sagte nur:
»Ich spreche mit meiner Magd.«
Dann kamen sie zu einem großen Schiff, das ihrem Vater,
dem König, gehört hatte, aber niemand konnte es von der
Stelle bringen, wenn er nicht seinen Namen wußte. Als sie es
zu sehen bekam, rief sie:

> »Bomarusa, große, liegst du da,
> wie oft ich einst von meines Vaters Land
> dich ausfahren sah!«

Darauf setzte sich das Schiff in Bewegung, daß das Wasser
Wellen schlug.
Da fragte der König:
»Was ist es, was du da sprichst, mein Lieb?«
Da antwortete sie:
»Ich spreche mit meiner Magd.«
Dann war da eine Brücke, die wollte unter einem Brautzug
nicht stille liegen, wenn einer aus königlichem Geschlecht war,
der andere aber nicht. Dabei sagte der König:
»Nun weiß ich nicht, wie es mit dir steht, da du kein Königs-
kind bist, denn diese Brücke liegt nicht stille, wenn wir nicht
beide aus Königsgeschlecht sind.«
Darauf sagte sie:

> »Brücke, Brücke, bleib stille lieg'n,
> zwei Königskinder nun über dich ziehn!«

Da fragte der König:
»Was ist es, was du da sprichst, mein Lieb?«
Da antwortete sie:
»Ich spreche mit meiner Magd.«
Als sie nun bei der Kirche anlangten, waren sie zu früh ge-
kommen, ehe noch der Pfarrer da war. Da wandte sich der

König zu der Braut und fragte, ob sie nicht etwas Neues zu erzählen hätte, während sie warteten, und sie sagte darauf:

>»Sieben Jahr in der Höhle ich saß,
> Lieder und Märchen ich alle vergaß.
> Viel ist mir bekannt,
> Kohlen hab ich gebrannt,
> viel hab ich gelitten,
> auf dem Bären bin ich geritten,
> jetzt reite ich als Braut,
> für eine schöne Jungfrau werd' ich getraut.«

Der König fand sie überaus schön und nahm eine Goldkette und legte sie ihr um den Hals, aber den Schlüssel dazu behielt er selbst.

Als nun die Hochzeit in der Kirche zu Ende war, ritten sie nach Hause und sollten da zu Mittag essen, und da kam die, die zu Hause geblieben war und die richtige Braut sein sollte, auch mit zur Mittagstafel.

Da war der König ungehalten darüber, daß sie so bleich war, und er glaubte, er sei betrogen, und darum fragte er sie, was sie gesagt hätte, als ihr Pferd auf einen Stein getreten war.

Da antwortete sie – sie habe es vergessen, aber sie werde ihre Magd fragen.

Dann ging sie zu der Hühnermagd und fragte sie. Doch die sagte, sie habe es ganz vergessen, aber sie wollte nur vor der richtigen Braut nicht darüber sprechen. Die ging damit zum König und sagte, sogar die Magd habe es vergessen.

Da fragte sie der König, was sie sagte, als sie das Schiff erblickt hatte.

Das habe sie auch vergessen, sagte sie, aber sie wolle ihre Magd fragen. Und als sie das von der Hühnermagd erfahren hatte, berichtete sie es dem König.

Da fragte der König:

>»Wo ist die Goldkette, die ich dir um den Hals gelegt habe?«
Da sagte sie:

»Die hat meine Magd.«

Da antwortete der König:

»Das war eine Lüge. Hier muß Betrug im Spiel sein, denn die Kette kann kein anderer lösen als ich«, und darauf befahl er, daß alle Frauen und Mädchen, die es im Schloß gab, vor ihn gebracht werden sollten.

Und alle kamen herein, nur die Hühnermagd nicht.

Aber der König sagte:

»Hier unter diesen ist die rechte nicht, da müssen noch ein paar andere zu finden sein.«

Da sagte die Braut, da sei niemand mehr zu finden, nur noch eine elende Hühnermagd.

Aber der König antwortete:

»Wie elend sie auch sein mag, sie soll hereinkommen.«

Als sie hereingekommen war, da sah der König an ihrem Gesicht, daß es die war, die er geheiratet hatte, und sie trug auch die Goldkette am Hals, und da sagte er:

»Hier ist die, die ich heute geheiratet habe, und sie soll nun auch die richtige Braut sein.«

Und darauf erzählte sie, daß auch sie eine Königstochter sei und gerade die, die des Königs erste Liebe gewesen war.

Da wurde die andere bleiche Braut aus dem Wege geschafft.

Und der König mit seiner rechten Braut – die lebten sehr gut zusammen.

3. Der weiße Bär

Es war ein König, der hatte zwei Söhne. Eines Tages waren sie draußen auf der Jagd, und da kamen sie an einem kleinen Haus vorbei. Da wohnten drei Mädchen.

»Heute sind die Prinzen unterwegs«, sagte das eine Mädchen.

»Es ist so traurig mit den Prinzen da«, sagte das zweite.

»Wenn der ältere Hochzeit hat, wird er wahnsinnig, steht auf und geht mit dem Messer auf seinen Vater los. Da steht der jüngere auf und nimmt ein Messer und umfährt damit den Arm seines Bruders, und dann setzt er sich, und es ist alles wieder gut und in Ordnung. Aber mit dem jüngeren geht es schlimmer. Wenn er seine Hochzeit hat, kommt der weiße Bär und holt ihn.« Das hörten die Prinzen.

Nun, als der ältere seine Hochzeit hatte und man sich des Abends zu Tisch setzte und speisen wollte, da wurde er wahnsinnig und sprang auf und nahm ein Messer und wollte es seinem Vater in die Brust stoßen. Da sprang der jüngere auf und nahm ein Messer und fuhr damit um seines Bruders Arm, und dann setzte er sich, und alles war wieder ruhig.

Als der jüngere seine Hochzeit halten wollte, da ließ ihn der König von dreihundert Mann bewachen. Spät am Abend kam der weiße Bär, und er tötete alle bis auf einen. Das dauerte, bis es gegen Morgen heller wurde. Da machte sich der weiße Bär davon. Und da sagte er: »In der nächsten Nacht komme ich wieder, und da bin ich noch einmal so stark.«

Da ließ der König sechshundert Mann antreten, und sie kämpften die ganze Nacht mit dem weißen Bären, bis es Tag wurde. Da waren nur noch zwei übrig. »In der nächsten Nacht komme ich wieder«, sagte der Bär. »Da bin ich noch einmal so stark.«

Da ließ der König neunhundert Mann antreten. Die kämpften die ganze Nacht mit ihm, und am Morgen waren nur noch drei übrig. Als er dann ging, sagte er: »Jetzt ist er ein Jahr frei von mir, aber dann komme ich und hole ihn.«

Nun sagt der Prinz zu seinem Vater: »Es wird gut sein, wenn ich mich davonmache, denn der Vater kann nicht so viele Leute meinetwegen umkommen lassen. Ich gehe auf Wanderschaft.«

Die drei Mädchen waren aus dem Häuschen ausgezogen, und jedes wohnte jetzt an einem anderen Ort für sich. Nun war die Zeit da, zu der der weiße Bär kommen und den Prinzen holen wollte. Der war gar nicht wenig gewandert. Da kam er in eine kleine Hütte und fragte, ob er hier nicht Nachtlogis bekommen könnte, und dann erzählte er auch, daß der weiße Bär bald soweit sein würde, ihn zu holen. Da sagte sie, die da in der Hütte wohnte, zu ihrer Magd: »Mach dich jetzt auf und gib dem Hundschön einen großen Eimer voll, damit er sich gut sattessen kann. Er muß heute nacht mit dem weißen Bären kämpfen.« Sie kämpften die ganze Nacht, bis es Tag wurde. – »Ja, in der nächsten Nacht komme ich wieder, und da bin ich noch einmal so stark«, sagte der Bär.

Am Morgen – nun war er den ganzen Tag von dem Bären befreit – bekam der Prinz diesen Hund von dem Mädchen. Und dann bekam er auch noch eine Rute von ihr. Wenn er irgendwohin zu einem Wasser käme, über das er nicht hinüberkommen konnte, so sollte er dreimal mit der Rute in das Wasser schlagen, und dann könnte er trockenen Fußes hinübergelangen. Und dann bekam er noch ein Garnknäuel. Wenn er das Garn am Ende hielt, so rollte das Knäuel vor ihm dahin. Das war sein Wegweiser. Kurz vor dem Abend kam er zu der zweiten Schwester und fragte, ob er hier nicht über die Nacht Logis haben könnte. Da sagt sie zu ihrer Magd: »Jetzt sollst du Hundschön und Hundstark so viel Essen geben, wie sie haben wollen, denn sie müssen heute nacht mit dem weißen Bären kämpfen.« Am Morgen sagt der weiße Bär zu ihnen: »In der nächsten Nacht komme ich wieder, und da bin ich noch einmal so stark.«

Dann bekam der Prinz diesen Hund auch noch, und jetzt hatte er zwei solche Hunde. Und dann bekam er ein Knäuel, und wenn er das Garn am Ende hielt, rollte das Knäuel vor ihm her. Kurz vor dem Abend war er bei der dritten Schwester. Als er bei ihr ankam, klagte er darüber, daß ihn der weiße Bär holen würde. Da sagt sie ihrer Magd, sie solle ordentlich Essen bereiten für Hundschön und Hundstark und Hundschlund – so hieß ihr Hund. So kämpften sie dann die ganze Nacht mit dem Bären. Zuletzt sagt er: »Jetzt seid Ihr ein Jahr von mir frei.«

Als der Prinz von der dritten Schwester Abschied nahm, bekam er von ihr eine Pfeife, und wenn er dreimal darauf blies, dann wußten die Hunde, daß er in Lebensgefahr war. So machte er sich wieder auf seine Wanderschaft und hatte alle drei Hunde bei sich. Nun ging er fort in ein anderes Land und zu einem anderen König, und dort verheiratete er sich mit dessen Tochter. Aus der ersten Hochzeit wurde nichts.

Einmal, früh am Morgen, war seine Frau draußen und ging spazieren. Es war noch dunkel. Da konnte sie hören, daß auf der anderen Seite des Sees jemand war, und der sang ganz schrecklich schön. – »Hör du, der da singt«, rief sie, »kannst du mich nicht singen lehren?« – »Ja, geh nur zu deinem Herrn und nimm die Rute, die über seinem Bett hängt, und schlage damit dreimal ins Wasser. Dann kann ich von hier fortkommen und dich singen lehren.« – Ja, sie geht hinein, und da liegt der Prinz und schläft. Sie nimmt die Rute und schlägt dreimal ins Wasser. So kam der weiße Bär herüber und zu ihr. Er war es, der gesungen hatte, aber jetzt kümmerte er sich nicht ums Singen, denn er wollte jetzt drauflos und den Prinzen holen, aber da paßten die Hunde auf und töteten den Bären.

An einem anderen Morgen war sie wieder draußen und ging spazieren – jetzt war es eine Freude, weil nun der Bär fort war. Sie ging unten am Strand des Sees entlang, und da fand sie einen Bärenzahn. Man sagt, der soll glänzen wie Gold. Sie steckt ihn an ihre Brust, und dann geht sie zum Prinzen und wollte ihm zeigen, was für einen Fund sie gemacht hatte. Er lag in seinem Bett. Die Frau beugte sich weit über ihn, und sogleich verlor sie den Zahn, und er fiel nieder auf den Prinzen. Da starb er, so daß er nun doch von dem Bären getötet wurde. Die Hunde wurden ganz toll vor Zorn auf die Prinzessin.

Dann sollte er begraben werden, aber man häufte nicht gleich Erde über ihn, sondern er wurde erst nur so beigesetzt. Da sagen die Hunde: »Das wenigste, was wir für unseren Herrn tun können, ist, daß wir jeder eine Nacht bei ihm wachen.« Hundschön sollte die erste Nacht Wache halten. Als er am

Morgen zurückkam, berichtete er den anderen, daß er nicht habe wachbleiben können – er habe in der Nacht geschlafen. Da sagte Hundstark zu ihm: »Heute nacht werde ich wachen, aber ich werde nicht schlafen.« Als er aber am nächsten Morgen nach Hause kam, klagte er über sich, denn er hatte auch geschlafen.

Da sagt Hundschlund: »Heute nacht werde ich wachen, aber ich werde nicht schlafen.« Als in der Nacht die Uhr zwölf schlug, kamen zwei kleine alte Männlein auf den Friedhof. Der eine hatte eine Laterne in der Hand, der andere eine Flasche und eine Feder. Dann tauchte er die Feder in die Flasche und ließ ein paar Tropfen auf einen Sarg herniederfallen, und der, der im Sarg lag, der wurde lebendig. Es war einer von den Leuten des Alten. Da sagt Hundschlund: »Mein lieber Herr, streicht mit der Feder über meines Herren Sarg!« – »Nein, das tue ich nicht, denn du gehörst nicht zu meinen Leuten.« – »Ach, mein lieber Herr, laßt doch nur einen Tropfen darauffallen!« – Ja, und da ging der Alte weg und ließ ein paar Tropfen auf den Sarg fallen, und da erhob sich der Prinz. Dann kamen Hundschlund und der Prinz nach Hause, und die anderen Hunde wurden so froh, als sie ihren Herrn wiederbekamen.

Da sagten die Hunde zu ihm: »Wir sollten von hier weggehen, denn wie sich deine Frau anstellt, bringt sie dich zuletzt doch noch ums Leben!« Dem Prinzen deuchte, die Hunde hätten ihm schon so viel Gutes getan, daß er es nicht ablehnen wollte, ihnen zu folgen. Sie schlugen vor, er solle in seine Heimat zu seiner ersten Frau gehen. Und so machten sie sich wieder auf die Wanderschaft.

Als sie schon lange gegangen waren, kamen sie zu einem großen hohen Berg, und der Bergriese hatte da seine Tür offenstehen. Und der Bergriese hat Angst vor den Hunden. Er sagt zum Prinzen: »Ach, du wirst mich doch an Brei satt essen lassen, bevor ich sterbe!« – »Ja«, sagte der Prinz. – »Ich habe kein Wasser hier drinnen. Du könntest einen von

deinen Hunden hinunter zur Quelle nach Wasser gehen lassen.« – »Ja, geh du, Hundschön!« befahl der Prinz. Als Hundschön hinunter zur Quelle gegangen war, nahm der Riese eine
Eisenkette und warf sie ihm nach, und er mußte dort ge-
fesselt stehenbleiben. »Er kommt nicht zurück«, sagte der
Bergriese. »Du solltest den anderen gehen lassen.« – »Geh
du, Hundstark!« sagt der Prinz. Der Riese warf wieder eine
Eisenkette, und auch Hundstark wurde an der Quelle festgehalten. »Nein, der kommt nicht wieder zurück«, sagte der
Riese. »Ich kann mich doch nicht mehr an Brei sattessen!
Du solltest den dritten gehen lassen.« – »Ja, da mußt du gehen,
Hundschlund!« Und der Riese schleuderte wieder eine Kette.
»Jetzt bringe ich dich um«, sagte er. »Alle drei Hunde stehen
gefesselt an der Quelle.« – »Ich bin freundlich zu dir gewesen«, antwortete der Prinz, »und so sollst du auch freundlich
zu mir sein. Erlaubst du mir, dreimal diese Pfeife zu blasen,
bevor ich sterbe?« Ja, dafür bekam er die Erlaubnis. Als er
das erstemal blies, zerrten die Hunde an ihren Eisenketten
und klagten: »Nun ist unser Herr in Lebensgefahr!« Beim
zweiten Mal geschah das gleiche. Als er das dritte Mal blies,
rissen sie sich los – und runter mit den Ketten und die Hunde
davon, und sie töteten den Bergriesen. Danach nahmen sie
Gold und Silber – denn da gab es große Schätze –, so viel sie
tragen konnten. Dann machten sie sich wieder auf die Wanderschaft.
Als sie nun so weit gegangen waren, daß sie schon nahe der
Heimat des Prinzen waren, setzten sie sich auf einer kleinen
grünen Wiese nieder, um auszuruhen. Da war mitten in der
Wiese eine Quelle. Da sagen die Hunde zu dem Prinzen:
»Nun soll der Prinz uns ergreifen und jeden von uns in drei
Stücke zerhauen, die Stücke gut waschen und sie dicht neben-
einanderlegen.« – »Das kann ich nicht. Ihr habt mir soviel
Gutes getan – daß ich euch dann so etwas antue, das kann
ich nicht!« – »Ja, dann werden wir's eben so mit dir ma-
chen!« sagen die Hunde.

Da dachte er, es seien ja doch nur Hunde, da könnte es ja nicht gar so arg sein, auch wenn sie ihm soviel Gutes getan hatten. Und so hieb er jeden von ihnen in drei Stücke und wusch die Stücke und legte sie dicht nebeneinander.

Dann ging er weiter. Er war schrecklich traurig. Als er ein Stück gegangen war, da mußte er doch zurückblicken, und da kamen drei Prinzen hinter ihm her. Das waren die Hunde gewesen.

4. Lasse mein Knecht
oder Herzog Meves von Sevelin

Es war einmal ein reicher mächtiger Herzog, der hieß Meves, und sein Herzogtum hieß Sevelin, und es lag weit entfernt im Süden. Der Herzog war ein junger und schöner Ritter, und weil er zudem auch sehr begierig nach Neuem war und große Lust an Abenteuern fand, übergab er bald das Herzogtum einem jüngeren Bruder zur Verwaltung und begab sich auf Reisen in fremde Länder. Wo er auch hinkam, trat er mit großer Pracht auf, und je weiter er sich von seiner Heimat entfernte, um so leichter wurde sein Geldbeutel. Mit dem Geld verschwand auch alle Pracht; bald wurde er von seinem letzten Diener verlassen, und am Ende mußte er sein Pferd, die Rüstung und alles verkaufen, um einen Zehrpfennig für den langen Weg heim in sein Reich zu erhalten. Als er so von allem entblößt war, was früher sein Stolz gewesen war, und gezwungen, die Barmherzigkeit der Menschen anzurufen, kam er eines Abends müde und hungrig in einen großen Wald, und je weiter er ging, um so dichter und dunkler wurde der Wald. Als er schon nahe dabei war, aus Hunger und Durst zu verschmachten, fand er endlich eine einsame Hütte, die gar armselig anzusehen war. Daß dieser Anblick seinen betrübten Sinn erfreute, kann man wohl verstehen. ›Sicherlich finde ich hier irgendeinen einfachen und hilfreichen Menschen, der sein bißchen Brot mit mir teilen will‹, dachte er, und so trat er zuversichtlich ein. Aber drinnen war es dunkel, und nichts deutete darauf hin, daß die Hütte irgendwann seit langer Zeit bewohnt gewesen wäre. Er sammelte ein bißchen dürres Reisig, legte es auf den Herd und schlug Feuer, aber nicht einen Stuhl, nicht einen Tisch und noch viel weniger ein Bett konnte er entdecken. Das einzige Möbelstück, das sich hier fand, war eine alte Truhe, und weil er hoffte, er könnte darin etwas finden, seinen Hunger zu stillen, öffnete er das Schloß. Die Truhe enthielt eine zweite, etwas kleinere, und die wieder eine, und so weiter, bis zur Größe von Kästchen, und immer steckte eines im anderen und war kleiner als das vorige. Der Herzog fuhr doch fort mit seiner Suche, bis er zum innersten Kästchen kam, das war nicht größer als ein ganz gewöhnlicher Fingerhut.

Er öffnete auch das und fand darin einen sorgfältig zusammengerollten, aber vom Alter vergilbten Pergamentstreifen, auf dem mit uralten Buchstaben die folgenden Worte geschrieben standen:

»Lasse mein Knecht.«

Nach so großer Beschwerlichkeit hatte er gehofft, im innersten Kästchen eine seltene Perle oder einen Edelstein zu finden, und nun war dieser Fetzen alles, was er für seine Mühe erhielt. Er war in seiner Erwartung betrogen und drehte ihn nach allen Seiten. Konnte wohl dieser Pergamentstreifen so kostbar sein, daß er so gut verwahrt werden mußte? Er betrachtete ihn noch einmal und rief verzweifelt aus:

»Lasse mein Knecht!«

Aber kaum hatte er diese Worte ausgesprochen, als auch schon eine Stimme dicht hinter ihm antwortete:

»Was befiehlt mein Herr?«

Erstaunt wandte er sich um, und sieh da – ein kleiner einäugiger alter Mann in grauen Kleidern stand vor ihm und verbeugte sich. Er rief noch einmal:

»Lasse mein Knecht!«

Und der kleine Mann verbeugte sich noch tiefer als das erste Mal und antwortete:

»Was befiehlt mein Herr?«

»Ja«, sagte der Herzog, »wenn du Lasse *mein* Knecht bist und zu irgendwas imstande bist, dann besorge mir eine Mahlzeit, denn das habe ich jetzt am allernötigsten.« Lasse verbeugte sich und verschwand, und bald war das köstlichste Essen mit den feinsten und wohlschmeckendsten Gerichten und den kostbarsten Weinen aufgedeckt. Der Herzog war aufs äußerste überrascht und erfreut und setzte sich zu Tisch und tat den Speisen alle Ehre an. Als er seinen Hunger ganz gestillt und seinen Durst gelöscht hatte, rief er:

»Lasse mein Knecht!« –

»Was befiehlt mein Herr?« –

»Ein gutes Bett, wenn du mir das beschaffen kannst –« und schon war es da. Durch diesen Beweis von Lasses Fähigkeiten wuchs des Herzogs Begehr nach anderen Bequemlichkeiten, die er so lange entbehrt hatte, und es ging so, wie das Sprichwort sagt: »Mehr will mehr haben.«

»Was befiehlt mein Herr?«

»Lasse mein Knecht!« –

»Nachdem du mir schon so große Dienste erwiesen hast, so verwandle diese Hütte in ein großes Schloß, das prachtvollste, das sich ein Fürst wünschen kann« – und im Augenblick fand sich der Herzog im prächtigsten Schlafgemach, das er sich denken konnte, und die Hütte war verwandelt in ein großes Schloß mit hohen Türmen, goldenen Spitzen und allerlei Zierat. Nun meinte der Herzog, daß er nach den Mühen des Tages ruhen könnte, und so begab er sich zu Bett.

Der König des Reiches, in dem sich das neue Schloß durch Lasses Zauberkraft aus dem Wald erhoben hatte, wohnte nicht weit entfernt, und aus dem Fenster seiner Burg entdeckte er am folgenden Morgen die Türme und die goldenen Wetterfahnen, die über die Baumwipfel hinwegschimmerten. Er rief nach seinen Hofleuten. – »Seht ihr dort das Schloß?«

– Ja, das sahen sie alle. – »Wer ist der verwegene Kerl, der es wagt, ohne meine Erlaubnis eine solche Burg in meinem Reich zu bauen?« – Die Hofleute duckten sich, aber keiner wußte etwas hierüber zu erzählen, so gerne sie es auch getan hätten. – »Sendet sogleich einen Herold und dreihundert Ritter aus, sie sollen mir alles berichten.« – So geschah es. Der Herold und die dreihundert Ritter, in Silberharnische gekleidet und mit blinkenden Helmen, stiegen zu Pferd, und von seinem Fenster bemerkte der Herzog bald den glänzenden Zug. Er wurde unruhig und rief:

»Lasse mein Knecht!« –

»Was befiehlt mein Herr?« –

»Einen Herold und sechshundert Ritter mit goldenen Brünnen und Helmen« – und sogleich waren sie vor der Burg aufgestellt. Als des Königs Ritter angelangt waren und der Herold ihre Botschaft verkündet hatte, antwortete der Herzog, er habe sich nicht in feindlicher Absicht in des Königs Land niedergelassen, sondern er wolle gern sein Untertan sein und treu und freundschaftlich zu ihm stehen und ihm in Rat und Tat helfen. Den Leuten des Königs schien das eine gute Antwort von einem so über alle Maßen mächtigen und reichen Herrn, und nachdem sie vom Herzog so gut aufgenommen worden waren, machten sie sich wieder auf den Rückweg zum König, um ihm die Botschaft zu überbringen. Ihnen folgten des Herzogs Herold und dreihundert Ritter, die im Namen des Herzogs den König zu einem großen Gastmahl in das neue Schloß einladen sollten. Der König wunderte sich sehr über all die Pracht, die des Herzogs Gefolge zeigte, noch mehr aber über das, was ihm seine eigenen Leute von den Herrlichkeiten des Schlosses schilderten. Er dankte für die Einladung und versprach, am nächsten Tag zu kommen. Mit dieser Antwort kamen der Herold und die Ritter zum Herzog zurück, und nun war nichts anderes zu tun als zu rufen: »Lasse mein Knecht!« –

»Was befiehlt mein Herr?« –

»Ich habe den König zu Gast geladen, und nun will ich, daß du ein Gastmahl ausrichtest, so prächtig, wie du es nur kannst.« – Und als der König mit seinem Hofstaat anlangte, da war schon das herrlichste Gastmahl bereitet, und wenn er auch sich selbst und sein Gefolge aufs prächtigste gekleidet hatte, so waren sie doch nur wenig besser als Bettler im Vergleich mit dem Herzog und seinen Leuten, die aus allen Nähten von Gold und Edelsteinen nur so leuchteten. Der König ward aufs allerbeste aufgenommen und verband sich mit dem Herzog in fester Freundschaft; danach kehrte er wieder zurück zu seinem eigenen Schloß und war sehr zufrieden mit seinem neuen Nachbarn.

Der König hatte eine einzige Tochter, so lieblich und schön, daß kein Mensch sagen konnte, wie schön sie eigentlich war, denn niemand hatte je ihresgleichen gesehen. Sie war aber nicht mit bei dem Gastmahl gewesen. Der Ruhm ihrer Schönheit war doch dem Herzog zu Ohren gekommen, und er empfand großes Verlangen nach ihr. Deshalb, als der König zu seinem Schloß zurückgekehrt war, rief der Herzog:

»Lasse mein Knecht!« –

»Was befiehlt mein Herr?« –

»Ja, daß du sogleich die Prinzessin vom Königsschloß hierherbringst, aber nimm dich nur in acht, daß du sie nicht aufweckst.« Kaum hatte er diese Worte ausgesprochen, da wurde auch schon die Prinzessin schlafend auf sein Bett gelegt. Der Herzog betrachtete sie genau, und als er sah, daß man sie nicht zu Unrecht rühmte, sondern daß sie das allerschönste Mädchen war, das er jemals erblickt hatte, so weit er auch in der Welt umhergezogen war, da entzündete sich in seinem Herzen das höchste Verlangen, sie zu besitzen. Und was waren wohl alle seine Herrlichkeiten wert, wenn er nicht eine edle Gemahlin hatte, die sich mit ihm darüber freuen konnte. Er drückte einen glühenden Kuß auf ihre Lippen.

»Lasse mein Knecht!« –

»Was befiehlt mein Herr?« –

»Ja, daß du sogleich die Prinzessin in ihr Gemach im Schloß zurückbringst, und nimm dich nur in acht, daß du sie nicht aufweckst.« – So geschah es auch.

Als der König am Morgen, wie es seine Gewohnheit war, seine Tochter hoch oben in ihrem Gemach besuchte und ihr des Herzogs Schloß beschrieb und all die Pracht und Herrlichkeit, die er da erblickt hatte, sagte die Prinzessin: »Alles, was Ihr nun erzählt, ist wahr, denn ich habe es selber im Traum heute nacht gesehen, und mir schien, daß der Herzog der stolzeste und schönste Ritter war, den ich jemals gesehen habe, und auch, daß er einen glühenden Kuß auf meine Lippen drückte« – das fügte sie hinzu und wurde rot dabei. – »Ja, und es kommt mir auch gerade so vor, als ob das kein Traum gewesen wäre, und ich fühle es in meinem Herzen, daß ich ihn und keinen anderen zu meinem Herrn und Gemahl haben will.« – Dem König gefiel es nicht sonderlich gut, was die Prinzessin da sprach, denn er hatte sie einem mächtigen Königssohn in einem Nachbarreich verlobt. Aber es war nicht die rechte Zeit, nun darüber zu sprechen, denn er hatte ja den Herzog zu Gast geladen, und das Schmettern des Horns verkündete schon seine Ankunft. Der König nahm den Herzog mit großen Ehren auf, und als er den stolzen Ritter so sah und an die Worte seiner Tochter dachte, da schien er ihm doch der prächtigste Schwiegersohn, den er sich wünschen konnte. An der Tafel erhielt der Herzog seinen Platz neben der Prinzessin, und überall unter den Hofleuten hörte man es raunen, daß man nirgendwo sonst ein schöneres Paar sehen könnte. Hübsche Worte und sanfte Augen bauen der Liebe bald eine Wohnstatt, sagt das Sprichwort, und so ging's auch hier; und als der König sah, wie jeder seinen Sinn ganz dem anderen zuwandte, da vergaß er bald sein Versprechen an den Sohn des Nachbarkönigs. Als ihn der Herzog später voller Liebe um die Hand der Prinzessin bat und der König auch den Wunsch seiner Tochter vernahm, da bekam der Herzog des Königs Jawort, und die Hochzeit wurde wenig später gefeiert mit aller nur möglichen Pracht und Herrlichkeit.

Als ein Jahr zu Ende gegangen war, gebar die Prinzessin dem Herzog einen Sohn, und jetzt herrschte Freude im ganzen Königreich, und das kann man wohl verstehen, denn der junge Prinz sollte ja dereinst das Königreich nach seinem Großvater erben. Alle Könige und Fürsten, Königinnen und Prinzessinnen weit im Umkreis wurden zu Gevatter gebeten, und der Herzog gab ein Gastmahl, daß keiner, der daran teilnahm, sich erinnern konnte, auch nur im Traum etwas Ähnliches gesehen zu haben. Der Herzog fühlte sich über alle Maßen glücklich, und als die Gäste nach drei Tagen wieder abgereist waren, meinte er, es wäre nun an der Zeit, auch den zu belohnen, der ihm aus Armut und Not zu solcher Herrlichkeit und solchem Glück verholfen hatte. Deshalb rief er:

»Lasse mein Knecht!« –

»Was befiehlt mein Herr?« –

»Ja«, sagte der Herzog, »jetzt hast du mir zwei ganze Jahre treu gedient, hast mir Ehre und Glück gebracht und hast mir an Gut und Schätzen viel mehr gegeben, als irgendein anderer Fürst in der ganzen Welt besitzen kann. Wie soll ich dir das vergelten?« Lasse verbeugte sich bis zur Erde und dankte dem Herzog für sein Wohlwollen. – »An Gut und Geld habe ich viel mehr, als ich verlange«, sagte er, »und solches Ansehen und Glück, wie ich es anderen schenken kann, könnt Ihr, gnädiger Herr, mir nicht geben. Es ist deshalb nur meine demütige Bitte, daß Ihr mir Urlaub aus Eurem Dienst gewährt und den kleinen Zettel zurückgebt, der in dem kleinsten Kästchen in der großen Truhe verwahrt war, die Ihr damals vor zwei Jahren in der verfallenen alten Bude im Wald gefunden habt.« Der Herzog trug das Pergamentstück ständig bei sich, und da ihm Lasses Wunsch nur billig erschien, gab er ihm Urlaub und versprach ihm, das Kästchen auf den Tisch zu legen, sobald er zur Ruhe ging, und so mochte es Lasse selbst nehmen. Damit schieden sie.

Als am Morgen danach der König erwachte und, wie es seine Gewohnheit war, über den Wald hinwegschaute, um die hohen Türme mit den goldenen Wetterfahnen auf des Herzogs Schloß zu sehen und seiner Tochter herzliche Morgengrüße zu senden, da konnte er es nicht mehr finden, so sehr er auch seine Augen anstrengte. Das Schloß war verschwunden. Entsetzt rief er nach seinen Hofleuten. – »Seht ihr nicht die Zinnen und Türme auf des Herzogs Schloß zwischen den Bäumen dort in der Ferne?« – Die Hofleute beugten sich vor und sperrten ihre Augen viel weiter auf, als es nötig war, aber nein, sie mußten zugeben, daß sie das Schloß nicht entdecken konnten. – »Zu Pferd!« ruft der König, und an der Spitze seiner Leute eilt er spornstreichs zu der Stelle, um zu erfahren, welches Unglück sein Kind getroffen haben mochte; aber von dem Schloß mit seinen stolzen Türmen, hohen Mauern und prachtvollen Gärten fand sich keine Spur mehr. An seiner Stelle stand nur eine alte Hütte. Der König selbst ging da hinein, und auf einem armseligen Lager aus Reisig findet er seinen Schwiegersohn, seine Tochter und seinen Enkel in tiefstem Schlaf versunken. Der König ist bei diesem Anblick außer sich vor Zorn, weckt den Herzog und befiehlt, ihn in Fesseln zu legen. Da ruft der Herzog:

»Lasse mein Knecht!«

Aber der antwortet nun nicht mehr: »Was befiehlt mein Herr?« Lasse ist verschwunden und mit ihm alle Herrlichkeit. Vergeblich versucht der Herzog, dem König die Ursache seines Unglücks zu erklären, und vergeblich bittet seine Gemahlin für ihn. Der König läßt sich nicht bewegen, und wie ein Dieb und Betrüger soll der Herzog am Galgen sterben und hoch über allen anderen Dieben hängen. Alle Tränen, alles Bitten können das Urteil nicht mildern, und schon am gleichen Tag soll es in des Königs Anwesenheit vollstreckt werden. Und so geschah es auch; der Scharfrichter aber hatte Gold von der Prinzessin erhalten und legte die Schlinge so, daß der Herzog nicht von ihr getötet wurde, und er hatte versprochen, ihn bei Anbruch der Nacht abzuschneiden und sodann ihm und der Prinzessin zur Flucht zu verhelfen. Aber gehängt wurde der Herzog inzwischen doch, und das angesichts des Königs, und die Stunden, die er am Galgen zubringen mußte, wurden ihm lang genug. Als es gegen Abend zu dämmern anfing, sah er zwölf doppelspännige Wagen am Galgen vorbeifahren, die waren alle mit abgetragenen Schuhen beladen, und wer anders fuhr den vordersten Wagen als Lasse mein Knecht. Als der bis dicht an den Galgen herangekommen war, kletterte er ganz oben hin auf seinen hohen Wagen, damit er seinen ehemaligen Herrn nur recht betrachten konnte, und als er ihn so eine Weile angesehen hatte, sagte er: »Ja, ja! Da hängst du nun, und ich bin frei, auch wenn ich alle diese Schuhe zerreißen mußte, um deine Launen zu befriedigen! Bedankt seist du für den Zettel, aber jetzt würdest du wohl wünschen, ihn wieder in deiner Hand zu haben. Ich möchte nur wissen, ob du auch jetzt noch lesen kannst, was da steht«, setzte er hinzu und hob den wunderbaren Pergamentstreifen empor. Der Herzog war nicht faul und packte ihn, und wenn er auch matt und schwach war, konnte er doch die Worte flüstern:

»Lasse mein Knecht!« –
Und weil der Zettel in seiner Hand war, war Lasse wieder sein gehorsamer Diener. –

»Was befiehlt mein Herr?« –
»Daß du mich sogleich vom Galgen herabschneidest!« – Und so geschah es auch.

»Lasse mein Knecht!« –
»Was befiehlt mein Herr?« –
»Daß du mir mein Schloß zurückbringst, so wie es gestern war«, und sogleich stand das Schloß wieder an seiner Stelle.

»Lasse mein Knecht!« –
»Was befiehlt mein Herr?« –
»Daß du mir meine Gemahlin und meinen Sohn hierherbringst«, und sogleich standen sie zu ihrer aller Freude an sei-

ner Seite, und Schloß und Türme und Ritter und Hofleute – alles war so wie vorher.

Am Morgen danach, als der König erwachte und aus dem Fenster schaute und darüber seufzte, daß das Schloß nun verschwunden war, da schienen sich die hohen Türme wieder über die Wipfel des Waldes zu erheben, und die goldenen Spitzen mit ihren Wetterfahnen glänzten so schön in der Morgensonne. Er rief nach seinen Hofleuten. – »Seht ihr die hohen Türme und die goldenen Spitzen da weit draußen über dem Wald?« – Die Hofleute beugten sich vor: ja, das sahen sie alle. Der König eilte zu seiner Tochter, um ihr die frohe Neuigkeit mitzuteilen, aber sie war verschwunden und der kleine Prinz auch. Er schaute in die Richtung, wo der Galgen aufgerichtet war: der stand noch, aber niemand hing daran. Er war verwirrt von dem, was er nun gesehen hatte und von der Erinnerung an die betrüblichen Geschehnisse des vergangenen Tages, und so stieg er zu Pferd und ritt an der Spitze seiner Ritter zum Schloß im Wald. Das stand dort ebenso herrlich wie vorher mit seinen festen Mauern, hohen Türmen und prachtvollen Gärten, und gleich vor der Burg hießen ihn der Herzog und seine Gemahlin willkommen, und sie hielt den kleinen Prinzen auf dem Arm, und sie waren umgeben von Rittern und Hofleuten. Da war seine Freude groß, das kann man sich denken, und was am vorigen Tage geschehen war, kam ihm nur wie ein böser Traum vor, den er nicht verstehen konnte und der ihn unentwegt quälte. »War ich nicht gestern früh am Morgen hier?« fragte er endlich seinen Schwiegersohn. »Und fand ich da nicht eine elende Hütte anstelle dieses prächtigen Schlosses?« – Ja, das war freilich so, und der Herzog konnte es nicht leugnen. – »Fand ich nicht dich, meine Tochter und meinen Enkel auf dem armseligsten Reisiglager schlafend in jener Hütte?« – Ja! Der Herzog bejahte auch das. – »Und habe ich dich nicht am Ende am höchsten Galgen aufhängen lassen, den man in meinem ganzen Reiche finden kann?« – »Ja gewiß!« – Auch dies war wirklich

30

geschehen, und der Herzog erzählte nun dem König, wie alles zugegangen war, welch bösen Streich ihm sein Diener Lasse gespielt hatte und wie er diesen Wundertäter wieder in seine Gewalt bekommen hatte. Der König schlug vor, man solle Lasse aufhängen, aber das wollte der Herzog doch um nichts in der Welt zugeben, denn das hieße nur, Übles mit zweimal Schlechterem vergelten, meinte er. Die Freude über den glücklichen Ausgang des Schelmenstreiches, den der wunderbare Diener angezettelt hatte, brachte den König zum Nachgeben, und was noch gestern geschehen war, war bald vergessen.

Indessen gab es doch einen, der diesen Tag niemals vergessen konnte, und das war der Herzog. An diesem einen Tag hatte er mehr gelernt als in seinem ganzen Leben vorher, denn er wußte jetzt, ›Selbst ist der beste Knecht‹, und ohne eigene Umsicht ist kein dauerhaftes Glück möglich. Der Gedanke an die zwölf Wagen voll zerrissener Schuhe, die er vom Galgen gesehen hatte, bestärkten ihn noch in seinem Entschluß, niemals wieder den wunderbaren Diener in Anspruch zu nehmen. Da er sich mehr und mehr daran gewöhnte, selbst zu denken und mit Klugheit und Kraft zu handeln, bedurfte er dessen auch nicht mehr; und bald hieß es bei jedermann, daß der Herzog nicht nur der stolzeste und mächtigste, sondern auch der klügste Ritter sei, von dem irgend jemand in allen Ländern weit ringsum zu erzählen wußte.

Lasse war aber immer noch des Herzogs unsichtbarer Diener, wenn er seine Dienste auch nicht mehr in Anspruch nahm, und weil der Herzog wünschte, mit ihm quitt zu werden, rief er ihn vor sich:

»Lasse mein Knecht!« –

»Was befiehlt mein Herr?« –

»Ja«, sagte der Herzog, »jetzt hast du mir sieben gute Jahre gedient, hast mir Ehre und Glück, Weisheit und Kraft gegeben – sag mir nun, wie ich es dir vergelten soll.« – Lasse verbeugte sich bis zur Erde und bat um Urlaub. – »Ja«, sagte der Herzog, »den will ich dir geben, aber das kleine Kästchen da mit dem alten Pergament darin, das bekommst du niemals zurück.« – Lasse bat so sehr darum, aber der Herzog ließ sich nicht bewegen, und darüber braucht man sich wohl kaum zu wundern. Lasse behauptete, der Herzog bedürfe seines Dienstes nicht mehr, und er könne sein Glück auch nicht mehr erschüttern. »Wer so mit Umsicht und Klugheit handelt«, sagte er, »ist selber seines Glückes Schmied, und über den, der so lange ohne meine Hilfe ausgekommen ist, habe ich keine Macht mehr, ihm zu schaden. Aber da Ihr mir, gnädiger Herr, das Pergament nicht zurückgeben wollt, will ich Euch nicht mehr darum bitten, wenn Ihr mir nur versprecht, es in seinem kleinen Kästchen sieben Ellen unter einem Stein, der fest in der Erde ruht, zu verbergen und keinem einzigen zu verraten, wo Ihr es verwahrt habt. Sonst« – fügte er hinzu – »bekomme ich niemals Ruhe, denn in wessen Hand sich der Zettel befindet, dessen Diener muß ich sein bis zum Jüngsten Tag.« – Der Herzog versprach, alles so zu machen, wie er es erbeten hatte, dankte ihm für seinen guten Dienst, und da er treulich sein Versprechen hielt, hat seither niemand mehr etwas von Lasse mein Knecht gehört.

In des Herzogs Haus war keine Änderung nach des wunderbaren Dieners Abschied zu verspüren. Glück und Segen begleiteten alles, was er tat, und mit Weisheit und Kraft herrschte er nicht nur über das Reich, das Lasse ihm erworben hatte, sondern nach des alten Königs Tod über das ganze Königreich, und wenn er noch am Leben ist, regiert er dort noch jetzt.

5. Der Goldköniginberg

Es war einmal ein Bursche, der hütete das Vieh im Wald und hielt seine Mittagsmahlzeit in einer Lichtung. Wie er nun so dasaß, sah er eine Ratte in einen Wacholderbusch springen. Er ging aus Neugier hin, um sie zu suchen, aber wie er sich bückte, da fiel er kopfüber hin und schlief sofort ein.

Da träumte ihm, er gehe zur Prinzessin auf den Goldköniginberg, aber er wisse den Weg nicht.

Am nächsten Tag ging er wieder und hütete seine Herde und kam unversehens an dieselbe Lichtung, wo er nun auch diesmal Mittagsrast hielt. Auch diesmal erblickte er die Ratte und wollte nach ihr sehen, aber er fiel und schlief ein und träumte wieder von der Prinzessin auf dem Goldköniginberg, und daß man, um dorthin zu kommen, siebzig Pfund Eisen und ein Paar eiserne Schuhe dazu auftragen müsse. Er wachte auf, und es war nur ein Traum, aber er setzte sich ganz fest in den Kopf, den Goldköniginberg zu finden, und ging heim mit seiner Herde. Am dritten Tag, als er mit seiner Herde auszog, konnte er nicht rasch genug an die Stelle kommen, die ihn mit diesem Traum beglückt hatte. Die Ratte zeigte sich wieder, und als er ihr nachsehen wollte, da schlief er wieder ein wie an den vorhergehenden Tagen. Er träumte wieder von der Prinzessin auf dem Goldköniginberg und daß sie selbst käme und einen Brief und ein goldenes Band in seine Tasche lege. Er erwachte bald und fand zu seiner unbeschreiblichen Verwunderung in seiner Tasche die beiden Dinge, von denen er geträumt hatte, den Brief und das Band. Nun hatte er keine Zeit, die Herde länger zu hüten, sondern trieb sie gleich heim. Dann ging er in den Stall und holte sich ein Pferd, verkaufte es, und für das Geld kaufte er sich siebzig Pfund Eisen und ein Paar eiserne Schuhe. Aus dem Eisen machte er Ruderpflöcke und zog seine eisernen Schuhe an und machte sich auf den Weg. Eine Zeitlang ging die Reise zu Land, aber schließlich kam er an einen See und mußte doch weiter. Er sah nichts anderes als Wasser vor sich und Wasser hinter sich, er ruderte den einen Ruderpflock und dann den anderen zunichte, er ruderte lang und eifrig und kam schließlich an Land und auf eine grüne Wiese, und es war gar kein Wald dort. Er ging auf der Wiese rings her-

33

um und entdeckte einen Erdhügel, aus dem der Rauch stieg, und als er näher zusah, kam eine Frau heraus, die war neun Ellen lang. Er fragte sie, welches der Weg sei nach dem Goldköniginberg. Aber sie sagte: »Das weiß ich nicht, geh und frage meine Schwester, sie ist neun Ellen länger als ich und wohnt in einem Erdhügel, den du leicht finden kannst.« Er ging und kam zu einem Erdhügel, der gerade aussah wie der erste, und auch hier stieg der Rauch auf. Rasch kam eine Frau heraus, die war ungeheuer lang, und die fragte er nach dem Weg nach dem Goldköniginberg. »Das weiß ich nicht«, sagte sie, »geh und frag meinen Bruder, er ist neun Ellen länger als ich und wohnt in einem Berg ein Stück weit entfernt.« Er kam an den Berg, wo ebenfalls Rauch aufstieg, und da klopfte er an. Gleich kam ein Mann heraus, ein richtiger Riese, der war siebenundzwanzig Ellen lang, und den fragte er nach dem Weg zum Goldköniginberg. Da nahm er eine Pfeife und pfiff nach allen Himmelsrichtungen und nach allen Tieren, die es in der Welt gibt. Aus dem Wald kamen alle Tiere, aber zuvorderst ein Bär. Den fragte er nach dem Goldköniginberg, aber er wußte nichts. Da pfiff der Riese wieder nach allen Himmelsrichtungen und nach allen Fischen, die es in der Welt gibt. Sie kamen auch sogleich, und er fragte den Walfisch nach dem Goldköniginberg, aber der wußte nichts. Der Riese blies wieder in seine Pfeife nach allen Himmelsrichtungen und rief alle Vögel der Welt zusammen. Diese kamen, und er fragte den Adler nach dem Goldköniginberg und ob er wisse, wo er sei. Der Adler sagte: »Ja!« – »Also führ den Burschen dorthin«, sagte der Alte, »aber geh nicht übel mit ihm um!« Der Adler versprach es, und der Bursche durfte sich auf seinen Rücken setzen, und nun ging es durch die Luft über Wälder, Felder, Berg und Tal, und bald waren sie über dem Meer und sahen nichts anderes als Himmel und Wasser. Da ließ der Adler den Burschen bis an die Fußknöchel ins Meer tauchen und fragte: »Hast du Angst?« – »Nein«, sagte der Bursche. Da flog der Adler wieder ein Stück weit, und dann tauchte er den Burschen bis an die Knie ins Wasser und fragte: »Hast du Angst?« – »Ja«, sagte der Bursche, »aber der Riese hat gesagt, du sollst nicht übel mit mir umgehen.« – »Hast du wirklich Angst?« fragte der Adler noch einmal. »Ja«, gab der Bursche zur Antwort. Darauf sagte der Adler: »Solche Angst, wie du jetzt hast, solche Angst hatte ich, als die Prinzessin dir den Brief und das goldene Band in die Tasche steckte.« Und damit waren sie an einem großen und hohen Berg angekommen, an dessen einer Seite eine große eiserne Tür war. Sie klopften an, und eine Dienerin erschien, um zu öffnen und sie einzulassen. Der Bursche blieb und wurde wohl aufgenommen, aber der Adler nahm Abschied und flog wieder in sein Land. Der Bursche bat um etwas zu trinken, und es wurde ihm gleich ein Becher mit einem kühlen Trunk gereicht. Als er getrunken hatte und den Becher wieder zurückgab, ließ er das goldene Band hineinfallen. Als die Magd den Becher ihrer Herrin zurückbrachte – eben der Prinzessin vom Goldköniginberg –, schaute sie in den Becher und siehe, da lag ja das Goldband, das sie als ihr eigenes erkannte. Deshalb fragte sie: »Ist jemand hier?«, und als die Dienerin die Frage bejahte, sagte die Prinzessin: »Heiß ihn hereinkommen!« Und als der Bursche eintrat, fragte sie ihn gleich, ob er vielleicht einen Brief habe. Der Bursche zog den Brief hervor, den er auf so wunderbare Art erhalten hatte, und gab ihn der Prinzessin. Und als sie ihn gelesen hatte, sagte sie voller Freude: »Nun bin ich erlöst!« Und zugleich verwandelte sich der Berg in das schönste Schloß mit allen Kostbarkeiten, Dienerschaft und allen möglichen Bequemlichkeiten, alles für seinen Zweck.

6. Die tüchtige Katze

Es war ein Häusler, der hatte zwei Kinder, Sohn und Tochter. Da starben der Vater und die Mutter. Und da sollten die Kinder das Erbe aufteilen, denn sie konnten nicht in dem kleinen alten Haus bleiben; der Reichtum, der bestand aus einer Kuh und einer Katze. Da wurde das Mädchen verdrießlich, denn sie sollte nur die Katze als ihren Anteil bekommen.

»Sei nur nicht verdrießlich«, sagt die Katze, »denn du hast das Beste bekommen.«

So machten sie sich auf die Wanderschaft, die Geschwister, aber jedes in eine andere Richtung. Der Junge zog mit seiner Kuh los, und die Katze und das Mädchen gingen in eine andere Richtung. Als sie nun eine Weile gewandert waren, das Mädchen und die Katze, kamen sie zu einem Königshof. Dabei bekam der Prinz sie zu sehen, und sie war überaus schön, das Mädchen. Und da fragte er sie, woher sie käme. Da war die Katze gleich zur Hand:

»Sag, daß du von dem und dem Schloß bist!«

Und so geschah es dann, daß sie miteinander verheiratet wurden, das Mädchen und der Prinz, und die Katze lehrte sie alles, so daß sie sehr fein war, und was man ihr zeigte, davon hatte sie viel mehr und alles viel feiner in ihrem Schloß. Und so meinte die Königin, daß sie wirklich sehr fein war. Da mußte sie für die Prinzessin ein Bett herrichten, und da nahm sie zwei, drei Halme und legte sie zwischen die Federbetten. Am Morgen fragte die Königin:

»Hast du in der Nacht gut gelegen und geschlafen?«

»Nein, das war, als hätte ich auf großen Baumstämmen gelegen!«

Die Katze hatte sie das gelehrt. Zu Hause in ihrem Schloß, sagte sie, da liege sie viel besser.

Am Abend danach, als die Königin für die Prinzessin das Bett herrichtete, nahm sie drei, vier Erbsen und legte sie zwi-

schen die Federbetten. Am Morgen fragte die Königin, ob sie
gut geschlafen habe.

»Nein«, sagte sie, »es ist, als ob ich auf großen Steinen gelegen
hätte!«

»Sie muß aber wirklich schrecklich fein sein!« sagte die Königin.

Dann sollten der Prinz und die Prinzessin wegfahren und
sich das große Schloß ansehen. Als sie ein Stück gefahren waren, geht die Katze voraus. Da traf sie auf eine ganze Menge
schönes Vieh, und da sagt die Katze zu dem, der dabei war
und das Vieh hütete:

»Nach mir kommen jetzt ein paar Leute dahergefahren.
Wenn sie fragen, wem die prächtigen Tiere hier gehören, so
sage, sie gehören der neuen Prinzessin!«

Als der Prinz die schönen Tiere sah, da fragte er:

»Wem gehören die schönen Tiere, die hier auf der Weide
sind?«

»Die gehören der neuen Prinzessin«, sagte der Hüter.

Da fuhren sie weiter. Die Katze vornweg! Dann kamen sie
zu einer Stelle, wo überaus schönes Getreide stand. Da waren
Leute und mähten. Da sagte die Katze zu ihnen:

»Es kommt jetzt ein Prinz gefahren. Wenn er fragt, wem das
schöne Getreide gehört, so sagt: ›Das gehört der neuen Prinzessin!‹«

Als der Prinz kam, fragte er, wem das Getreide gehört. Ja,
es gehörte der neuen Prinzessin. Da fuhren sie weiter, und
die Katze lief wieder voraus.

Nun war da ein großes, schönes Schloß. Dort wohnte ein großer Riese. Als nun die Katze zu dem Schloß kam, da war der
Riese ausgegangen und hatte die Tür verschlossen.

»Jetzt wäre es gut, wenn ich eine Ameise wäre!« sagte die
Katze.

Da wurde sie zu einer Ameise und kroch durch das Schlüsselloch und sah sich das Schloß an. Nun war der Riese wegge-
gangen, und er konnte nicht anders ausgehen als nach Sonnen-

untergang; nun war es Nacht. So ging die Zeit dahin, bis es gegen Sonnenaufgang ging. Da kam der Riese mit großen Schritten.

»Jetzt wäre es gut, wenn ich ein Brotklumpen wäre!« sagte die Katze.

Und da steckte ein runder Brotklumpen im Schlüsselloch. Der Riese kam und wollte aufschließen, aber er brachte den Schlüssel nicht in das Loch hinein. Da fing die Sonne an hell zu werden. Und da rief die Katze:

»Ach, was für ein schönes Mädchen da im Osten!«

Das wollte der Riese sehen. Als er die Sonne erblickte, da zersprang er. Die Katze schaffte den Riesen aus dem Weg, und dann kamen der Prinz und die Prinzessin, und der Prinz hatte noch nie etwas gesehen, was dem Schloß gleichkam.

Und so war die Geschichte zu Ende.

7. Der Schütze Bryte

Da waren einmal arme Kätnerleute, die hatten nur ein einziges Kind, das war ein Junge, und noch dazu ein Junge, der nur immer mit einer Büchse auf dem Rücken herumlaufen wollte, schon von der Zeit an, da er noch nicht größer als eine Faust war.

Eines Tages, als er ziemlich erwachsen war, ging er wie gewöhnlich draußen im Wald auf die Jagd, und da sah er hoch oben auf einem Felsen ein Kind sitzen und mit den Armen gegen einen großen Adler kämpfen, der auf das kleine Ding niederstoßen wollte. Bryte – so hieß der Schütze – legte sogleich an und erschoß den Adler; aber als er nun das Kind näher anschaute, sah er genau, daß er da ein Trollkind gerettet hatte. Er bereute trotzdem nicht, was er getan hatte, denn das Kind sah freundlich aus, und außerdem sagte es, der Adler sei auch ein Troll gewesen, der immer danach trachtete, seiner Familie Ärger und Schaden zu bereiten. Dann bat das Trollkind Bryte, er solle es mit nach Hause begleiten, und als die alten Trolle hörten, daß Bryte ihr Kind vor dem Adler gerettet hatte, wollten sie ihn belohnen, und da erlaubten sie ihm, selbst drei Dinge zu wählen aus all den Besitztümern und Kostbarkeiten, die sich in ihrem Haus fanden.

Da gab es nun Gold und Silber und Pferde und goldene Wagen; aber das Trollkind schlich sich heran und flüsterte ihm zu: »Nimm den kleinen grauen Esel und die kleine Pfeife und die alte Büchse!« Bryte folgte dem Rat und bekam, was er verlangte, und als er dann gehen wollte, da riet ihm das Trollkind, beim König Dienst zu suchen, denn der brauche gerade einen guten Schützen.

Bryte folgte auch dieses Mal dem guten Rat, er ging zum König und wurde als Jäger aufgenommen. Und jetzt zeigte es sich, wozu die alte Pfeife und die Büchse des Trolls nütze waren. Bryte brauchte nur hinaus in den Wald zu gehen und auf der Pfeife zu blasen, schon kam da das Wildbret, das er wünschte, und wenn er dann zielte und schoß, so fiel das Tier zu Boden, und er schoß nie fehl. Niemals hatte der König solches Wild auf seinen Tisch bekommen, und niemals war ein Schütze beim König so gut angeschrieben gewesen wie jetzt Bryte. Das aber, man kann sich's denken, verdroß des Königs Hofleute, und sie lauerten jetzt Bryte auf, um etwas zu finden, damit man ihm auf irgendeine Weise des Königs Gunst entziehen könnte.

Bryte ahnte nichts Böses und machte sich auch keine Mühe zu verbergen, wie es zuging, daß er dem König so viel an Wild herbeischaffen konnte, und so hatten seine Feinde ihren Plan bald fertig. Sie gingen eilends zum König und sagten, Bryte sei ein scheußlicher Trollkerl, der den Tod erleiden oder zumindest dadurch sein Leben verlieren müßte, daß er des Königs einzige Tochter suchte, die von der ärgsten Trollhexe in der ganzen Welt geraubt worden war.

Der König ließ da Bryte zu sich rufen und fragte ihn, ob er sein Leben retten wolle, indem er die Prinzessin zurückbrächte, oder ob er lieber sogleich ohne alles Ungemach sterben wolle; er habe mit Trollpack zu tun, das sei bewiesen, meinte der König, und es nützte einen Dreck, daß Bryte etwas dagegen sagte.

Mitten in seiner Jugend zu sterben, nur weil er so ein armes elendes Trollkind gerettet hatte: dazu hatte Bryte nicht die geringste Lust. Da konnte er ebensogut sein Leben aufs Spiel setzen und die Prinzessin suchen, meinte er, und im übrigen dachte er: ›Das Glück muß man versuchen. Wer etwas wagt, gewinnt etwas‹, und so ging er mit frohem Mut von dem König fort.

›Hätte ich jetzt nur das kleine Trollkind hier!‹ sagte er zu sich selbst, als er da draußen vor des Königs Schloß stand und nichts in der Welt weniger wußte, als welchen Weg er gehen sollte, um die Prinzessin zu finden. Aber eben da erinnerte er sich an die Pfeife des Trolls. Er zog sie heraus und blies, daß es im Walde gellte, und eins, zwei, drei stand der kleine graue Esel vor ihm. Solange ihm das Glück günstig gewesen war, hatte er den Esel in des Königs Stall angebunden stehen lassen, aber jetzt war er vonnöten.

»Du hast vergessen, mich mitzunehmen«, sagte er; »setz dich jetzt auf meinen Rücken, dann trage ich dich zum Schloß der Hexe, und wenn du nur tun willst, was ich dir sage, so wird die Prinzessin dir gehören. Aber wenn du Angst hast und umkehren willst, so sind wir alle verloren, sie und du und ich.«

Bryte meinte, er glaube schon, daß er ihm gehorchen werde, und an Mut werde es ihm auch nicht fehlen, wenn nur der Esel für das übrige sorgen wolle, und so machten sie sich auf den Weg.

Der Weg war lang und für Bryte unbekannt, aber der Esel trabte nur draufzu, und so kamen sie schließlich zu der Tür der Trollhexe, und Bryte klopfte da an.

Die Tür wurde zwar geöffnet, daran fehlte es nicht; aber die, die sich da in der Tür zeigte, sah derart aus, daß Bryte nahe daran war, sich mit dem Esel umzudrehen, damit er selbst nicht mehr die greuliche Hexe zu sehen brauchte, denn es war sie selbst, die in der Tür stand. Beine hatte sie wie ein Strauß und einen Körper wie eine Kröte und einen Hals wie eine Gans und einen Kopf wie ein Adler. Bryte hatte niemals geglaubt, daß man so etwas Häßliches finden könnte, aber zum Glück fiel ihm sein Versprechen an den Esel ein, sich nicht zu fürchten, und so faßte er Mut und sagte, was er von ihr wollte.

Als die Trollhexe sah, daß sie Bryte nicht schrecken konnte, machte sie sich wieder zu einem Menschen und bat ihn, in das Schloß hereinzukommen und den Esel in den Stall zu stellen. Dann begleitete sie Bryte zur Prinzessin. Sie saß da in einer Kammer und nähte Seide und Gold.

Die Hexe fragte nun die Prinzessin, ob sie mit Bryte nach Hause ziehen wolle, und die Prinzessin antwortete, das wolle sie. Da sagte das Trollweib, wenn Bryte in drei Tagen dreimal die Prinzessin finden könnte, so sollte sie frei sein und mit ihm ziehen; aber wenn er das nicht vermöchte, so müßte auch er der Gefangene der Hexe sein. Bryte ging auf die Bedingung ein, denn er verließ sich auf seinen Esel, und als ihm nun die Hexe einen prachtvollen Schlafraum im Schloß anbot, sagte er »Nein, danke!«, denn er wollte lieber bei dem Esel wohnen und schlafen.

Die Hexe wurde wütend darüber, aber ihn zu zwingen – dazu hatte sie keine Macht, und so geschah es, wie er wollte. Jetzt ging Bryte zum Stall und fütterte seinen Esel und gab ihm Wasser und erzählte ihm alles, was das Trollweib gesagt hatte, und dafür sagte ihm dann der Esel, was er tun sollte.

Als Bryte wieder ins Schloß kam, hatte das Trollweib die Prinzessin versteckt, und Bryte sollte sie jetzt suchen. Da ging er zu ihrem Nähkorb und nahm das kleinste Seidenknäuel heraus und wollte es sich in die Tasche stecken. »Hier bin ich!« sagte die Prinzessin. Da hatte das Trollweib sie so klein gemacht, daß man sie in der Seide verstecken konnte.

»Diesmal ist es dir geglückt, am nächsten Tag werde ich sie besser verstecken!« sagte die Hexe.

Bryte schlief über Nacht im Stalle, und als er am nächsten Tag die Prinzessin suchen sollte, ging er zum Tisch der Hexe und nahm ein kleines Brot und ein Messer und tat so, als ob er das Brot schneiden wollte. »Ach, ach, schone mein Leben, schneide mich nicht!« rief die Prinzessin, denn sie saß in dem Laib.

»Jetzt begreife ich, wo du dir Rat holst«, sagte die Hexe. »Wir werden schon sehen, wie es am dritten und letzten Tag geht.«

Am dritten Tag konnte der Esel nicht im voraus sagen, wo die Hexe die Prinzessin versteckt hatte, und Bryte suchte sie lange und sorgfältig. Schließlich mußte er sehr bekümmert dem Esel sagen, daß es nicht möglich war, sie ausfindig zu machen.

»Führ mich hinaus zum Brunnen«, bat da der Esel. Bryte tat es, und da sah er auf des Esels einem Huf eine kleine Bremse sitzen. »Du giftiges Biest, dich werde ich fangen!« sagte Bryte, denn er dachte, daß die Bremse den Esel steche. »Töte mich nicht!« rief die Prinzessin, und jetzt war sie zum dritten Mal gefunden.

Als die Trollhexe das sah, wurde sie so zornig, daß sie vor lauter Bösartigkeit richtig zersprang. Auf einmal verschwand der Esel, und an seiner Stelle stand das kleine Trollkind beim Brunnen. »Jetzt hast du unsere Feindin überwunden, über ihr Land sollst du jetzt herrschen, und da kommst du dem Vater der Prinzessin gleich«, sagte der Kleine.

Dann reiste Bryte vierspännig und in goldenem Wagen mit der Prinzessin nach Hause. Aber als sie an ihres Vaters Hof Hochzeit gefeiert hatten, übernahm er das Reich der Hexe, und dort regiert er noch heute, und niemals habe ich gehört, daß jemand über seine Herrschaft geklagt hätte.

8. Prinz Vilius

Da war ein König, der sollte hinaus in den Krieg. Da mußte er durch einen großen Wald ziehen, und dort wurden alle seine Leute von ihm getrennt. Er ritt den ganzen Tag allein dahin, und da wünschte er, zu einer Stelle zu kommen, wo sein Pferd etwas zu fressen bekommen könnte. Gegen Abend kam er zu einer kleinen viereckigen Wiese. Mitten in der Wiese lag ein weißer Stein. Auf diesen Stein setzte sich der König, und das Pferd ging da umher und fraß. Als es Nacht wurde, kam ein kleiner weißer Bär dorthin. »Guten Tag, Euer königliche Majestät!« sagte er. »Friede sei mit dir!« sagte der König. »Gehörst du zu des Teufels Volk, so weiche von mir, aber gehörst du zu Gottes Volk, dann hilf mir heim.« – »Ich gehöre nicht zu des Teufels Volk, und ich gehöre nicht zu Gottes Volk. Ich bin nichts anderes als ein kleiner weißer Bär. Aber wenn ich das bekomme, was Eurer Majestät begegnet, wenn Ihr heimkommt, werde ich Euch helfen.« – »Das kannst du nicht bekommen«, sagte der König. »Ich habe nichts als eine einzige Tochter, und sie kommt mir immer entgegen, wenn ich nach Hause komme.« Und der König dachte: ›Morgen ist ein langer Tag, und da finde ich schon einen Weg.‹ Da entfernte sich der Bär.

Der König ritt den ganzen nächsten Tag, aber er fand keinen Weg. Am Abend wünschte er, wieder die viereckige Wiese zu finden, damit sein Pferd etwas zu fressen bekommen konnte. Als er eine Weile geritten war, kam er dorthin, und da wurde er sehr froh. Er setzte sich auf den Stein, und als es gegen die Nacht ging, kam der weiße Bär zu ihm. Es wiederholte sich das gleiche Gespräch wie in der Nacht vorher.

Ja, der König ritt wieder den ganzen nächsten Tag. Gegen Abend wünschte er sich zu der viereckigen Wiese, und als er eine Weile geritten war, kam er wieder dorthin. Da wurde er sehr froh, denn sein Pferd mußte etwas zu fressen haben. Da kam der weiße Bär. Das gleiche Gespräch wiederholte

sich. Nun hatte der König einen kleinen Hund, der kam ihm
manchmal entgegen, wenn die Tochter nicht Zeit hatte. Da
dachte der König: ›Vielleicht könnte es so gut gehen, daß
der kleine Hund mir entgegenkommt.‹ – »Ja«, sagt er zu
dem Bären, »du sollst das bekommen, was mir zuerst begegnet, wenn ich nach Hause komme.«

Am Morgen ritt der König weiter. Er fand den Weg und
kam nach Hause. Als er zu dem Hofe kam, kam ihm seine
Tochter entgegen. »Das war wirklich schlimm, daß du mir
jetzt entgegengekommen bist!« sagte er. »Morgen kommt der
weiße Bär und will dich zur Frau.« – »Ja, das muß wohl so
geschehen. Es war besser, daß der König nach Hause gekommen ist, denn sonst wäre das ganze Land zerstört worden.«

Am nächsten Morgen kam der weiße Bär mit mehreren Schif-
fen dahergesegelt. Der König hatte nicht solche Brücken, wie
er sie zum Anlegen haben wollte. Der Bär brachte eine große
Brücke an, und auf jeder Seite der Brücke war eine große
goldene Spitze mit dem Namen des Königs auf der einen
Spitze und seinem eigenen Namen auf der anderen: Prinz
Vilius. Dann schickte er einen Boten nach der Königstochter.
Und bei dem König war auch ein schönes Fräulein. Die klei-
deten sie als Prinzessin und fuhren sie in einem schönen Wagen hinab. Als sie herangekommen war, konnte sie nicht auf
die Brücke gehen. »Nein, die richtige muß kommen«, sagte
der Bär. »Auf der Brücke kann keiner gehen, wenn er nicht
aus königlichem Geschlecht ist.« Da mußten sie mit ihr nach
Hause fahren, und danach kam die Prinzessin. Sie konnte auf
der Brücke gehen, und als sie an Bord kam, stand der Bär
da auf seinen Hinterbeinen und empfing sie mit den Vorder-
beinen. Dann segelten sie ab. –

Nun hörte der König viele Jahre nichts von ihr. Da war er
einmal draußen auf der Jagd und war den Tag über weit
geritten. Der weiße Bär war auch draußen auf der Jagd.
Da trifft er den König und begrüßte ihn und sagte ihm, daß
er es sei, den der König zum Schwiegersohn hatte. Er und die

44

Prinzessin hatten sechs Kinder zusammen, und das waren richtige Menschen. »Jetzt sollst du zu Hause meine Tochter schön grüßen«, sagt der König, »und ihr erzählen, daß ich jetzt geheiratet habe. Nun hat sie eine Stiefmutter bekommen. Wenn du dich nicht daran erinnern solltest, so werde ich dir einen Apfel geben, und am Abend, wenn du nach Hause kommst, fällt der Apfel herab, wenn du dich niederlegen willst, und so wirst du dich wieder daran erinnern.«

So trennten sie sich. Als der Bär am Abend nach Hause kam, fiel der Apfel von ihm herab. »Ja, das ist richtig«, sagte er, »ich habe heute mit deinem Vater gesprochen.«

Da freute sie sich. Sie hatte von ihrem Vater während der ganzen Zeit nichts gehört. »Und er hat geheiratet«, sagte der Bär. »Jetzt hast du eine Stiefmutter bekommen.« – »Kann ich nicht die Erlaubnis haben, nach Hause zu fahren und mit meiner Stiefmutter zu sprechen?« – »Jetzt sollst du warten, bis du das siebente Kind zur Welt gebracht hast, da können wir nach Hause fahren wie die Leute dort.« So lange konnte sie nicht warten. Sie flehte ihn an, er solle ihr erlauben zu reisen. So bekam sie die Erlaubnis von ihm, aber sie sollte am Abend zurück sein.

Als sie nun nach Hause gekommen war, fragte die Stiefmutter sie, ob sie ihren Mann in Menschengestalt gesehen hätte. Nein, sie hatte ihn niemals anders gesehen denn als kleinen weißen Bären. »Jetzt sollst du etwas zu nähen von mir bekommen, denn ich weiß, daß du am Abend nach Hause mußt«, sagte die Stiefmutter. »Ich weiß, daß du gewöhnlich zuerst zu Bett gehst und dich niederlegst. Du bekommst von mir einen Kerzenstummel, und den sollst du in der Hand behalten, wenn du weggehst und dich niederlegst. Dann mußt du ihn dazu bringen, zuerst zu Bett zu gehen und sich niederzulegen, und wenn er eingeschlafen ist, schiebst du den Arm unter seinen Kopf, und wenn du den Arm krümmst, entzündet sich das Licht, und wenn du den Arm wieder geradestreckst, so erlischt es.«

Als die Prinzessin nach Hause gekommen war, setzte sie sich nieder und nähte. Da sagt er: »Was hältst du von deiner Stiefmutter, die du bekommen hast?« – »Die Stiefmutter, die ich da bekommen habe, ist sehr freundlich«, sagt sie. »Du hast doch nicht etwa üble Dinge von deiner Stiefmutter gelernt?« – »Nein, das ist so eine freundliche Frau.« Als es gegen Abend ging, sagt er: »Ja, nun sollst du zu Bett gehen und dich niederlegen!« – »Ich lege mich immer zuerst nieder«, sagte sie, »aber heute abend kannst ja du dich als erster niederlegen, denn mir geht es gerade so gut mit der Näharbeit hier.« – »Du hast doch nicht etwa üble Dinge von deiner Stiefmutter gelernt?« – »Nein, das ist so eine freundliche Stiefmutter. Was sollte ich denn für üble Dinge von ihr lernen?« Da ging er und legte sich nieder. Er schlief gleich ein. Dann ging sie und legte sich nieder. Als sie sich niedergelegt hatte und er dalag und schlief, schob sie ihren Arm unter seinen Kopf. Dann beugte sie den Arm, und das Licht entzündete sich. Er war so fein und schön anzusehen, daß sie es nicht über sich brachte, das Licht zu löschen. Wie sie dasaß und ihn betrachtete, fiel ein Tropfen von der Kerze auf ihn hinab. Da wachte er auf.

»Das habe ich mir gedacht«, sagte er, »daß du üble Dinge von deiner Stiefmutter gelernt hast. Du hättest warten können, bis du das siebente Kind zur Welt gebracht hast. Da wäre ich erlöst gewesen, und da hätten wir nach Hause zu deinem Vater und deiner Stiefmutter wie richtige Menschen fahren können. Sobald es nun Tag wird, muß ich von dir weggehen. Ich muß hinter die Sonne und hinter die Erde gehen, und du wirst mich niemals finden.«

Früh am Morgen mußte er dann gehen. – Als sie nun das siebente Kind zur Welt gebracht hatte, machte sie sich auf die Wanderschaft und wollte sich draußen nach ihm umhören. Die sechs Kinder gingen mit ihr, und das siebente trug sie auf dem Arm. Als sie am ersten Tag ziemlich weit gegangen war, kam sie zu einem kleinen Haus.

»Guten Abend, liebe Mutter!« sagte sie. »Oh, ich danke der gnädigen Kaiserin! Nun bin ich hundert Jahre alt, aber niemand außer dir hat mich jemals ›liebe Mutter‹ genannt. Ich werde dir wie eine Mutter helfen, soweit ich kann. Du sollst kaiserliche Gerichte zu essen bekommen und ein kaiserliches Bett, darin zu liegen. Ich weiß auch, nach wem du suchst. Du suchst den weißen Bären, aber ich glaube kaum, daß du ihn findest, wenn du nicht große Hilfe erhältst.«

Die alte Frau war früh am Morgen wach und bereitete Essen für die Prinzessin und die Kinder. Dann ging sie hinaus und blies auf einer Pfeife. Sie hatte Gewalt über eine ganze Anzahl von Bären. Da kamen mehrere Bären angelaufen. Da sagt die Alte: »Du Racker, du Gauner, warum kommst du nicht, wenn die anderen kommen?« – Das war ein alter Bär, der nach den anderen kam. – »Die anderen sind jung, und ich bin alt«, sagte er. »Ich kann nicht so rasch laufen. Ich habe viele hundert Meilen zu laufen, und meine Höhle habe ich im Lande Eurer Schwester.« – »Jetzt sollst du hinunter auf die Wiese gehen und den besten Ochsen auffressen, und dann sollst du die Kaiserin und ihre sieben Kinder unversehrt zu meiner Schwester bringen.« Dann gibt sie der Prinzessin ein Stück von einer alten Bratpfanne und ein Stück von einem alten Kochtopf und noch ein Stück von einem alten Tischtuch. »Das kann immer noch einmal von Nutzen sein«, sagte sie.

Dann setzten sie sich auf des Bären Rücken, und los ging's. Am Abend kamen sie zu der anderen Schwester. Die war zweihundert Jahre alt, und als die Prinzessin sie »liebe Mutter« nannte, versprach sie ihr zu helfen. Und es gab das gleiche Gespräch wie bei der ersten Schwester. So lagen sie die Nacht über hier. Die Alte hatte Gewalt über Löwen. Sie blies dreimal auf einer Pfeife. »Du Racker, du Gauner«, sagte sie zu einem alten Löwen, der später als die anderen kam, »warum kommst du nicht, wenn die anderen kommen?« – »Die anderen sind jung, und ich bin alt, und ich kann nicht so rasch laufen. Ich habe viele hundert Meilen zu laufen, und meine Höhle habe ich im Lande Eurer Schwester.« – »Jetzt sollst du hinunter in den Keller gehen und das Faß mit dem besten Bier austrinken und die Kaiserin und ihre Kinder zu meiner Schwester bringen.« Dann bekam sie ein Stück von einem Spinnrad und ein Stück von einer alten Garnhaspel. »Das kann immer noch einmal für dich von Nutzen sein«, sagte die Alte.

Dann wurden sie auf den Löwen gesetzt, und los ging's. Am Abend kamen sie zu der dritten Schwester. Die war dreihundert Jahre und so alt, daß sie dastand und mit der Nase in der Asche rührte. Auch sie versprach der Prinzessin zu helfen. Und es gab das gleiche Gespräch wie bei den beiden ersten Schwestern; dann fuhr die Alte fort: »Das schlimmste ist, daß ich zum Abend elf Räuber hierher erwarte, und wenn sie dich zu sehen bekommen, nehmen sie dir und deinen Kindern sogleich das Leben. Aber jetzt werde ich dir und den Kindern einen Schlaftrunk geben, und dann muß ich euch draußen auf den Hügel legen. Und dann muß ich dich in den linken kleinen Finger schneiden und drei Blutstropfen unter das Dach und drei auf den Tisch geben.«

Na, das machte sie, alles miteinander. Am Abend kamen die Räuber nach Hause. Der Mann, der Anführer, kam zuerst, und die anderen kamen danach. Als nun der Mann hereinkam: »Fy, hier ist eines Christenmenschen Blut gewesen!« – »Ja, ja, mein kleiner Mann, ein großer Rabe mit einer Menschenleiche im Schnabel ist über das Dach geflogen, und die war so voll Blut, und wenn du mir's nicht glauben willst, so komm und sieh. Hier sind drei Tropfen unter dem Dach und drei auf dem Tisch.« – »Ja, laß mich nur etwas zu essen haben. Ich bin hungrig und müde und will ausruhen.« – »Ja, mein süßer Freund«, sagte sie, »du sollst was zu essen haben.«

Dann aßen sie, und die anderen gingen weg, und jeder legte sich in seinen Winkel im Hause, und der Mann und die Frau, die legten sich ins Bett. Als die Alte eine Weile gelegen hatte, da fing sie an zu träumen. »Ha-ha-ha-ha-ha!« hörte man sie. »Was fehlt dir?« sagte er. »Ja, mich deuchte, daß die Kaiserin und ihre sieben kleinen Kinder auf einem Löwen dahergeritten kamen. Wenn du nun zu Hause bist – erlaubst du mir dann, ihnen Essen zu geben?« – »Wenn ich sie zu sehen kriege, so bringe ich sie sogleich ums Leben, denn wenn sie drauf gehört hätte, was er sagte, so wäre das ganze Land gerettet gewesen. – Aber sei nur ruhig und schlafe, denn ich bin müde.« – »Ja, mein süßer Freund!«

Als die Alte eine Weile getan hatte, als ob sie schliefe, da fing sie an zu träumen. »Ha-ha-ha-ha-ha!« – »Was fehlt dir denn jetzt?« fragte er. »Ist es weit bis dorthin, wo der weiße Bär ist, und dorthin, wo die Frau Sonne wohnt?« – »Ja, dorthin ist's lang. Es gibt keinen, der den Weg besser weiß als unser alter grauer Falke.« – »Gibt es viele Hindernisse auf dem Weg dorthin?« – »Ja, da sind viele Hindernisse. Wenn sie ein Stück Wegs gekommen ist, stehen zwei rote Drachen da und schlagen sich. Zwischen ihnen muß sie mitten hindurchreiten, und dann muß sie sagen: ›Ich kann euch ebensogut trennen, wie ich Prinz Vilius und Frau Sonne trenne!‹ Wenn sie dann ein Stück geritten ist, kommt sie zu einem großen See. Hätte sie da einen solchen Stein, wie er draußen auf unserem Backofen liegt, und würfe sie ihn in den See, so könnte unser alter grauer Falke trockenen Fußes darübergehen. – Leg dich nun hin und schlafe! Ich bin müde.« – »Ja, ja, mein süßer Freund, ich werde schlafen.«

Als die Alte eine Weile gelegen hatte, fing sie wieder an zu träumen. »Ha-ha-ha-ha-ha!« – »Was fehlt dir denn jetzt?« – »Gibt es nicht noch andere Hindernisse dorthin?« sagte sie. »Wenn sie nur bis zum Abend dort sein kann, denn da soll das Verlobungsessen bei der Frau Sonne sein.« – »Wenn du nicht zu Hause bist, darf ich ihnen dann zu essen geben?« – »Ja, das darfst du tun, aber wenn ich sie zu sehen kriege, bringe ich sie sogleich ums Leben!« – »In welche Richtung wirst du morgen gehen?« – »Ich werde nach Süden gehen«, sagte der Mann. »In welche Richtung müssen sie gehen, um zur Frau Sonne zu kommen?« – »Nach Norden«, sagte er.

Und früh am Morgen gingen die Räuber davon. Die Frau weckte die Kinder und die Kaiserin und schaute hinaus und blies auf ihrer Pfeife. Die Falken kamen. Der alte graue war ein Stück hintennach. »Du Racker, du Gauner«, sagte die Frau, »warum kommst du nicht zur gleichen Zeit wie die anderen?« – »Ich bin alt und habe so weit zu laufen. Mein Bau liegt fern im Land der Frau Sonne.« – »Ja, nun sollst du die Kaiserin und ihre sieben Kinder zur Frau Sonne führen.« Dann lehrte sie sie, wie sie sich während der Fahrt verhalten sollte. Dann gab sie ihr den Stein.

Nun fuhren sie los und kamen an den Drachen vorbei, und als sie zu dem See kamen, warf sie den Stein hinein. Da konnte der Falke trockenen Fußes darübergehen. Am Abend kamen sie zur Frau Sonne. Die Prinzessin ging hinein und bat sie um Herberge in der Nacht. »Nein, das kannst du nicht bekommen«, sagt Frau Sonne, »denn heute ist hier Verlobungsfest, und du und deine sieben kleinen, schmutzigen Kinder, ihr könnt nicht hier in meinem feinen Zimmer sein.« – »Könnt Ihr mir nicht erlauben, in dem alten Hühnerhaus zu bleiben?« – »Ja, dort kannst du bleiben. Scher dich dorthin!«

Als sie in das Hühnerhaus gekommen war, setzte sie die Stücke von dem Kochtopf und der alten Bratpfanne beiseite. Da wurden es genügend Töpfe und Pfannen. Dann breitet sie das Stück von dem Tischtuch aus. Da wurde es zu einem großen, feinen Tisch und einem Tuch auf dem Tisch und zu allen Arten von Speisen. Und in einer anderen Ecke war ein schönes Bett. Dann nahm sie das Stück von dem Spinnrad und der Garnhaspel, und da wurde daraus ein Spinnrad und eine Garnhaspel, und da spann sie und wand Gold draußen und drinnen an die Wände.

Früh am Morgen kommt die Frau Sonne heraus. Nun schien die Sonne hell. Da schaute sie hinauf zum Hühnerhaus. Das konnte sie nicht ansehen, so leuchtete es. Da geht sie hinein zu Prinz Vilius. »Aber hörst du, Prinz Vilius, was waren das für Leute, die am Abend hier waren?« – »Das weiß ich nicht«, antwortete er. »War da am Abend jemand hier?« – »Sie wollten hierbleiben, aber sie durften es nicht, und da fragten sie, ob sie im Hühnerhaus bleiben dürften, und das wurde ihnen erlaubt. Jetzt ist das Hühnerhaus so prächtig. Wenn du mitkommst, wollen wir hinaufgehen und uns die Leute ansehen.«

Als sie hinaufkamen, da erkannten sie einander, sagten aber kein Wort. Sie saß und spann und wand Gold außen und innen auf die Wände. »Kann ich nicht das Spinnrad von dir kaufen?« sagte Frau Sonne. »Nein, das kannst du nicht kaufen, wenn ich nicht in der Nacht bei deinem Mann schlafen darf.« – »Das ist ein schändliches Verlangen, das du nach meinem Mann hast. Ich bin dessen selber noch nicht gewürdigt worden, daß ich bei ihm schlafen durfte.«

Das Spinnrad wollte sie jedenfalls unbedingt haben. So versprach sie es zuletzt. Prinz Vilius lag eine Nacht bei der Prinzessin, aber er hatte von Frau Sonne einen Schlaftrunk bekommen, und so schlief er die ganze Nacht. Die Prinzessin konnte nicht mit ihm sprechen. So bekam Frau Sonne das Spinnrad, und sie und Prinz Vilius gingen in ihr Haus. Seit er hierher zu Frau Sonne gekommen war, war er ein richtiger Mensch. Als sie dann in das Haus kam, konnte sie mit dem Spinnrad nichts ausrichten. Da ging sie wieder hinauf zur Prinzessin, und die saß da und wand Gold auf die Wände, innen und außen. »Ach, du mußt mir auch noch die Garnhaspel verkaufen!« sagte Frau Sonne. »Nein, die kannst du nicht bekommen, wenn ich nicht in der Nacht bei deinem Mann schlafen darf.« Da bekam sie die Erlaubnis dazu.

Am Abend begleitete ihn Frau Sonne herauf. Die Prinzessin war an dem Tag in der Stadt gewesen und hatte sich ein paar Nadelbriefe gekauft. Frau Sonne gab ihm einen Schlaftrunk, aber den goß er zwischen Bett und Wand. Frau Sonne hatte auch einen Mann mitgeschickt, der bei ihm wachen sollte. In der ersten Nacht war das auch so gewesen. Als sie eine Weile gelegen hatten, fing die Prinzessin an zu erzählen, daß sie soundsoviel erlitten hätte; auf einem Bärenrücken war sie geritten und auf einem Löwenrücken und auf einem Falkenrücken – er aber blieb still. Da sagt sie: »Wenn du nicht antwortest, steche ich dich mit den Nadeln hier zu Tode. Du wirst hier nicht mit dem Leben davonkommen.« Da antwortet er: »Ich höre alles. Du hättest gehorchen können!«

Als sie hinuntergehen sollten zur Frau Sonne, sagt der Mann zu ihm: »Was war das für eine Frau, bei der du in der Nacht lagst? Sie sagte, ihr hättet sieben Kinder zusammen. Und sie hatte so viel Übles erlitten – auf einem Bärenrücken sei sie geritten und auf einem Löwenrücken und auf einem Falkenrücken.« – »Ja, schweig stille und sage nur nichts davon!« sagte Prinz Vilius.

Als er dann hinunterkam zu Frau Sonne, da sagte er zu ihr: »Nun wollen wir das Aufgebotsfest feiern. Das soll heute geschehen.« – »Wir sind aber noch nicht fertig dafür.« – »Ja, dann kümmere ich mich nicht um dich«, sagte er. Da versprach sie, es solle geschehen, wie er es will. »Da werden wir auch die aus dem Hühnerhaus einladen«, sagte er. »Nein, das geht nicht an! Wir können sie doch nicht herunternehmen in unsere prachtvollen Zimmer, sieben schmutzige Kinder!« – »Dann kümmere ich mich überhaupt nicht um dich!« – »Ja, so laß sie eben kommen.«

Sie hatte einen Tisch für die Prinzessin und die Kinder in einem Zimmer aufgestellt, und die anderen sollten in einem anderen Zimmer sein. »Sie sollen am gleichen Tisch sitzen wie wir«, sagte Prinz Vilius. »Nein, das geht nicht an, sieben schmutzige Kinder!« – »Ja, dann kümmere ich mich überhaupt nicht um dich!« Da schickte sie sich drein.

Dann sollte später auch die Hochzeit gefeiert werden. Da ergab sich das gleiche Gespräch. Dann schickte sie sich drein, und er bekam sie auch dieses Mal mit an den Tisch. Da saß

Frau Sonne an seiner rechten Seite und die andere an seiner linken Seite. Als sie da saßen und speisten, sagt er: »Auf welche Weise soll man mit einem verfahren, der zwei so gute Freunde trennen will?« Er hieß Frau Sonne seinen guten Freund und seine Frau auch. Frau Sonne dachte nun, Prinz Vilius meinte sie und sich selbst. »Das will ich dir sagen, mein Freund«, sagte sie. »Man sollte ihn nehmen und in ein Faß mit Nägeln stecken und es hügelab und hügelauf rollen.« – »Jetzt hast du dich selbst verurteilt!« sagte Prinz Vilius.

Da nahm man Frau Sonne und steckte sie in ein Faß mit Nägeln und rollte es hügelauf und hügelab.

Und das war das Ende.

9. Eine lustige Historie vom starken Knees

Da war einmal ein Bauer, der ging frühzeitig am Morgen hinaus in den Wald und nahm seine Axt mit sich. Und als er dorthin kam, gewahrte er da eine Zwergin, die sehr schön war. Er bekam Verlangen nach ihr und ging hin und hatte seinen Willen mit ihr, und dann ging er von ihr und verrichtete seine tägliche Arbeit draußen im Wald. Und am Abend ging er nach Hause und dachte nicht weiter daran.

Als die Zeit verstrichen war, gebar diese Zwergin einen Sohn. Den nannte sie Knees. Und sie zog ihn auf, und als er groß wurde, vermochte sie ihn nicht mehr zu ernähren, weil er so schrecklich viel aß. Und sie sagte zu ihrem Sohn: »Knees, geh zu der Kirche, die da draußen liegt, nimm diese Axt mit dir und stelle sie im Vorhaus dorthin, wo die anderen Bauern ihre Stöcke hinstellen. Und wenn sie dann herauskommen – wer dann die Axt wiedererkennt, das ist dein richtiger Vater. Und sage ihm, er soll dich so lange ernähren, wie ich dich ernährt habe.«

Und Knees nahm Abschied von seiner Mutter und machte sich auf den Weg und tat alles so, wie es die Mutter befohlen hatte, und stellte seine Axt im Vorhaus zwischen die Stöcke der Bauern, und Knees stellte sich daneben. Und die Bauern kamen und nahmen ihre Stöcke. Unter den anderen erblickte auch der Bauer seine Axt; er nahm sie in die Hand.

Da sagte Knees: »Die Axt gehört mir.«

»Nein«, sagte der Bauer, »das ist meine Axt.«

Da sagte Knees: »Wenn die Axt dir gehört, so bist du mein richtiger Vater.«

»Nein«, sagte der Bauer, »die Axt erkenne ich wohl, aber dich erkenne ich nicht.«

Endlich mußte Knees den Bauern nach Hause begleiten. Und Knees war eine Zeit bei seinem Vater und arbeitete so schwer, daß der Vater zuletzt nichts mehr für ihn zu arbeiten hatte. Hingegen aß er aber so viel wie zwölf Männer, und der Bauer konnte ihn nicht mehr erhalten oder ernähren.

So ging der Bauer in die Stadt, und Knees begleitete ihn, und der Bauer ging hinauf aufs Schloß und fragte den König, ob er einen Knecht zur Arbeit brauche.

Der König sagte: »Wo ist er?«

Und der Bauer hieß Knees heraufkommen. Und der König fragte, wie sein Name wäre.

»Knees heiße ich.«

Und der Bauer ging seines Weges und war froh, daß er Knees los war. Und der König trug ihm auf, er solle gehen und mit seinen anderen Knechten arbeiten.

Und Knees sagte: »Erst essen!«

Der König sagte: »Zu essen sollst du bekommen.«

Und als er gegessen hatte, ging er davon und arbeitete mit den anderen Knechten.

Und am anderen Tag sagte der König zu Knees: »Fahr heute in den Wald!«

Knees sagte: »Erst essen!«

»Zu essen sollst du bekommen.«

Und als er gegessen hatte, sagte der König: »Fahr nun in den Wald und hol ein Fuder Holz.«

Knees sagte: »Wie weit reicht ein Fuder! Zwölf Fuder werde ich heimfahren.«

Und er bat, der König möge ihm zwölf zweispännige Wagen geben und zwölf Paar Ochsen und elf Knechte, dann wolle er in den Wald fahren. Und er bekam alles. Und er fuhr los in den Wald und fing an zu schlagen, daß die elf Knechte nichts anderes zu tun hatten, als das Holz zu den Wagen zu tragen. Und wie Knees gerade beim besten Holzschlagen war, kam ein Bär und holte den einen Ochsen von dem Wagen fort, den Knees fuhr, und zerriß ihn und dachte ihn aufzufressen. Da lief Knees dem Bären nach und ergriff ihn und spannte ihn mit dem anderen Ochsen zusammen vor den Wagen. Und so fuhr er wieder nach Hause.

Und als er heimgekommen war, ging er hinauf zum König. Und der König fragte ihn: »Wo ist das Holz, das du bringen wolltest?«

»Erst essen!« sagte Knees.

»Zu essen sollst du bekommen«, sagte der König.

Und als er gegessen hatte, fragte ihn der König das gleiche.

Da sagte Knees: »Ich war im Wald, und eben als ich das Holz geschlagen hatte und es auf den Wagen lud, kam eine Katze aus dem Wald gelaufen und nahm das eine Kalb weg, das vor dem Wagen stand, und deshalb packte ich die Katze und setzte sie vor den Wagen und fuhr so nach Hause. Geh hinab in den Hof, da kannst du es sehen!«

Und als der König hinunter in den Hof kam, erblickte er einen großen Bären vor dem Wagen neben dem anderen Ochsen. Und der König nahm den Bären, und Knees bekam viel an Geld und Kleidung, so viel, wie er für eine lange Zeit brauchte.

Eine Zeit später kam der Feind in dieses Königreich, und der König sagte zu Knees: »Wenn du mir die Feinde aus meinem Land wegschaffst, so werde ich dir viel Geld geben.«

Knees sagte: »Erst essen!«

»Zu essen sollst du bekommen.«

Und als er gegessen hatte, kam der König herein. Und Knees sagte zum König: »Du sollst mir eine Keule aus Eisen machen lassen, die soll zwanzig Schiffspfund[1] wiegen, und eine Peitsche, die zehn Schiffspfund wiegt.« Und er sagte, der König solle zwölf Paar Ochsen schlachten, sechs Paar sollen gebraten werden und sechs Paar gekocht, und die vierundzwanzig Ochsenhäute sollen zusammengenäht werden, und aus ihnen soll man einen Sack machen, und die vierundzwanzig Ochsen soll man zusammen mit Brot dort hineingeben.

Und der König ließ sogleich zwölf Paar Ochsen schlachten und ließ das Fleisch in den Ledersack geben, den man aus den Ochsenhäuten zusammengenäht hatte. Und Knees wollte sich auf den Weg machen. Da fragte der König Knees, ob er einige hundert Mann mit sich haben wolle.

Knees antwortete: »Nein, ich gehe wohl alleine.«

Und so machte sich Knees auf den Weg und hatte seine Keule und die Peitsche auf der einen Schulter und seinen Eßsack auf der anderen Schulter und marschierte so seinen Weg dahin. Und nachdem er lange Zeit gegangen war, kam er ans Ziel. Und als er noch eine viertel Meile vom Lager der Feinde war, da wirft er seinen Eßsack zusammen mit der Keule und der Peitsche auf den Boden, daß man es bis ins Lager der Feinde hörte; dort meinten sie sogleich, ihr Feind würde kommen, und machten sich fertig und kamen dahin, wo Knees saß, und sie bildeten einen Kreis rund um ihn und staunten ihn an. Und er machte seinen Eßsack auf und setzte sich hin, um zu essen. Und als er gegessen hatte, steckte er wieder hinein, was übriggeblieben war, und band seinen Eßsack wieder zu und stand auf und nahm die Keule in die eine Hand und die Peitsche in die andere und schlug so lange zu, solange sich einer auf der Erde rührte. Und Knees nahm seinen Eßsack auf die eine Schulter und die Keule und die Peitsche auf die andere und marschierte seinen Weg dahin,

---

[1] Ein Schiffspfund = ungefähr 170 kg.

und nachdem er lange gegangen war, gelangte er wieder nach Hause. Und als er heimkam, ging er hinauf aufs Schloß und hinein zum König. Und der König fragte, wie es ihm ergangen sei.

Da sagte Knees: »Erst essen.«

»Ja, zu essen sollst du bekommen.«

Und er aß, und als er gegessen hatte, fragte der König, wie es ihm ergangen sei.

Knees antwortete: »Ja, es ging gut. Ich geriet mit ihnen zusammen und habe sie alle miteinander erschlagen. Wenn du's nicht glauben willst, so mach dich auf und sieh dir's an, so wirst du sehen, daß es wahr ist.«

Als der König das hörte, war er arg zufrieden.

10. Hundsracker

Heute wollen wir vom Hundsracker erzählen.

Da war eine Häuslersfrau, die hatte ein Kind bekommen. Und dann war da eine Bergriesenfrau, die hatte auch ein Kind bekommen. Die machte sich auf und vertauschte ihr Kind mit dem der Häuslersfrau, und niemand merkte es. Und das Kind, das war so schrecklich schwer satt zu kriegen, und der Häusler konnte es nicht mehr ernähren. Es aß alles auf, was der Häusler hatte. Da beklagte er sich über den Jungen dort bei seinem Herrn, und das war ein Pfarrer. »Ja, dann laß ihn zu mir kommen«, sagte der Pfarrer. »Da soll er genug zu essen haben.«

Ja, und frühmorgens kam er. »Bist du nun da!« sagte der Pfarrer. »Hier sollst du genug zu essen haben.« Nun sollten sie bei dem Pfarrer da in den Wald fahren, und er sollte mit den anderen Knechten auch dabeisein. Er fing an zu essen, eine Stunde vor den anderen. Dann gingen die anderen los, spannten die Pferde ein und fuhren in den Wald. Da kam der Pfarrer herein. »Ja, Gott bewahre!« sagte er. »Sitzt du immer noch hier und ißt! Wie lange sitzt du denn schon beim Essen?« – »Vier Stunden«, sagte er. »Wie lange arbeitest du dann?« – »Ich arbeite vier Stunden.«

Als er nun hinunter zum Stall kam, hatte man ihm nur das erbärmlichste Pferd zurückgelassen. Ja, und er, er spannte es vor einen Schlitten, und dann fuhr er in den Wald. Da sagen sie zu ihm: »Du hast heute doch nicht zu Hause bleiben wollen?« Ja, er möchte nur rasch eine Ladung voll haben. Und die Bäume, die da am nächsten standen, die zog er mit den Wurzeln heraus und lud sie auf den Schlitten, mit den Ästen und allem, und er lud alles auf eine Fuhre, bis er selber meinte, er könnte damit zufrieden sein. Dann spannte er das Pferd an. Das konnte die Fuhre nicht von der Stelle bringen. Da ärgerte er sich über das Pferd, spannte es aus und machte die Zügel los. Dann nimmt er das Pferd und legt es auf die Fuhre obendrauf und band es mit den Zügeln fest. Dann packt er an und zieht die Fuhre. Er war vor den anderen mit der Fuhre zu Hause, und sie reichte so hoch wie das Dach. Er nahm das Pferd von der Fuhre herunter und brachte es in den Stall. Dann ging er hinein und setzte sich zum Essen. Da kamen die anderen Knechte nach Hause, und sie sagen zum Pfarrer: »Schick den nicht noch einmal in den Wald! Der holzt den ganzen Wald ab!«

Da war der Pfarrer ganz entsetzt über seinen Knecht. Nun war da in dem Land ein Krieg, und so schreibt der Pfarrer an den König, ob er nicht einen tüchtigen Kriegsmann haben will. Ja, der König war's zufrieden. Und da sagt der Pfarrer zum Hundsracker – sie hießen ihn so –: »Jetzt sollst du zum König. Dort wirst du genug zu essen kriegen.« Er machte sich auf den Weg zum König. Als er dort angekommen war, trieb er's auf die alte Weise. Er aß vier Stunden lang. Da sagt der König zu ihm: »Jetzt gehst du zu den Soldaten hin und schlägst alle zusammen, die du siehst.« Darauf ging der Hundsracker zu den anderen Soldaten. Die schossen, daß ihm die Kugeln um seine Löffel sausten. »Schämt ihr euch denn gar kein bißchen, daß ihr Blaubeeren auf mich werft!« Er schlug alle zusammen, die er sah.

So kam er zurück zum König. »Das waren ein paar Verrückte«, sagte er. »Als ich dorthin kam – die schämten sich doch kein bißchen, da warfen sie gleich Blaubeeren auf mich, aber ich habe einen jeden zusammengeschlagen, den ich dort gesehen habe.« – »Da hast du wohl meine Leute auch zusammengeschlagen!« sagte der König. »Ja, ich habe es so gemacht, wie es Eure Majestät gesagt hatte. Ich habe einen jeden Mann zusammengeschlagen.«

Da war der König völlig entsetzt über den Hundsracker und wußte nicht, auf welche Weise er ihn loswerden konnte. Er sah ein, daß es nicht möglich war, ihn zu erschießen. Er dachte aber, er müßte ihn auf jeden Fall aus dem Weg schaffen. Und so fuhr man eine große Menge Munition auf eine ebene Heide und häufte sie zu einem großen Hügel auf. Dann fuhr man Holz dazu und häufte es auf den großen Hügel. Dann sagt der König zu dem Hundsracker, er solle auf die Holzstämme hinaufsteigen und sich dort niedersetzen. Dann legten sie Feuer daran. Da flog alles hoch in die Luft, die Baumstämme und der Hundsracker, und auf die Weise wurde der König seinen Kriegshelden los.

11. Das Mädchen, das den Riesen anführte

Ja, da war einmal ein Kätner, der wohnte in der Nähe von einem hohen Berg. Und er hatte Hühner, und eine Henne war da, die legte ihre Eier außerhalb des Hofes. Sie konnten die Eier niemals ausfindig machen. Nun hatte der Kätner drei Töchter, und die älteste, die sollte auf diese Henne aufpassen und sehen, wohin sie ihre Eier legte. Sie paßte einen Tag auf sie auf. Als die Henne an den Berg gekommen war, kam sie ihr aus den Augen, und sie konnte nicht sehen, wo sie geblieben war. Am nächsten Tag ging es auf die gleiche Weise.

Am dritten Tag nahm sie einen Faden und band ihn der Henne ans Bein und sich selbst an den Leib, und als nun die Henne an den Berg gekommen war, da ging sie durch ein Loch dort hinein, und das Mädchen ging ihr nach. Als die Henne das Ei gelegt hatte, ließ sie der Bergriese hinaus, aber das Mädchen behielt er.

Am Tag danach sollte das mittlere Mädchen auf die Henne achtgeben. Ihr ging es genauso. Auch sie blieb am dritten Tage im Berge zurück.

Na, am Tag danach sollte das dritte Mädchen hinaus und auf die Henne achtgeben. Sie nahm ein Band und knüpfte es der Henne um das Bein und sich selbst um den Leib, und als die Henne das Ei gelegt hatte, ließ sie der Bergriese hinaus, aber das Mädchen blieb drinnen zurück. Dem Riesen gefiel die jüngste am besten, und so sollten sie heiraten. Da sollte sie aufräumen und alles schönmachen, bis sie ihr Festmahl halten konnten. Da sagt sie zu dem Riesen:

»Hier gibt es so viel Lumpen und Gerümpel. Das kannst du heimtragen zu meiner Mutter; sie ist arm und braucht es.«

Da nahm sie die älteste Schwester und steckte sie in einen Sack und legte ein bißchen Gerümpel darüber.

»Nun kannst du den Sack zu Hause auf die Treppe stellen«, sagte sie. »Aber du darfst nicht in den Sack hineinschauen. Schaust du in den Sack, so wird's nichts mit der Hochzeit.«

»Nein, ich werde nicht in den Sack sehen«, sagte er.

Nun hatte sie der ältesten Schwester aufgetragen, wenn er die Absicht habe, in den Sack zu schauen, so solle sie sagen: »Schau nicht in den Sack!« – Und als er eine Weile gegangen war, da sagte er: »Ich möchte doch wissen, was in dem Sack ist.«

Da sagt sie, die im Sack steckte: »Schau nicht in den Sack!« – »Ja, richtig! Ich soll nicht in den Sack sehen.«

Als er wieder ein paar Schritte gegangen war: »Ich möchte doch wissen, was das ist. Ich hätte in den Sack schauen sollen.« Da rief sie wiederum: »Schau nicht in den Sack!« –

»Du hast aber verflixt scharfe Augen, wenn du das sehen kannst!« Er glaubte, das wäre sie im Berge. Dann stellte er den Sack auf den Treppenstein bei der Alten und ging dann wieder zu dem Berg.

Dann hatte sie die zweite Schwester in einen Sack hineingesteckt und ihr beigebracht, daß er nicht in den Sack sehen dürfte. Als er eine Weile gegangen war, wollte er das auf jeden Fall tun. »Schau nicht in den Sack!« rief sie, die nahe dabei war. So setzte er seinen Weg fort, und wenn er hineinsehen wollte, dann schrie sie wieder. Ja, er stellte den Sack auf die Treppe, und dann ging er zu dem Berg.

Na, am dritten Tag hatte sie eine Figur aus Stroh hingesetzt und ihr ein Stück Tuch über die Knie gelegt. Da sagt sie zu ihm:

»Heute mußt du einen Sackvoll Lumpen nach Hause schaffen, aber mit mir darfst du heute nicht sprechen, denn heute will ich meinen Brautschmuck nähen.«

Ja, und es ging wie an den Tagen vorher, und zum Schluß kam er auch zum Haus der Alten und stellte den Sack an der Treppe nieder. Und als er zurückkam:

»Ja, nun habe ich den Sack an der Treppe bei deiner Mutter niedergestellt. – Ja richtig, ich darf heute nicht mit dir sprechen, du willst deinen Brautschmuck nähen.«

Als eine Weile vergangen war, redete er wieder zu ihr. »Ja richtig, ich soll nicht mit dir sprechen!« So ging es den ganzen Tag, und er bekam keine Antwort.

Am anderen Morgen sprach er zu ihr. Aber auch jetzt keine Antwort! Da wurde er zornig und schlug auf sie ein. Und da waren es nur Kleider, die mit Stroh ausgestopft waren! Als er zu sehen bekam, wie sie ihn geprellt hatte, wurde er so zornig, daß er zersprang.

So hatte sie ihre beiden Schwestern und sich selbst gerettet, und so waren sie von dem Riesen befreit.

Ein Bischof von einem fernen Land wollte den Papst besuchen. Auf dem Wege dorthin trifft der Bischof einen
Mann, der geht mit schweren Bleigewichten, und er schleppt
sie an jedem Fuß. Der Bischof hält an und fragt den Mann,
weshalb er solche Gewichte ziehe.

»Ja«, sagte der Mann, »sonst gehe ich zu schnell.«

Der Bischof dachte sich, es wäre gut, einen solchen Diener zu
haben, und so wurde er des Bischofs Diener und begleitete
ihn und war ebenso rasch wie der Wagen; das eine Gewicht
wurde in den Wagen geladen, das andere behielt er an, damit
er nicht vorausliefe. Als der Bischof eine Weile gefahren war,
sieht er einen Mann, der ging mit einem Tau ohne Ende, das
nach zwei Richtungen auseinanderlief. Der Bischof hält an
und fragt, was der Mann mache.

»Ich bin gerade dabei, den Wald dort umzulegen«, sagte der
Mann, und der Bischof hörte, wie weit entfernt der Wald
brach und fiel.

›Einen solchen starken Diener zu haben, könnte gut sein‹,
dachte sich der Bischof, und so wurde er des Bischofs zweiter
Diener und begleitete ihn. Ein Stück weiter kam der Herr zu
einer Ebene mit vielen Windmühlen, die drehten sich alle wie
in einem Sturm, obgleich das Wetter ganz still war, und da
sieht er einen Mann, der steht in weiter Entfernung da, den
Windmühlen zugewandt, und hält den Zeigefinger an das
eine Nasenloch.

»Was machst du da?« sagte der Bischof.

»Ich blase und bringe diese Windmühlen zum Drehen«, sagte
der Mann.

»Weshalb hältst du das eine Nasenloch zu?«

»Ja«, sagte der Mann, »wenn ich mit beiden Nasenlöchern
bliese, da würden die Mühlen laufen, daß sie auseinander-
brächen oder umstürzten.«

›Einen solchen Diener zu haben, könnte gut sein‹, dachte

der Bischof, und so wurde er des Bischofs dritter Diener und begleitete ihn. Als sie an das Meer gekommen waren, über das der Bischof darübermußte, sah er einen Mann, der zielte und schoß auf das Meer hinaus, obgleich der Bischof nichts sah, auf das man schießen konnte.

»Nach was schießt du?« sagte der Bischof.

»Ja«, sagte der Mann, »ich sah eine Katze, die wollte ein Vogelnest auf einem Baum in dem Land auf der anderen Seite des Meeres ausrauben, und da habe ich die Katze erschossen.«

Einen solchen Mann zu haben, könnte gut sein, meinte der Bischof, und so wurde er des Bischofs vierter Diener. Als sie zum Papst kamen, wurde der Bischof gut aufgenommen. Aber wie der Papst mit seinem Wein prahlen wollte, daß niemand auf der Welt so kostbaren Wein hätte, wollte der Bischof auch mit seinem prahlen und sagte, er hätte noch kostbareren Wein.

Der Papst nahm das übel auf, und nachdem sich der Bischof mit seinem ersten Diener beraten hatte, ging er mit dem Papst eine Wette ein: Wenn der Bischof in einer Viertelstunde etwas von seinem Wein herbeischaffen könnte, sollte er vom Papst so viel Gold und Silber haben, wie ein Mann zu tragen vermochte, und im anderen Falle sollte der Bischof dem Papst ebenso viel geben.

Der erste Diener machte sich auf den Weg, um den Wein zu holen, und er versprach, in einer Viertelstunde zurück zu sein. Als es auf die letzten fünf Minuten ging, wurde der Bischof unruhig und fragte den Diener Nummer vier, ob er den Erwarteten nicht sehe.

»Ja«, sagte der Diener, »er liegt auf dem Rückweg unter einem Baum und schläft; aber ich werde ihn wecken.«

Er nahm seine Büchse und schoß in den Baum, und da brachen die Zweige, und der Mann erwachte und war zwei Minuten vor der Zeit zurück. Der Papst ließ eine Traglast Gold und Silber herbeischleppen.

»Schaffst du mehr?« sagte der Bischof zu dem Diener, der den Wald umgelegt hatte.

Der Diener hob das mit seinem kleinen Finger, und der Papst mußte so viel Gold und Silber herausgeben, wie er hatte, und der Diener trug das ohne Mühe an Bord des Schiffes. Aber als der Bischof abgefahren war, schien es dem Papst nun gar zu leer und ärmlich für ihn, und er ließ sogleich seine Kriegsschiffe mit Soldaten und Waffen auslaufen, die seine Schätze wiederbringen sollten. Des Bischofs Schütze bemerkte diese Schiffe zuerst, und er sagte, das seien die Kriegsschiffe des Papstes mit Soldaten und Waffen, um alle Schätze zurückzubringen und sie alle zu verderben.

Der Bischof wurde totenbleich vor Furcht, aber der Diener, der die Windmühlen angetrieben hatte, beruhigte ihn und ließ die Schiffe so nahe herankommen, daß die Soldaten schon die Lunten ergriffen und ihre Kanonen gegen des Bischofs Schiff abfeuern wollten. Aber da stellte sich der Diener achtern auf, blies mit beiden Nasenlöchern, und alle Schiffe des Papstes kenterten und gingen unter.

Und so kam der Bischof glücklich heim, wurde der reichste Mann auf der Welt und hatte für alles Glück auf dieser Reise seinen ungewöhnlichen Dienern zu danken.

13. Die Salzmühle

In einem Dorf wohnten zwei Brüder. Der eine war reich, der andere aber war bettelarm. Als der Weihnachtsabend kam, zündete der Reiche Licht an, und in seinem Haus wurde allerlei gutes Essen auf den Tisch gestellt, in des Armen Haus aber hatte man weder Licht noch Holz noch etwas zu essen. Der Arme ging zu dem reichen Bruder und bat ihn um ein wenig Essen, aber der erwiderte, er könnte nichts entbehren. Der Arme ließ aber nicht nach, sondern bettelte unablässig und bat um Hilfe. Zuletzt wurde der Reiche zornig und warf

einen Schweineschinken nach ihm und sagte: »Zieh zur Hölle
mit ihm!«

Der Arme tat, wozu ihn der reiche Bruder aufgefordert
hatte: er zog zur Hölle. Als er dort ankam, begegnete er zu-
allererst einem alten Mann draußen am Holzstoß. Der Alte
hatte graues Haar und einen Bart, der ihm bis zu den Füßen
reichte. Der arme Bruder wünschte ihm guten Tag und fragte,
ob das die Hölle sei. Ja, das war sie. Aber als der Alte den
Schweineschinken sah, sagte er, der arme Bruder solle auf der
Hut sein, denn in der Hölle herrschte gerade großer Mangel
an Fleisch, und er könnte sich darauf verlassen, daß die
geringen Geister alles tun würden, um für sich ein Stück
Fleisch zu bekommen. Er sollte ihnen nichts geben, wenn er
nicht dafür die alte Mühle bekam, die drinnen in der Hölle in
einem Winkel stand. Der Bruder ging hinein. Sogleich
umringte ihn eine ganze Schar geringer Geister, die rissen
Stücke aus dem Fleisch an sich und riefen: »Was kostet das
Fleisch? Was kostet das Fleisch?« Der Bruder führte mit
dem Knüppel, den er in der Hand hatte, einen Schlag gegen
sie und sagte, er würde ihnen das Fleisch nicht geben, bevor
er nicht die alte Mühle im Winkel bekäme. Sie meinten, das
sei viel zuviel verlangt, aber als der Bruder nicht nachgab,
mußten sie ihm schließlich die Mühle geben. Der Bruder warf
den Schweineschinken mitten in den Haufen, packte die
Mühle und lief zur Tür. Als er hinaus zu dem Mann am
Holzstoß kam, fragte er ihn, wozu die Mühle nützlich sei.
Der erklärte ihm, daß die Mühle alles mahlen konnte, was
man ihr zu mahlen befahl. Darauf lehrte er den Bruder, wie
man die Mühle in Gang setzen und wie man sie zum Still-
stand bringen konnte. Der Bruder dankte für die Unterwei-
sung und eilte heim. Im Hause war es dunkel und kalt. Seine
Frau und die Kinder saßen da und weinten und warteten,
daß er nach Hause käme. Es schien ihnen, er sei schon lange
ausgeblieben, und sie hatten angefangen zu fürchten, daß ihm
ein Unglück zugestoßen wäre. Er sagte, sie sollten nicht

weinen und nicht mehr betrübt sein, denn jetzt würden sie es bald warm und hell haben. Er setzte die Mühle auf den Tisch und befahl ihr, Holz zu mahlen. Sogleich mahlte die Mühle das beste dürre Holz, das man sich wünschen konnte. Dann trug er ihr auf, Kerzen zu mahlen und alle Arten von gutem Essen, und die Mühle mahlte alles, was der Bruder wünschte, so daß die Armen alles so in Hülle und Fülle hatten, daß es der König selbst nicht hätte besser haben können.

Am Weihnachtstag luden sie den reichen Bruder zu sich zu Gast ein. Als er den ganzen Überfluß sah, war er darauf erpicht zu erfahren, wie der arme Bruder zu all dem gekommen war. Der zeigte ihm die Mühle und ließ sie ein paar Silbersachen mahlen. Der reiche Bruder bekam große Augen und wollte unbedingt die Mühle für sich bekommen, aber er bekam zur Antwort, daß sie kaum für Geld zu haben wäre. Der Reiche bat und bettelte, daß er ihm die Mühle verkaufen möge, und er bot viel Geld für sie. Zuletzt meinte der arme Bruder, wenn auch der Reiche hart und gar nicht hilfsbereit zu ihm gewesen war, so sei er dennoch sein Bruder, und deshalb wollte er ihm die Mühle gegen den Betrag überlassen, den der Bruder geboten hatte. Darüber wurde der Reiche sehr froh und eilte sogleich mit seinem Eigentum nach Hause, aber er brachte es nicht über sich, sie etwas mahlen zu lassen, ehe es Sommer geworden war.

Eines Tages zur Erntezeit sagte er seiner Frau, sie solle mit den Arbeitern hinaus aufs Feld gehen; er wolle selbst zu Hause bleiben und besorgen, was es hier zu tun gab, und auch sehen, daß das Mittagessen zur rechten Zeit fertig würde. Die Frau war damit sehr zufrieden, denn ihr Mann nörgelte immer, daß sie den Tag über so wenig tue. Der Mann räumte auf und erledigte alle Kleinigkeiten, und ehe er sich's versah, war die Mittagszeit gekommen. Der Mann hatte geplant, die Mühle das Mittagessen zubereiten zu lassen. Zu diesem Zweck trug er sie herein, stellte sie auf den Tisch und forderte sie auf, Heringe und Grütze zu mahlen. Sie fing an zu mahlen und mahlte alle Schüsseln und Schalen voll. Der Mann wollte sie festhalten, aber das war nicht möglich, denn der Bruder hatte es unterlassen, ihm zu sagen, wie er sie anhalten sollte. Die Mühle fuhr fort zu mahlen und zu mahlen. Der Mann setzte alle Gefäße darunter, die er erreichen konnte, aber sie füllten sich in wenigen Augenblicken, und jetzt fingen Grütze und Heringe an, auf den Boden zu fließen. Nach einer kleinen Weile watete der Mann bis zu den Knien in Grütze und Heringen. Er schlug die Türen zu den anderen Zimmern auf, aber Grütze und Heringe folgten ihm nach und reichten ihm schließlich bis unter das Kinn. Glücklicherweise hatte er da die Tür des Hausflurs erreicht und stürzte hinaus und auf dem Wege fort. Aber ihm nach brauste der Strom von Heringen und Grütze. Als der Mann ein Stück gelaufen war, erblickte er seine Frau und die Arbeitsleute, die zu Mittag nach Hause kamen. »Schnell, zum Donnerwetter noch eins, oder ihr ertrinkt in Heringen und Grütze!« rief ihnen der Mann zu und raste in wildem Tempo vorwärts. Sie glaubten, der Mann sei närrisch geworden, und gingen weiter dem Hause zu, aber bald stießen sie auf den Grützestrom, der sich immer weiterwälzte, und nun waren sie es, die die Beine in die Hand nahmen.

Inzwischen war der Mann zu seinem Bruder gelaufen und bat ihn um alles in der Welt zu kommen und die Mühle zum Stehen zu bringen, aber der Bruder antwortete, darum werde er sich nicht kümmern, denn da er einmal die Mühle verkauft habe, so wolle er nichts mehr mit ihr zu tun haben. Der Mann bat ihn doch zu kommen – der Bruder solle die Mühle umsonst wieder zurückhaben, wenn er nur eile und sie zum Stehen bringe, denn der Mann glaube, daß er nun vollauf genug von der Mühle habe. Als der Bruder hörte, daß er die Mühle umsonst wieder zurückbekommen sollte, da brauchte es nicht lange, bis er sich auf den Weg machte und die Mühle anhielt. – Der Bruder hatte nun die Mühle lange, und sie mahlte alles, was er sie zu mahlen bat, und aus dem armen Bruder wurde ein reicher und mächtiger Mann.

Zu der Zeit kam ein Schiffskapitän aus England in diese Gegend und hörte von der wunderbaren Mühle. Er ging zum Besitzer der Mühle und wollte sie kaufen, aber er bekam zur Antwort, sie sei schwerlich für Geld zu bekommen. Aber der Kapitän bat so sehr um die Mühle, daß der Bruder einwilligte, sie ihm zu überlassen. Der Kapitän nahm sie mit an Bord seines Schiffes und segelte davon. Aber auch dieses Mal hatte der verschmitzte Bruder es unterlassen, ihm zu sagen, wie man die Mühle zum Stehen bringen konnte. Als der Kapitän mitten ins Meer gekommen war, befahl er der Mühle, Salz zu mahlen. Er meinte, das würde nicht so rasch weitergehen, sondern er könnte eine volle Schiffsladung Salz haben, sobald er in den Hafen kam. Aber er bekam anderes zu sehen. Die Mühle mahlte Salz, als ob sie rasend wäre, und in einigen Tagen war das Schiff ganz voll Salz und drohte zu sinken. Es war unmöglich, die Mühle anzuhalten, und es reichte auch nicht aus, daß man das Salz ins Meer warf. Die Folge war, daß das Schiff mit dem Kapitän, der Besatzung und der Mühle sank. Nun steht die Salzmühle auf dem Grunde des Meeres und mahlt Salz, und deshalb ist das Meerwasser salzig im Geschmack.

14. Die beiden Schreine

Da war einmal eine Frau, die hatte eine richtige Tochter und eine Stieftochter, aber gegen die Stieftochter war sie so böse, daß die niemals Frieden vor ihr hatte. Und genauso war die richtige Tochter zu ihrer Ziehschwester. So geschah es einmal, daß die beiden Schwestern am Brunnenrand saßen und spannen, und da kam die Alte und nörgelte wie gewöhnlich an der Stieftochter. Und die richtige Tochter, die stieß sie an, und so fiel sie in den Brunnen. Da war die Alte froh, denn ›nun werde ich dich wohl los sein, du Scheusal‹, dachte sie, und so ging sie ihres Weges.

Aber das Mädchen, das in den Brunnen fiel, das sollte doch wieder zurückkommen, wie ihr schon sehen werdet. Zuerst kam sie auf einen Weg, und den ging sie entlang. Und als sie ein Stück gegangen war, da kam sie zu einem Apfelbaum, der hing richtig voll mit Äpfeln. Und der Apfelbaum, der sagte zu ihr: »Du kannst so viele Äpfel nehmen, wie du willst, und sie aufessen, aber du darfst keinen zu dir stecken und mitnehmen!« Und das machte sie, aber sie nahm keinen mit sich. Dann ging sie wieder ein Stück. Da traf sie eine Kuh, die trug einen Eimer an einem Horn, und die Kuh sagte zu ihr: »Du kannst mich melken und so viel Milch trinken, wie du willst, aber was übrigbleibt, sollst du mir über die Hufe schütten und den Eimer wieder an das Horn hängen.« Und sie machte es so, und dann ging sie weiter. Da kam sie zu einem großen Haus, und da war sie nicht wenig erschrocken und dachte daran, umzukehren. Aber wie's auch war, sie ging hinein. Und da saß dort eine alte Frau, und das Mädchen fragte sie, ob sie ein Dienstmädchen haben wollte. Ja, sagte sie, sie wolle eins haben. Und so durfte sie dableiben. Aber einmal mußte die Alte weggehen, und da sollte sie im Stall arbeiten und sollte den Tieren Wasser hintragen, aber das war nicht gut, sage ich euch, denn sie bekam nichts anderes als ein Kornsieb zum Wassertragen, ›und wie soll das nur gehen!‹ dachte sie. Aber als sie das Sieb in die Quelle tauchte, da kam es voll mit Eidechsen und Schlangen herauf, die verstopften die Löcher, und so wurde es wasserdicht. Und faul, das war sie nicht, sondern sie füllte die ganze Tonne, die da im Stalle stand. Und die Alte war mit ihr zufrieden.

Als sie nun eine Zeitlang dort gewesen war, sollte sie ihren Lohn bekommen. Da sagte die Alte: »Geh hinauf auf den Dachboden, dort stehen zwei Schreine, und du sollst den bekommen, den du willst«, sagte die Alte. Und das machte sie. Und als sie auf den Boden gekommen war, da standen dort ein roter und ein blauer Schrein, und dann saß da eine Katze, und die sagte: »Nimm den blauen, nimm den blauen!« sagte die Katze. Und das machte sie. Und darauf ging sie den gleichen Weg, den sie gekommen war. Und als sie zu Hause ankam, da erzählte sie ihrer Stiefmutter, wo sie gewesen war und was sie als Lohn bekommen hatte. Und dann fragte sie, wo sie ihren Schrein hinsetzen sollte, den sie von ihrer Dienstherrin bekommen hatte. »Setz ihn in den Schweinestall, der ist gerade recht für dich, du Scheusal«, sagte die Stiefmutter. Und so machte das Mädchen da sauber und brachte den Schrein dorthin. Aber als sie ihn aufschloß, da kam eine so schreckliche Menge Schmucksachen zum Vorschein, wie man es noch nie gesehen hatte. Und es sah aus, als ob alles zusammen aus Gold wäre. Die Alte war ganz außer sich, daß es nicht ihre eigene Tochter war, die das alles da bekommen hatte. ›Aber ich weiß schon einen Rat‹, dachte sie, und so nahm sie ihre Tochter und stieß sie in den Brunnen. Und sie ging den gleichen Weg, den die andere gegangen war. Als sie zu dem Apfelbaum kam, sagte der: »Du kannst so viele Äpfel essen, wie du willst, aber du darfst keinen mit dir nehmen.« Aber sie, sie war nicht so genügsam, sondern sie aß sich erst Bauchweh an und nahm dann noch einen ganzen Haufen mit sich. Dann traf sie die Kuh, und die sagte: »Du sollst mich melken und kannst trinken, soviel du willst, aber wenn du weitergehst, sollst du mir's über die Hufe schütten und den Eimer an das Horn zurückhängen«, sagte die Kuh. Und sie trank, daß sie nahe dran war zu zerspringen, aber als sie fertig war, schüttete sie alles aus und schmiß den Eimer, so weit sie konnte. Und dann ging sie und kam zu der alten Frau da, und sie fragte, ob sie bei ihr in Dienst treten könnte. – Ja, sicher, das konnte sie. Und sie bekam dieselben Aufgaben wie ihre Halbschwester.

So kam der Tag, an dem sie ihren Lohn bekommen sollte. Da sagte die alte Frau: »Geh hinauf auf den Dachboden und nimm einen von den Schreinen, die dort oben sind, und du kannst dir nehmen, welchen du willst«, sagte sie. Und als sie dort hinaufkam, standen dort zwei Schreine wie beim ersten Mal, und die Katze sagte: »Nimm den blauen, nimm den blauen«, sagte die Katze. »Ach, ich hör doch nicht auf dich, du Scheißkatze«, sagte sie, und so nahm sie den roten und trottete davon. Als sie nach Hause zu ihrer Mutter kam, mußte sie den Schrein in den besten Raum stellen, der da zu finden war. Aber jetzt ging es anders, denn als sie das Schloß öffnete, da flog da ein Vogel heraus, der hatte Feuer am Schwanz und zündete damit das Haus an, so daß es bald in hellen Flammen stand, die alles ergriffen. Und die Alte und ihre Tochter, beide verbrannten, und die Stieftochter bekam alles miteinander. Und aus dem Schweinestall wurde ein großes Schloß, und da lebte sie bis zu ihrem Tode.

15. Von einigen, die eine große Erbschaft holten

Es war eine alte Frau, die hatte drei Söhne. Sie hatten eine große Erbschaft gemacht, und jetzt wollten sie in ein anderes Reich oder eine andere Provinz gehen und da das Erbe holen. Als sie nun unterwegs waren, wurde es dunkel, und sie mußten ihr Nachtlager im Walde suchen, und da ließen sie sich unter einem großen Baume nieder. Die Alte und zwei der Burschen schliefen, aber der jüngste nahm sein Gewehr und machte sich auf und wollte sich im Walde etwas umsehen. Da sah er drei Räuber, die standen um ein Feuer und brieten Fleisch am Spieß. Der eine sollte probieren, ob das Fleisch schon fertig gebraten war. Da schoß der Bursche, und das Fleisch fiel in die Glut. Der erste Räuber wurde ärgerlich und schlug auf den zweiten ein. Später schoß der Bursche auch dem zweiten das Fleisch weg, und er schlug auf den dritten ein. Als der das Fleisch probieren sollte, hatte er niemanden, auf den er einschlagen konnte, aber er erblickte den Burschen und ging zu ihm hin.

»Wir sehen, du bist ein guter Schütze«, sagte er.

Jetzt wollen sie, daß der Bursche mit zum Königshof geht. Es gab einen geheimen Weg in das Schloß, aber die Räuber wagten sich hier nicht hinein, denn es gab da einen großen Hund, vor dem sie sich fürchteten.

Ja, der Hund kam, und der Bursche erschoß ihn. Und da hatten sie jetzt den geheimen Weg, auf dem sie ins Schloß gelangen konnten.

»Es ist das beste, wenn ich zuerst da durchgehe«, sagte der Bursche. Er kroch hinein und einer von den Räubern hinter ihm her. Dem hieb der Bursche den Kopf ab und versteckte ihn. Dann sagte er zu den anderen:

»Geht leise und vorsichtig, damit ihr nicht zuviel Krach macht!« Mit denen ging's auf die gleiche Weise. Sobald er einen erledigt hatte, legte er ihn weg in eine Ecke. So machte er es mit allen dreien.

Danach ging er in das Schloß. Er kam in ein großes Zimmer, und da stand ein großer Tisch voll mit Essen und allerlei zu trinken. So aß er da und trank und war ganz zufrieden, und dann ging er in ein anderes Zimmer. Da lag die Prinzessin und schlief, die Tochter von dem König. Da machte er sich an sie heran. Als er dann ging, nahm er ihr den rechten Strumpf und den rechten Schuh. Sie war auch in der Nacht angezogen, denn sie hatte Angst vor den Räubern. Dann nahm er aus den Räuberköpfen die Zungen heraus und steckte sie in seinen kleinen Rucksack.

Und dann ging er zu seinen Brüdern und seiner Mutter. Da sagt er zu ihnen: »Jetzt stehen wir auf und gehen, denn jetzt ist es bald Tag.« Dann marschierten sie ihren Weg entlang. Dann waren sie an ihrem Ziel und bekamen die Erbschaft.

Als sie jetzt auf dem Heimweg waren, kamen sie wieder zu dem Königshof, und da hatte die Prinzessin ein Kind, und wer der Vater von dem Kind sein sollte, das konnte man sich nicht vorstellen. So hatte der König eine große Tafel am Wegrand aufrichten lassen:

Wer von allen seinen Erlebnissen erzählt, der soll so
viel Essen und Trinken bekommen, wie er haben will.

Ja, der Junge da, der guckte überall herum und bekam auch
die Tafel zu sehen. Da sagt er zu seinen Brüdern:
»Da könnt ihr was sehen! Wer von allen seinen Erlebnissen
erzählt, der soll so viel Essen und Trinken bekommen, wie
er haben will.«
»Komm, laßt uns gehen!« sagte die Mutter. »Wir haben
einen weiten Weg und sind lange weggewesen.«
»Ihr könnt doch trotzdem kommen und das ansehen!«
sagte der Bursche zu seinen Brüdern. Ja, die gingen und
schauten, und es war so, wie er es gesagt hatte. Sie kamen in
das Schloß. Da sollte die Alte von ihren Erlebnissen berichten. Sie erzählte, daß sie eine Erbschaft gemacht hatten, die
sie geholt hatten, und daß sie jetzt auf dem Heimweg wären.
Mehr hatte sie nicht zu erzählen, und die beiden Brüder auch
nicht. Da sollte jetzt der jüngste Bursche vor und von seinen
Erlebnissen berichten. Er erzählte davon, daß sie von ihrem
Hause losgegangen waren und Nachtlogis im Wald genommen hatten.
»Als die anderen schliefen«, sagt er, »nahm ich das Gewehr
und ging los. Ich – ich habe nicht geschlafen! Da waren drei
Räuber da im Wald und brieten Fleisch, und als der erste das
Fleisch probieren sollte, schoß ich, und da fiel es in die Glut. Da
schlug er auf den ein, der danebenstand. Später probierte der
andere das Fleisch, und da schoß ich wieder. Da schlug er auf
den dritten ein. Und als der dann das Fleisch probieren sollte,
da fiel es wieder in die Glut, und da wurden sie gewahr, wo
ich war.«
Da schlug die Alte auf den Burschen ein.
»Willst du still sein und solchen vornehmen, ehrlichen Leuten
nicht so was vorlügen!« sagte sie.
»Laß ihn erzählen!« sagte der König.
»Da sagen die zu mir: ›Du bist ein guter Schütze, und du

73

sollst mit uns zum Königshof kommen und einen großen Hund erschießen‹ – und das machte ich.«

Da schlug die Alte auf ihn ein.

»Willst du still sein und solchen vornehmen, ehrlichen Leuten nicht so was vorlügen!« sagte sie. »Du bist nirgendwo anders gewesen als wir auch.«

»Laß ihn erzählen!« sagte der König.

»Da habe ich den Hund erschossen. Und da war da ein geheimer Gang, und als wir da hineinsollten, ging ich als erster. Dann kam der eine Räuber. Dem habe ich den Kopf abgeschlagen.«

»Wirst du jetzt still sein und solchen vornehmen, ehrlichen Leuten nicht so was vorlügen!« sagte die Alte.

»Laß ihn erzählen!« sagte der König.

»Da kam dann der zweite, und mit dem machte ich es genauso und mit dem dritten auch. Den legte ich weg in eine Ecke.«

Da schlug die Alte wieder auf ihn ein.

»Willst du lügen vor so vornehmen, ehrlichen Leuten!« sagte sie.

»Laß ihn erzählen!« sagte der König.

»Da ging ich in ein anderes Zimmer. Dort habe ich gegessen und getrunken. Dann ging ich noch in ein anderes Zimmer, und dort lag eine Prinzessin und schlief«, und dann erzählte er davon, daß er sich an sie ’rangemacht hatte.

Da schlug die Alte wieder auf ihn ein und sagte:

»Willst du lügen vor so vornehmen, ehrlichen Leuten!«

»Laß ihn erzählen!« sagte der König.

»Als ich von da wegging, nahm ich den rechten Strumpf und den rechten Schuh von der Prinzessin, und dann schnitt ich allen drei Räubern die Zungen aus dem Kopf, und wenn Ihr mir nicht glauben wollt, so könnt Ihr sie hier sehen!« – Und da zog er den Strumpf und den Schuh und die drei Zungen hervor und zeigte sie dem König.

Da ließ der König seine Tochter holen. Ja, der Schuh und der Strumpf paßten, und das Gegenstück dazu hatte sie selber.

Da wurde der König froh, daß er die Person ausfindig gemacht hatte, die der Vater von dem Kinde war.

So wurde da der Bursche Regent, und seine beiden Brüder wurden Prinzen.

16. Der schlaue Diebsschlingel und der Riese

Da war ein Kätnersjunge, der pflegte oft zum Königsschloß zu flitzen und sich dort herumzutreiben. Man nannte ihn den Diebsschlingel, weil er so pfiffig war, daß er alle anführte und sich die Dinge erschwindelte, die er zu sehen bekam. Der König ärgerte sich über ihn und wollte versuchen, ihn hereinzulegen und wegzubringen, damit er ihn los wäre aus dem Schloß.

Zu dieser Zeit gab es Riesen. Das Königsschloß lag auf der einen Seite eines Sees, und auf der anderen Seeseite hatte ein Riese sein Haus.

Eines Tages rief der König den Diebsschlingel zu sich herein und sagte, er wisse, daß der Riese auf der anderen Seite des Sees vier sehr kostbare Dinge besäße, nämlich eine goldene Henne, ein goldenes Schwert, eine goldene Lampe und eine goldene Harfe. Nun wollte der König so gerne diese Dinge haben, und er sagte, wenn der Diebsschlingel zum Riesen gehen und ihm diese Sachen wegnehmen könnte, so sollte der Diebsschlingel die Prinzessin zur Frau bekommen. Aber der König sagte auch, der Diebsschlingel dürfe nicht in einem gewöhnlichen Boot mit Rudern über den See fahren, sondern er müßte ein Boot nehmen, das er selbst gemacht hatte.

Da ging der Diebsschlingel hinaus und nahm draußen einen Backtrog, und mit sich in den Trog nahm er einen Sack mit Korn und eine Rolle Bortenband. Er setzte sich in den Trog und ruderte mit den Armen über den See.

Als er auf die andere Seite kam, ging er hinauf zum Hof des Riesen, und da waren alle Goldhühner draußen auf dem

Hofe. Er nahm Korn aus dem Sack und lockte damit die Hühner zu sich heran, und als sie ganz nahe waren, packte er eines davon und band es mit dem Bortenband. Dann kehrte er zurück über den See und übergab dem König die goldene Henne.

Als eine Zeit vergangen war, fuhr der Diebsschlingel wieder zu dem Riesen. Während er so dahinging, steckte er kleine Steine in seine Taschen. Als er zum Hof des Riesen gekommen war, hörte er, daß der Riese auf dem Kornboden war und drosch, und der Junge bemerkte, daß im Dach des Kornbodens ein Loch war, und da kletterte er hinauf auf das Dach und schaute durch das Loch hinab. Der Riese hatte das goldene Schwert an seiner Seite hängen. Aber der Junge hatte erfahren, daß das Schwert von solcher Art war: wenn es von selbst klang, so wurde der Riese sehr zornig. Der Junge nahm einen Stein aus seiner Tasche und warf ihn an das Schwert, so daß es klang. Der Riese sah auf das Schwert und sagte: »Ich bin noch nicht zornig.« Nach einer Weile warf der Junge wieder einen Stein an das Schwert, so daß es darin zum zweiten Male klang. Aber da wurde der Riese so zornig, daß er das Schwert losband und es durch die Kornbodentür weit von sich warf und in seinem Zorn weiterdrosch. Der Junge aber eilte vom Dach herunter und fuhr mit dem Schwert über den See und übergab es dem König.

Als der Diebsschlingel das nächste Mal über den See zum Riesenhof fuhr, hatte er einen Sack Salz bei sich. Es war spät am Abend und dunkel, als er dort ankam, und jetzt kletterte er mit dem Salzsack auf das Dach der Hütte hinauf, und dort oben konnte der Junge durch das Mauerwerk hören, worüber der Riese und das Riesenweib miteinander sprachen, und er hörte, daß die Frau einen Topf aufstellen und Brei kochen sollte. Und als sie den Topf aufs Feuer gesetzt hatte, nahm der Diebsschlingel ein paar Handvoll Salz aus dem Sack und ließ sie hinabfallen in den Kochtopf. Weder der Riese noch seine Frau merkten etwas davon, was der Junge vorhatte, und die Frau kochte den Brei fertig. Aber als sie ihn zum Essen aufgetragen hatte, war der Brei so versalzen, daß man ihn überhaupt nicht essen konnte. Der Riese wurde zornig auf die Frau, weil sie einen so versalzenen Brei gekocht hatte. Da ging die Frau zum Wasserkübel und wollte Wasser nehmen und den Brei damit verdünnen, aber im Kübel war kein Wasser zu finden. Da nahm sie die goldene Lampe von der Wand herunter und sagte, sie wolle zum Brunnen gehen und Wasser holen. Als der Diebsschlingel das hörte, war er nicht faul und kletterte vom Dach herunter, und als die Frau zum Brunnen ging, da schlich er ihr nach, und als sie sich niederbeugte, um Wasser in den Kübel zu schöpfen, da stürzte der Diebsschlingel vor und stieß sie so, daß sie vornüber in den Brunnen fiel. Der Junge nahm eilends die goldene Lampe und kehrte wieder über den See zurück und übergab die Lampe dem König.

Aber an dem Tag, als er über den See ruderte und die goldene Harfe von dem Riesen stehlen wollte, ging es übel für ihn aus. Als er zum Riesenhof kam, wurde er ergriffen, denn der Riese und die Riesenfrau verstanden sehr gut, daß er es war, der ihnen ihre kostbaren Dinge gestohlen hatte. Der Riese war froh, daß er ihn gefangen hatte, und jetzt wollte er ihn eine Zeit mästen. Wenn er fett genug war, sollte ihn die Riesenfrau braten, und dann wollten sie ihn aufessen. Sie gaben ihm viel gutes Essen und mästeten ihn. Aber als ein paar Wochen vergangen waren, schien es ihnen, daß er fett genug wäre, und der Riese ging weg, um Gäste einzuladen. Die Riesin zündete ein großes Feuer im Backofen an, und vor den Ofen setzte sie ein Gestell hin mit einer Feder, und daran war auch ein Drücker. Der Diebsschlingel besah sich diese Federeinrichtung genau. Jetzt wollte die Frau, daß sich der Junge auf das Gestell mit der Feder da setze. Aber der Bursche sah wohl, wenn er sich da hinsetzte, würde die Frau abdrücken, und er würde da in den Ofen geschleudert werden. Da stellte sich der Junge, als ob er um alles nicht begreifen könnte, wie er sich setzen sollte. Die Frau versuchte es ihm auf jede Weise beizubringen, aber da nichts anderes half, mußte sie sich selbst auf das Federgestell setzen, um ihm richtig zu zeigen, wie es zugehen sollte, und da beeilte sich der Junge abzudrücken. Sogleich wurde sie in den Ofen geschleudert, und der Junge war nicht faul und verschloß die Ofentür. Jetzt suchte er eilends den Kittel der Frau und stopfte ihn mit Stroh aus und stellte ihn aufrecht mitten auf den Fußboden. Dann nahm er die Goldharfe und versteckte sich, damit er hören konnte, was der Riese sagte, wenn er nach Hause kam.

Als es gegen Abend zu dunkeln anfing, kam der Riese nach Hause. Als er hereinkam, sagte er: »Ich verstehe, daß die Mutter müde geworden ist«, und ging dann zu dem Kittel und faßte ihn an, aber da fiel der um und zu Boden. Er wunderte sich sehr, wohin die Mutter gegangen sein konnte. Aber dann wollte er nach dem Braten im Ofen sehen. Als er die Ofentür aufmachte, da saß die Alte da drinnen im Ofen und grinste übers ganze Gebiß. Jetzt begriff der Riese, daß es der Diebsschlingel war, der seiner Frau diesen Tort angetan hatte. Aber während der Riese vor dem Ofen stand und die Alte ansah, lief der Junge rasch heraus, die Harfe hielt er in der Hand – doch der Riese schaute die, die im Ofen saß, so voll Andacht an, daß er nicht merkte, wie der Junge davonlief. Und der Junge lief, so sehr er konnte, stieg in das Boot und ruderte auf den See hinaus.

Schließlich ging der Riese hinaus und wollte nach dem Diebsschlingel suchen, und da sah er ihn im Boot nahe am anderen Ufer des Sees. Der Riese hatte kein Boot zum Rudern. Aber er legte sich vornüber und machte sich dran, den See auszutrinken. Der Riese trank so heftig, daß das Wasser dorthin zu strömen begann, wo der Riese war, und das Boot mit dem Diebsschlingel folgte dem Strom. Zuletzt kam das Boot so nahe, daß der Riese die Hand ausstreckte und das Boot packen wollte, aber gerade als er sich so bewegte, zersprang er, und durch die schreckliche Strömung, die aus dem Riesen herauskam, schoß der Diebsschlingel rasch über den See.

Jetzt ging der Diebsschlingel mit der Goldharfe zum König, und als er erzählte, daß er den Riesen und das Riesenweib getötet hatte, ward der König überaus froh, und jetzt gab er dem Diebsschlingel die Prinzessin zur Frau.

17. Der Gockel, die Mühle und die Knüppel

Da waren einmal zwei Brüder, die waren Bauern; der eine war arm und dazu noch schrecklich einfältig, aber der andere war schlau und deshalb auch reich. – Der arme Bruder wurde deswegen von seinem Bruder auch sehr verachtet; jedenfalls aber kam er schließlich in solche Not, daß ihm seine Frau riet, zu seinem reichen Bruder zu gehen und ihn um Hilfe zu bitten. Na, da machte sich der arme Bruder auf den Weg; der reiche Bruder fuhr ihn nur an, aber am Ende ging er doch hinauf auf den Boden und warf einen Schinken aus dem Fenster zu ihm hinab, und den nahm der arme Bruder mit großem Dank entgegen und ging seines Weges.

Wie er da so fortging und seinen Schinken verkaufen wollte, kam er auf seinem Weg zu einem großen prächtigen Tor, und da stand ein Mann als Wache davor. Da fragte ihn der Mann am Tor:

»Wohin willst du gehen?«

»Fort und meinen Schinken verkaufen«, antwortete der. Arme.

»Was willst du für ihn haben?«

»Er kann geben, was er will«, antwortete der einfältige arme Tropf.

»Nein«, sagte der Kerl von der Wache, »so sollst du's nicht sagen; du sollst sagen: ›Gib mir den Gockel, der hinter dem grünen Kachelofen ist!‹« Da sagte der arme Bauer:

»Habt Dank – danke sehr!« und ging nun durch das große Tor auf den Gutshof, wo er jetzt seinen Schinken anbot.

»Na«, sagte der große Herr da, »was wollt Ihr denn haben für den Schinken?«

»Den Gockel, der hinter dem grünen Kachelofen ist.«

»Wer hat Euch das gesagt?« fragte der Herr.

»Ja«, sagte der Bauer, »das hat mir ein guter Freund gesagt!«, und damit bekam er den Gockel und ging wieder hinaus durch das Tor. Aber jetzt fragte ihn der Kerl von der Wache: »Was wollt Ihr mit ihm machen?«

»Ja«, sagte der Bauer, »das ist so lustig, einen Gockel zu haben – wenn man am Morgen schläft, da weckt er mich.«

»Nein, so darfst du nicht sagen; du mußt sagen: ›Blas Dukaten, mein Hahn!‹« Damit machte sich der Bauer wieder auf seinen Weg und sagte:

»Habt Dank – danke sehr!«

Als nun der Bauer mit seinem Gockel auf dem Weg weitergegangen war, kam er zu einer kleinen Hütte am Weg; er war jetzt müde und ging da hinein, und dort wohnte ein altes Weib, und die bat er, hierbleiben zu dürfen. Sie erlaubte es ihm, aber er sagte dem Weib in seiner großen Einfalt:

»Ihr dürft nicht sagen: ›Blas Dukaten, mein Hahn!‹ – das dürft Ihr nicht sagen.«

Die Alte – es war ein Trollweib – witterte nun Unrat. Der Bauer wurde bald vom Schlaf ergriffen, und da sagte die Alte zu seinem Gockel:

»Blas Dukaten, mein Hahn!«, und als die Dukaten alsbald um den Gockel herumrollten, tauschte sie verhohlen den Hahn des Bauern gegen ihren eigenen aus.

Als der Bauer schließlich erwachte, nahm er seinen Gockel, dankte der Alten für die gute Herberge und kam so wieder nach Hause zu seiner Frau. – Aber sie war nicht mit dem zufrieden, was er bekommen hatte, und sagte, er laufe im Lande herum wie ein Narr. Da wollte der einfältige Bauer der Mutter zeigen, was sein Gockel wert war, und er sagte:

»Blas Dukaten, mein Hahn!«

Aber als keine Dukaten zustande kamen, grinste seine Frau und lachte ihn aus. Der Bauer war verblüfft und ging sogleich wieder zu dem großen Herrn, damit er für seinen Schinken etwas Nützlicheres bekäme, denn er meinte, er sei betrogen worden. Er kam jetzt zum zweiten Male zu dem Tor und zu der Wache, die ihn fragte: »Wo willst du denn hin?«

»Ja«, sagte der Bauer, »ich will für meinen Schinken bessere Bezahlung haben als beim letztenmal.«

»Na, was wollt Ihr denn mehr haben?«

»Er soll geben, was er will.«

»Nein, so darfst du nicht sagen, sondern: ›Gib mir die Mühle, die hinter dem grünen Kachelofen steht!‹«

»Habt Dank, danke sehr!«

Er ging hinein: »Wer hat dir das gesagt?«

»Das hat mir ein guter Freund gesagt« – und damit bekam der Bauer die Mühle und ging wieder heraus zu dem Kerl von der Wache.

»Na, was wirst du denn jetzt mit deiner Mühle machen?«

»Das ist so schön«, antwortete der Bauer, »eine Mühle zu haben und drauf zu mahlen.«

»Nein, so darfst du nicht sagen, sondern: ›Mahle weißes Weizenmehl, meine Mühle!‹«

»Habt Dank, danke sehr!«

Er ging und kam zu der Alten, und die vertauschte seine Mühle, und als er nach Hause kam und sagte: »Mahle weißes Weizenmehl, meine Mühle!«, da geschah nichts.

Der Bauer war betrübt und ging wieder weg; der Kerl von der Wache sprach wie gewöhnlich und setzte hinzu: »Nicht so sollst du sprechen, sondern: ›Gib mir die Knüppel, die hinter dem grünen Kachelofen sind!‹« – Und er bekam sie.

»Na«, sagte der Kerl von der Wache, »was wirst du jetzt mit deinen Knüppeln machen?«

»Es ist gut, sie zu haben, wenn man einen Nagel einschlagen will oder so.«

»So darfst du nicht sagen, sondern: ›Alle Knüppel schlagen meine Feinde dumm und krumm!‹«

»Habt Dank, danke sehr!«

Er kam zu der Alten, und als der Bauer schlief, wollte sie ihr Glück mit den Knüppeln versuchen, aber als sie gesagt hatte: »Alle Knüppel schlagen seine Feinde dumm und krumm!«, da wurde von ihnen beinahe alles in Stücke zerschlagen.

Da mußte sie um Hilfe rufen, den Bauern wecken, und sie sagte:

»Um alles in der Welt, hilf mir, und du sollst auch deinen Hahn und deine Mühle wieder zurückbekommen!«

Da sagte der Bauer:

»Alle meine Knüppel zurück in den Korb!«, und damit kam das Trollweib mit dem Leben davon, auch wenn sie tüchtig durchgeprügelt war, und so gab sie dem Bauern den wunderbaren Gockel und die Mühle zurück, und damit ging der Bauer froh nach Hause.

Als nun der Bauer heimkam, grinste ihn seine Frau wieder an; aber als jetzt der Bauer seinem Gockel sagte: »Blas Dukaten, mein Gockel!«, da klapperten die Dukaten um ihn, und als er dann zur Mühle sagte: »Mahle weißes Weizenmehl!« bekam er das schönste feine Weizenmehl. Da staunte seine Frau und wurde froh; und jetzt wurde der einfältige arme Bauer wohlhabend und reich – und davon erfuhr man bald weit im Land.

Als nun der reiche Bauer das hörte und erfuhr, daß sein Schinken die Ursache hierfür war, reute es ihn, und er wünschte, etwas von seinem einst armen Bruder zu bekommen; und der einfältige Tropf gab seinem Bruder die Mühle zum Geschenk.

Aber als jetzt der einfältige Bruder wieder zu seinem Gockel sagte: »Blas Dukaten, mein Gockel!« antwortete der Gockel: »Nein, jetzt kann ich dir niemals wieder Dukaten bringen, weil du so einfältig warst und die Mühle weggegeben hast, von der ich meine Kraft und Nahrung hatte.«

Und dadurch wurde der einfältige Bauer wieder arm und elend für alle Zeit.

18. Rumpeldipumpel

Da war einmal ein König, der hatte nichts Besseres im Sinn, als sich mit der Frau eines Schmiedes anzufreunden, der in der Nähe des Schlosses wohnte. – Der König besuchte die Schmiedefrau oft, aber oft war auch der Mann dem König bei seinem Abenteuer im Wege, und so beschloß er, den Schmied beiseite zu schaffen.

Eines Tages befahl deshalb der König dem Schmied, dem armen Kerl, er müsse ihm in drei Tagen ein prächtiges Schloß bauen, das sollte auf vier Pfeilern stehen – sonst verliere der Schmied sein Leben.

Der Schmied sah seinen Untergang vor sich und ging in seiner Verzweiflung fort in den Wald.

Endlich kam er da zu einer kleinen Hütte, dort ging er hinein und fand da ein altes Weib, und auf ihre Fragen klagte er über des Königs Ungnade und bat sie um Rat. Da lehrte ihn die Alte so viel, daß der Schmied in der festgesetzten Zeit das Schloß fertig hatte.

Der König wunderte sich und wurde zornig, und er befahl dem Schmied, er müsse innerhalb von drei Tagen um das neue Schloß auf allen vier Seiten einen großen Kanal graben und darüber vier Brücken machen, eine zu jedem Schloßtor. Auch das führte der Schmied nach dem Rat der Alten in drei Tagen aus.

Da wunderte sich der König noch mehr und wurde noch zorniger; denn jetzt wußte er nicht, was für eine schwere und unmögliche Aufgabe er dem Schmied stellen sollte, damit er einen Grund fand, ihm das Leben zu nehmen. Schließlich rief der König ganz außer sich:

»Wenn du nicht dein Leben verlieren willst, mußt du mir in drei Tagen ein Rumpeldipumpel machen!«

Der Schmied wußte nicht einmal, was ein Rumpeldipumpel war, und er ging fort und war noch verzweifelter als früher. Aber die Alte sagte ihm:

»Mach einen großen Nachttopf aus Eisen und stell ihn unter dein Bett; dann leg dich auf die Lauer. Wenn du siehst, daß ihn jemand berührt, so sag nur leise zu dir selbst: ›Bleib dran‹, so wirst du bald ein Rumpeldipumpel sehen!«

Na, der Schmied gehorchte der Alten.

Eines Abends kam der König wie gewöhnlich zur Schmiedefrau zu Besuch, und der Schmied stand versteckt auf der Lauer. Die Verliebten zogen sich aus; die Frau ging ins Bett, und der König dachte ihr bald zu folgen, aber erst wollte er das Nachtgeschirr benutzen. Aber als er den Eisentopf berührte, flüsterte der Schmied leise: »Bleib dran!«, und der König konnte unmöglich davon loskommen, und er stand da im bloßen Hemd. Die Schmiedefrau sprang auch im bloßen Nachthemd aus dem Bett und wollte das Gefäß vom König losreißen, aber als sie es nur anfaßte, flüsterte der Schmied: »Bleib dran!«, und da stand sie und war daran fest.

Der König ärgerte sich über dieses Narrenspiel und wurde zornig, und die Schmiedefrau weinte und rief nach ihrem Dienstmädchen. Die kam schlaftrunken herbeigestürzt und ohne einen Faden am Leibe und wollte ihnen in ihrer Not helfen; aber sogleich blieb sie fest haften wie die anderen auch.

Da trat der Schmied hervor und trieb sie aus dem Haus, alle drei klebten immer weiter fest am Nachttopf, und er trieb sie in die Stadt, und der Knecht, der herauskam und ihnen helfen wollte, der blieb auch haften.

Aber jetzt war es fast Tag, und die Magd schämte sich, und deshalb hob sie ein Bündel Heu auf, um damit ihre Schwäche zu bedecken. Da kam eine Kuh, die wollte an das Heu, aber der Schmied sagte: »Bleib dran!« Bald kam auch ein Stier, der besprang die Kuh, und da rief der Schmied wieder: »Bleib dran!«

Am Zolltor kam der Zöllner heraus und wollte Zoll haben; aber als er diesen Aufzug sah, da rief er: »Was ist das für ein Rumpeldipumpel?« Aber er hatte nichts Klügeres vor, als den Stier von der Kuh herunterzustoßen, und auf des Schmiedes »Bleib dran!« mußte er mitziehen durch das Stadttor, straßauf und straßab. Und die Leute begannen sich jetzt zu rühren, und alle lachten und schrien: »Was ist das für ein Rumpeldipumpel, was ist das für ein Rumpeldipumpel!«, und rasch trieb das aufgebrachte Volk das ganze »Rumpeldipumpel« hinunter in den tiefen Kanal beim Schloß. Und dann nahmen sie den findigen Schmied als Herrn, der ihnen endlich ihren erbärmlichen und mißratenen König vom Halse geschafft hatte.

19. Das böse Mädchen

Da war ein reicher großer Herr in Paris, der hatte drei Töchter. Die älteste wurde da in der Hauptstadt verheiratet und die mittlere auch. Da hatte er noch die jüngste. Die war von der Art – so bösartig war sie, daß alles, was sie sich in den Kopf setzte, auch genauso geschehen mußte, sonst war es, als wäre sie ganz von Sinnen.

Da kam ein reicher Spanier dorthin gereist, und sie fanden Gefallen aneinander. Und so ging er zum Vater und fragte, ob er seine jüngste Tochter bekommen könnte.

»Die kannst du gerne haben«, sagte der Vater, »aber die ist so bösartig und verrückt, mit der kannst du nicht fertigwerden!«

»Ja, das macht nichts, wenn ich sie nur bekommen kann.«

Ja, und da heirateten sie, die beiden. Und da mußte er nach Spanien reisen, und sie mit. Zu der Zeit gab's noch keine Eisenbahn und keine Dampfschiffe, sondern sie mußten zu Pferde reisen. Nun gab es da Sachen, die sie mitnehmen wollte, aber er schlug es ihr ab.

»Solche Dinge kannst du haben, wenn du in Spanien bist, soviel du willst.«

Sie hatte einen kleinen Hund, und den wollte sie unbedingt mitnehmen. Ja, das erlaubte er ihr, und dann machten sie sich auf die Reise.

Als sie nun ein Stück geritten waren, die beiden, da fiel der Hund hinunter auf die Straße – sie hatte ihn im Arm getragen. Da sagt sie zu ihrem Mann:

»Du mußt absteigen und mir den Hund aufheben!«

Ja, als sie dann ein Stück weitergeritten waren, fiel der Hund wieder auf die Straße hinunter.

»Du mußt absteigen und den Hund wieder aufheben!«

Ja, er stieg ab und hob ihr den Hund auch wieder auf, aber dann sagte er: »Nun steige ich nicht mehr öfter ab!«

Als sie nun auf der Straße ein Stück weitergeritten waren, fiel der Hund wieder hinunter.

»Du mußt absteigen«, sagte sie, »und mir den Hund wieder aufheben.«

»Nein, das tue ich nicht!«

Da geriet sie ganz außer sich. Und da stieg der Mann vom Pferd und erschoß den Hund mit seinem Revolver. Da wurde sie erst recht zornig. Und da erschießt er das Pferd, auf dem sie sitzt. Ja, und sie hörte gar nicht auf zu keifen.

»Wenn du nicht still bist«, sagte er, »dann erschieße ich dich auch gleich!«

Da erschrak sie und hielt sich ruhig.

»Was sollen wir jetzt anfangen?« sagte sie.

»Ja, um den Gaul kümmern wir uns nicht, aber am schlimmsten ist es mit dem Sattel«, antwortete der Mann.

»Den kann ich ja tragen, mein Lieber«, sagte sie.

So schnallte er dem Pferd den Sattel ab, und sie bekam den Sattel zu tragen. Der Mann ritt auf seinem Pferd.

»Das dauert lange, bis wir nach Spanien kommen!« sagte sie.

»Ja, wir haben es nicht mehr sehr weit bis zum nächsten Gasthaus. Ich kann dort ein Pferd kaufen.«

Als sie zu dem Gasthaus gekommen waren, kaufte er dort ein stattliches Pferd, auf dem sie reiten konnte.

Und so kamen sie nach Spanien und waren dort eine Zeit. Und ihr Vater da in Frankreich, der gab ein großes Festessen. Und er lud auch seine Schwiegersöhne dazu ein, und da kam auch der Spanier. Die beiden anderen lebten ja in der Stadt. Als es nun Abend geworden und das Essen beendet war, da saßen der alte Mann und die Schwiegersöhne noch zusammen in einem Zimmer und sprachen miteinander. Da sagte der, der die älteste Tochter bekommen hatte: »Ich habe die tüchtigste Frau.« Der, der die mittlere Tochter bekommen hatte, bestand darauf, daß er die beste Frau habe. Da sagt der Spanier:

»Ich habe die beste von allen dreien!«

»Das glaube ich nicht«, sagte der Alte. »Die war ja so verrückt und bösartig, aber schon so!«

»Doch«, sagt der Spanier, »ich habe die vortrefflichste.«

»Ja«, sagte der Alte, »das werden wir jetzt sehen. Hier habe ich eine Silberkanne, die fülle ich mit Goldstücken. Und dann darf jeder von euch einmal nach seiner Frau rufen, und so kann ich sehen, wer die gehorsamste Frau hat.«

Da rief der, der die älteste Tochter bekommen hatte.

»Wenn du was von mir willst, mein Lieber, mußt du zu mir kommen. Ich habe mich niedergelegt«, antwortete sie.

Dann rief der zweite.

»Ich habe mich niedergelegt«, antwortete seine Frau. »Wenn du etwas von mir willst, mein Lieber, so mußt du hierherkommen.«

Sie durften nicht noch ein zweites Mal rufen. Da rief dann der Spanier. Er war noch nicht zu Ende, da stand sie schon auf der Schwelle.

»Was möchtest du denn, mein Lieber?« fragte sie.

»Das hätte ich niemals geglaubt«, sagte der Vater, »daß aus dir eine solche Frau werden könnte, und dabei warst du so verrückt und bösartig, als du ein Mädchen warst. Für deinen

Gehorsam sollst du die Silberkanne bekommen, und die ist voll mit Goldstücken.«

Da kamen auch die beiden anderen Schwestern:

»Hätten wir das gewußt, da wären wir sofort gekommen!«

»Ja ihr – ihr habt auch nicht den Sattel getragen!« sagte die Frau des Spaniers.

20. Das Mädchen und die Schlange

Es war einmal ein Mädchen, das sollte in den Wald gehen und das Vieh heimholen, aber sie fand die Herde nicht, sondern verirrte sich und kam an einen großen Berg. Da waren Pforten und Türen, und sie ging hinein. Ein Tisch stand gedeckt mit allerhand guten Eßwaren. Sogar ein Bett stand da, und darin lag eine große Schlange. Die sagte zu dem Mädchen: »Setz dich, wenn du willst. Komm und leg dich ins Bett, wenn du willst! Aber wenn du nicht willst, so laß es bleiben!« Aber das Mädchen tat nichts davon. Schließlich sagte die Schlange: »Nun kommen Leute, die wollen mit dir tanzen. Aber geh nicht mit ihnen.« Gleich darauf kamen Leute, die wollten mit dem Mädchen tanzen, doch sie wollte nichts davon wissen; aber da fingen sie an zu essen und zu trinken. Das Mädchen ging aus dem Berg hinaus und wieder nach Hause. Am nächsten Tag ging sie wiederum in den Wald, um ihre Herde zu suchen, aber sie fand nicht, was sie suchte, sondern ging wieder irr und kam an denselben Berg. Sie trat auch dieses Mal ein und fand alles wie das erstemal, einen gedeckten Tisch und das Bett mit der Schlange. Die sagte zu ihr wie das erstemal: »Setz dich, wenn du willst! Iß, wenn du willst! Komm und leg dich ins Bett, wenn du willst! Aber wenn du nicht willst, so laß es bleiben! Nun kommen noch viel mehr Leute, die mit dir tanzen wollen, aber geh nicht mit ihnen!« Die Schlange hatte kaum ausgeredet, da kamen viel mehr Leute, die fingen an zu tanzen, zu essen und zu trinken, aber das Mädchen tat nirgends mit, sondern ging aus dem Berg heraus und heim.

Am dritten Tag ging sie wiederum in den Wald, und es ging ihr genau wie an den ersten Tagen. Die Schlange lud sie wieder zum Essen und Trinken ein, was sie mit gutem Appetit tat, und darauf hieß sie die Schlange neben sich legen. Auch das tat das Mädchen. Da sagte die Schlange: »Nimm mich in deinen Arm!« Sie tat so. »Küsse mich!« sagte die Schlange. »Und wenn du Angst hast, so leg deine Schürze dazwischen!« Das Mädchen tat so, und im Augenblick verwandelte sich die Schlange in einen wunderschönen Jüngling und war in Wirklichkeit ein Prinz, der durch Zauberei in diese Gestalt verhext, aber nun durch den Mut des Mädchens wieder erlöst war. Die beiden gingen natürlich fort, und weiter hat man nichts von ihnen gehört.

21. Das Glück

Ein reicher Herr hatte einen Kätner, der hatte drei Knechte: Groß Pehr, Klein Pehr und Pelle. Der letztere pflegte immer zu sagen: »Einmal kommt das Glück wohl auch zu mir!« – Eines Nachts, als die drei Kameraden in der Knechtstube schliefen, hörte man eine Stimme von draußen rufen:

»Pelle, komm heraus, ich will mit dir sprechen!«

Als Pelle herauskam, stand da eine junge Frau. Da fragte Pelle sie, was sie wolle.

»Ich bin das Glück«, antwortete sie, »ich wollte erst einem anderen helfen, aber er hat sich von mir gewandt; deshalb will ich nun dir helfen.«

Weil der reiche Herr kurz vorher gestorben war, sagte das Glück zu Pelle:

»Zieh hier die schönen Kleider an und freie um deines Herrn Witwe. Wenn du dann Herr bist, verschaffe ich dir alles. Aber du mußt gut zu den Armen sein!«

Na, jetzt verlief alles glücklich für den einst so armen Pelle – das Glück besorgte alles für ihn: er freite, die reiche Witwe sagte sogleich ja zu dem stattlichen Freier, und er war bald ein verheirateter Mann. Alles glückte ihm: seine Äcker brachten ihm viel Getreide, alle seine Tiere gediehen, und seine vielen Schiffe fuhren glücklich übers Meer.

Aber nach so großem Erfolg wurde er übermütig und stolz, und schließlich vergaß er alles, was das Glück ihm gesagt hatte: er wurde hart wie ein Stein zu den Armen, und so hart und böse war er viele Jahre.

Eines Morgens kam ein altes Weib auf den Hof und sagte zu dem Diener:

»Sage deinem Herrn, er soll herauskommen, ich will mit ihm sprechen.«

Aber der aufgeblasene Herr erwiderte, er wolle nichts zu tun haben mit irgendwelchen alten lumpigen Weibern. Der Diener berichtete der Alten Wort für Wort, was der Herr geantwortet hatte, und da hieß sie ihn sogleich, noch einmal hineinzugehen und seinem Herrn zu sagen:

»Grüße den Kätner-Pelle vom Glück; es will mit ihm sprechen!« Als der eben noch so hochmütige Pelle das hörte, war er sehr erschrocken, aber auch verärgert, und er fragte sehr heftig:

»Was wollt Ihr nun von mir?«

Das Glück antwortete strafend und mit Würde:

»Ich habe viel Geduld mit dir gehabt, aber jetzt sollst du bestraft werden und wieder arm sein; einem anderen werde ich jetzt helfen.«

Aber Pelle war trotzdem nicht niedergeschlagen, er dachte, seine großen Reichtümer würden wohl für seine Lebenszeit ausreichen; aber auf seinen Äckern schlug alles fehl, sein ganzes Vieh starb dahin, seine Schiffe gingen zugrunde, und seine Frau starb aus Kummer über alle diese Unglücksfälle. Jetzt sah Pelle seinen vollständigen Untergang vor sich und fürchtete noch mehr solcher Prüfungen und daß sein Haus abbrennen könnte; deshalb steckte er alle seine Golddukaten in einen Holzstock und schleppte ihn in aller Heimlichkeit weit weg, hinunter an den Strand. Als er danach wieder nach Hause kam, stand sein Haus in hellen Flammen, und sein ganzer übriger Besitz verbrannte.

Da wandte er sich wieder zu seiner letzten Hoffnung, dem Stock mit dem Geld; aber als er zum See hinunterkam, da hatten die Wellen den Stock vom Strande weggeschwemmt. Er fand ein Boot und ruderte hinüber zum anderen Ufer, und dort klagte er alles einem Schmied, der da wohnte: ihm erzählte er nun sein ganzes Unglück.

Inzwischen hatte sich das Glück, als es Pelle verließ, mit seinen Gaben gerade diesem Schmied zugewandt, und der erzählte nun sogleich, daß er den Stock mit seinem ganzen Geld gefunden hatte, und sogleich bot er ihm edelmütig an, ihm die Hälfte zurückzuerstatten. Aber Pelle war jetzt vom Unglück so gebrochen, daß er das edelmütige Geschenk nicht annehmen wollte, denn er war voll Trübsal gegen die ganze Welt. Als schließlich Pelle ganz verzweifelt von dem ehrlichen Schmied Abschied nahm, überredete ihn am Ende die gutmütige Schmiedefrau, zwei Brote als Wegzehrung anzunehmen, in die sie eine Anzahl Dukaten eingebacken hatte. Als Pelle ein Stück gegangen war, wurden die Brote so entsetzlich schwer, und er bot sie einem Kätner da am Wege an, aber nur mit Mühe brachte er ihn dazu, sie anzunehmen. Aber des Kätners Frau hatte kurz vorher Brot bei dem Schmied ausgeliehen, und jetzt schickte sie die beiden mit Dank zurück. Als die Frau des Schmiedes da im Brot die Dukaten wiederfand, da sagte der Schmied zu ihr:

»Jetzt siehst du, daß das Glück wirklich mit uns ist!«

Er war dem Glück immer gehorsam, war gut zu den Armen, und er war und blieb glücklich. Aber Pelle, der das Glück verachtet hatte, wurde am Ende wieder so bettelarm, daß er Hungers starb.

Es war einmal ein Bauer, der saß eines Tages bei seiner Frau, ganz betrübt und voll Sorge darüber, daß sie gar so erbärmlich lebten, und wieviel sie auch arbeiten mochten, so konnten sie doch nie aus der ärgsten Armut herauskommen; die wurde ihnen mit den Jahren nur immer drückender. Als so der Bauer in tiefen Gedanken saß, kam ein Mann herein und grüßte und fragte nach der Ursache seiner Betrübnis. Der Bauer dankte und antwortete:

»Es ist immer so armselig bei mir, und ich weiß nicht, wie ich Brot für mich und meine Familie herbeischaffen soll!«

Aber da sagte der Fremde zu dem Bauern:

»Wenn du mir folgst, so sollst du für deine Zeit genug haben!«

Der Bauer wunderte sich, und da fragte er den Fremden, wer er sei. Und der antwortete:

»Ich bin der Böse! Aber erschrick nur nicht, denn ich will nicht dich haben. Nimm nur einen großen Sack und komm mit mir!« Und der Bauer machte es so.

Nun gingen sie zusammen zur Stadt und hin zur Bank, und da sprangen sogleich alle Türen vor dem Bösen auf, und sie traten ein zwischen Haufen von Silber. Da sagte der Böse zum Bauern:

»Halt jetzt den Sack auf!«, und da nahm der Böse eine Schöpfkelle und scheffelte das Silbergeld in den Sack.

Aber als der schon zum großen Teil voll war, rief der erschrockene Bauer:

»Wie in Jesu Namen soll ich denn mit dem Sack da nach Hause kommen!«

Aber im gleichen Augenblick verschwand der Böse, es wurde dunkel in der Bank, alle Türen schlugen zu, und da stand jetzt der Bauer einsam und hielt den Sack, und jetzt war er zum Schluß viel übler daran als zuvor.

Am Morgen kamen die Herren herein, die zur Bank gehörten, und sie sahen den Bauern, der da stand und den Sack hielt, und sie fragten ihn, wie er hereingekommen sei, denn sie sahen, daß weder eine Tür noch ein Gitter zerbrochen war, und ob sonst noch jemand bei ihm gewesen sei. Der Bauer antwortete nicht ein Wort, er stand nur da und weinte. Die Herren wußten nicht, was sie mit dem Bauern machen sollten, denn er schwieg und weinte nur in einem fort; aber auf jeden Fall wurde er ins Gefängnis gebracht. Als der Bauer da saß und weinte, kam der Böse zu ihm hinein und sagte:

»Sorge dich nicht, ich will dir in allem helfen! Und wenn man dich etwas fragt, so antworte nur: ›Ich glaube, daß ich durchrutsche!‹«

Daraufhin geht der Böse nach Hause auf des Bauern Hof in der Gestalt des Bauern, so daß seine Frau meinte, es wäre ihr Mann, und arbeitete. Er schien wohl zu essen und zu trinken, aber Speise und Getränke nahmen niemals ab; am Abend aber, wenn die Frau zu Bett ging, setzte sich der Böse unter irgendeinem Vorwand an den Tisch, legte die Arme darauf, um zu ruhen, und ging niemals zu Bett.

Am Morgen aber, wenn die Frau aufwachte, war er schon mitten in der Arbeit, und er arbeitete wie ein Sklave, so daß der Hof des Bauern bald aufs beste bestellt war, und an Essen und Geld gab's nun in Hülle und Fülle gegenüber früher, und des Bauern Frau wunderte sich darüber und war sehr froh über diese glückliche Veränderung. – In der Zwischenzeit aber nahmen sich die Herren den Bauern wieder ordentlich vor, sie führten ihn von einem Gericht zum anderen und wollten ihn zu einem Geständnis bringen; er antwortete aber nur: »Ich glaube, daß ich durchrutsche!«, unaufhörlich und auf alle Fragen.

Indessen wurde er doch verurteilt und sollte hängen, und die Pfarrer gingen jeden Tag zu dem Bauern, um ihn auf den Tod vorzubereiten, aber der Bauer antwortete immer das gleiche:

»Ich glaube, daß ich durchrutsche!«

Nun, am nächsten Tag sollte er gehängt werden. Da kam der Böse zu ihm in der Nacht, und er sagte zu dem Bauern: »Jetzt kannst du nach Hause gehen, und ich will hier an deiner Stelle sitzen; dein Hof ist jetzt gut bestellt, und das Geld steht zwischen Bett und Herd!«

Der Bauer wurde froh, daß er herauskonnte, und er machte sich auf den Heimweg.

Am Morgen kamen wieder Pfarrer zum Gefängnis und versuchten nun zum letzten Mal den Bauern zu einem Geständnis zu bringen und ihn des weiteren zum Tode vorzubereiten; aber er antwortete ihnen ständig:

»Ich glaube, daß ich durchrutsche!«

Nun kamen die Landjäger und der Polizeikommissar herein, um den Bauern zum Galgen zu führen, wo schon der Henker mit der Schlinge in einem Kreis von Bewaffneten auf ihn wartete. Viel Volk stand dabei und gaffte, und unter ihm auch der richtige Bauer in Verkleidung. Schon stieg der Sünder auf das Gerüst, und schon hatte ihm der Henker die Schlinge um den Hals gelegt, da fragte ihn der Polizeikommissar voll Spott:

»Glaubst du immer noch, daß du durchrutschst?« – Aber der Bauer antwortete:

»Ich glaube, daß ich durchrutsche!«

»Ja«, sagte der Polizeikommissar, »wenn du da durchrutschst, so soll mich wohl der Teufel holen!«

Da rutschte der Böse durch die Schlinge und sagte zu dem erschrockenen Polizeikommissar:

»Ich kann ebenso gern dich holen wie einen abgerackerten Bauern!« Und damit nahm der Böse den Polizeikommissar und fuhr mit ihm davon. Da erhob sich unter allen Leuten große Freude über dieses seltsame Ereignis.

Der Bauer ging jetzt wieder froh nach Hause zu seiner Frau, und als sie miteinander sprachen, wie alles vor sich gegangen und wie es sich wirklich verhalten hatte, da wunderten sich beide gar sehr und sie dankten für ihr Glück, daß sie so glücklich und ohne Schaden aus ihrer großen Not und Armut erlöst waren. Und so lebten sie viele Jahre vergnügt zusammen.

23. Die Pfarrersfrau ohne Schatten

Da war ein Pfarrer, der verheiratete sich mit einer Frau, aber die war vorher zu einem Trollweib gegangen und hatte sie um Hilfe gebeten, daß sie niemals Kinder bekommen sollte. Da hatte ihr die gesagt, sie solle ein paar Steine nehmen und sie über die linke Schulter in einen Brunnen hinabwerfen, und dann sollte sie achtgeben, was sie hörte. Und sie hörte es dreimal schreien bei den Steinen, und da ging sie zu der Trollfrau und erzählte ihr davon. Da sagte sie, es wären drei Kinder, die sie hätte haben sollen, aber jetzt hätte sie sie getötet.

Da geschah es einmal, daß der Pfarrer mit der Frau in den Garten ging, und da sah er, daß sie keinen Schatten hatte. Er hatte einen Schatten, aber sie nicht. Er ging um sie herum und sah nach, aber sie hatte keinen. Da verstand er, daß sie etwas Besonderes getan haben mußte, und er zwang sie, es zuzugeben. Und er wurde so böse zu ihr – denn er hatte wohl auch Kinder haben wollen –, daß er sich von ihr trennte. Und er sagte zu ihr, es werde ihr ebenso unmöglich sein, erlöst zu werden, wie da an der steinernen Decke, unter der er schlief, Blumen wachsen würden.

So mußte sie ihres Weges gehen und mußte gehen und betteln und sich sehr abrackern. Und so vergingen zehn Jahre, und da kam einmal eine Frau dort zu dem Pfarrhof und wollte da über Nacht bleiben. Aber sie war so zerlumpt und elend und sah so übel aus, daß ihr die Diener sagten, sie könne nicht hier bleiben, denn sie wagten niemals, einer solchen Herberge zu geben. Endlich aber tat sie ihnen leid, und sie sagten, wenn sie hinter dem Ofen liegen wolle und nichts davon merken ließe, daß sie da war, so solle sie bleiben dürfen. Und sie ging hinter den Ofen und legte sich nieder.

Aber am Morgen stand sie nicht wieder auf. Und da kam der Pfarrer herein und fragte, ob jemand Fremder da wäre. Sie verneinten es, aber er sagte, es wäre jemand hier. Da mußten sie von der erzählen, die da hinter dem Ofen lag. Aber als sie gingen und nach ihr sahen, da war sie tot.

Und der Pfarrer, als er am Morgen erwacht war, hatte die schönsten und feinsten Blumen an der Decke gesehen. Nun freilich, sie hatte das ja nur aus Unverstand getan, und so wurde ihr doch noch vergeben.

24. Der Mann mit dem grünen Bart

Das war einmal vor langer Zeit in der Welt, da war ein Mädchen, das war unheimlich reich. Sie hatte viele Freier, reiche und arme, aber da war keiner, der ihr gefiel. Sie war wohl überhaupt nicht so darauf aus, denn sie sagte, sie würde sich niemals verheiraten, ehe sie nicht einen bekäme, der einen grünen Bart hatte.

Aber eine Zeit später kam da ein feiner Herr dahergefahren. Er hatte zwei Paar Pferde und einen prächtigen Federwagen, und alles, vom größten bis zum geringsten, war so städtisch, daß es schon rein zuviel damit war. Er fuhr mit dem Wagen direkt vor das Haus, in dem das Mädchen zu Hause war. Dann gab er den Pferden zu fressen. Dann ging er hinein zu ihr, aber als sie sah, daß er einen grünen Bart hatte, war sie wirklich etwas verblüfft. Aber er grüßte sie, sie grüßte wieder und bat ihn, sich ein wenig niederzusetzen. Das tat er, denn er war ein schrecklich höflicher Mann. Aber als sie eine Weile geplaudert hatten, da sagte er, er hätte gehört, daß sie sich mit keinem verheiraten wollte, wenn er nicht einen grünen Bart hätte, und deshalb sei er gekommen. Und dann erzählte er ihr, wieviel er besäße, und er bat sie, ihn zu begleiten und es zu besehen. Sie war einverstanden; sie machte sich fertig, mit ihm zu fahren. Aber zuerst ließ sie Speisen auftragen, und sie aßen. Dann setzten sie sich in den Wagen, und sie sausten los, daß sie nur so dahinflogen. Sie sagte, er habe es doch wohl nicht nötig, so zu prahlen, denn ihr schien, daß die Pferde Funken sprühten. Aber er fuhr in dieser Weise weiter, und dann fuhr er bis zu einer Kirche, die neben der Straße war. Da hatte es schon eine Weile zu dämmern begonnen.

Aber als sie da an die Kirche herangekommen waren, fuhr er mit den Pferden direkt vor sie hin und stieg aus. Dann ging er auf den Friedhof und fing an, zwei Leichen auszugraben, die da in ihren Gräbern lagen, und zog ihnen die Haut ab. Dann nahm er die Häute mit sich und warf sie hinten in den Wagen. Dann nahm er die Zügel und fuhr wieder los. Aber sie war so furchtbar erschrocken, daß sie nicht wagte, auch nur ein Glied zu bewegen. Bald aber kamen sie zu einer anderen Kirche, und da machte er es auf die gleiche Weise. Doch das Mädchen war von ihm weggelaufen, aber sie sah keine Hütte und auch sonst nichts, wo sie unterkommen konnte, und da mußte sie zurück in den Wagen. Aber als sie zu der dritten Kirche kamen und er ausgestiegen war und zu graben angefangen hatte, da erblickte sie eine Hütte. Dorthin lief sie und pochte. Die Leute, die dort wohnten, kamen da und schlossen auf, und als sie dann hineinkam, war sie so außer sich, daß ihr schwindelte.

Aber dann später, als sie sich so weit erholt hatte, daß sie sprechen konnte, da verstanden sie die Leute nicht. Sie war viele hundert Meilen von ihrer Heimat entfernt. Sie blieb so lange da, bis man sie verstand, denn sie lernte ihre Sprache sprechen. Als sie dann nach Hause reisen wollte, da zeigten sie ihr den Weg, den sie gehen mußte. Aber das war so weit weg, daß sie ein halbes Jahr zu gehen hatte, ehe sie wieder nach Hause kam.

Aber den mit dem grünen Bart, den sah sie niemals wieder.

25. Die Pfarrersfrau in Sproge

Der Pfarrer von Sproge auf Gotland hatte seine Frau verloren; aber weil sie während ihres Lebens sehr sündhaft, gottlos und hart gewesen war, fand sie keine Ruhe, als man sie in der Kirche von Sproge begraben hatte; es spukte oft im Pfarrhof und am meisten zur Mitternachtszeit in der Kirche – der Pfarrer war betrübt darüber, aber nichts konnte helfen.

Einmal erboten sich zwei tüchtige Knechte, die beim Pfarrer dienten, eine Nacht über in der Kirche zu bleiben, wo sie sich in eine Bank legen wollten, um die Ursache für das schreckliche Lärmen zur Nachtzeit und die Spukerei herauszufinden. Na, der Pfarrer ließ das nicht gerne zu, aber schließlich bekamen sie doch ihren Willen, und der Pfarrer versprach ihnen, er würde am Morgen zusammen mit dem Mesner kommen und sie holen. Um Mitternacht hörte man aus der Kirche das gleiche schreckliche Lärmen wie gewöhnlich; und als am Morgen der Pfarrer mit dem Mesner in die Kirche ging, da fanden sie die beiden Knechte tot daliegen, und auf diese Weise bekam man keinen Aufschluß über die ganze Spukerei.

Eine lange Zeit später war ein Schuhmacher, ein gebürtiger Lappe aus Finnland, im Pfarrhof und arbeitete da. Der bekam auch zu hören, was man über den schweren Spuk im Pfarrhof von Sproge und über das Lärmen in der Kirche zur Nachtzeit erzählte, und er erklärte sich bereit zu versuchen, alles darüber herauszufinden. Man sprach wohl über das Schicksal der beiden Knechte, aber er blieb doch fest bei seinem Entschluß.

Der Schuhmacher verlangte nur zu wissen, wo die Pfarrersfrau in der Kirche lag, und das war in der mittleren Bankreihe unter einer Bank, die zum Pfarrhof gehörte, und dann verlangte er zwei große Kerzen, die die ganze Nacht über brennen konnten, eine Flasche Branntwein, eine Flasche Wein und etwas Butter, Brot und Käse, um sich damit zu vergnügen. Schließlich bat er den Pfarrer, ihm zu versprechen, daß er mit dem Mesner in die Kirche kommen würde, sobald die Sonne aufgegangen war, und da sollte ihn ein jeder von ihnen an einer Hand nehmen und ihn hinausführen, damit er wirklich sicher wäre – denn sonst gälte es sein Leben.

Gegen Abend ging der Schuhmacher in die Kirche, zog einen Kreis außerhalb der Bank, wo die Pfarrersfrau begraben lag, nahm dann seine ganze Werkstatt mit allen seinen Geräten und setzt alles in den Kreis hinein, dazu noch ein Paar neue Stiefel, die er fertigmachen sollte. In der Dämmerung ging der Schuhmacher in die Kirche, dann verschloß man die Tür. Er zündete bald seine Lichter an, legte einen Stock mit einem Haken – eine Krummnase, wie man das nannte – neben sich, nahm sich einen Schnaps und begann eifrig an den Stiefeln zu arbeiten.

Als es gegen Mitternacht ging, setzte sich der Schuhmacher zum Essen hin und kostete ziemlich ausgiebig von den Flaschen; darauf begann er wieder zu arbeiten. – Aber zwischen zwölf und ein Uhr in der Nacht erhob sich ein schreckliches Getöse, die Kirchentür flog auf, und der Böse selbst kam den Mittelgang heraufspaziert. Sogleich hob er die Bank fort und rollte den Stein von dem Grabe; darauf öffnete der Böse den Sarg, zog der Frau die Haut ab und legte sie an den Rand des Grabes.

Der Schuhmacher, der bei seiner Arbeit saß, nahm seine Krummnase und zog damit die Haut nach und nach zu sich in den Ring; allmählich, geradeso, wie der Böse die Haut losbekam, zog der Schuhmacher sie immer weiter zu sich, bis er alles zusammen erwischt hatte: und der Böse merkte nichts davon, bis alles innerhalb des Kreises lag.

Jetzt legte der Böse wieder den Stein auf, setzte die Bank an ihre Stelle; aber jetzt vermißte der Böse die Haut der Pfarrersfrau, die er ihr in jeder Nacht abzog, und erst jetzt fiel ihm der Schuhmacher ins Auge, der da im Kreis saß und nähte. Da bat er den Schuhmacher:

»Gib mir meinen Balg wieder!« – so nannte er die Haut; aber der Schuhmacher schwieg und arbeitete bloß.

Der Böse sprang außerhalb des Kreises herum, aber hinein konnte er nicht kommen; er nahm viele Gestalten an, um den Schuhmacher zu erschrecken, der aber kümmerte sich um gar nichts, sondern nahm nur hie und da einen Schluck aus seinen Flaschen, nähte an seinen Stiefeln und schwieg. Aber jetzt schien es dem Schuhmacher, daß das Licht vor seinen Augen dunkler würde; da wurde es dem Schuhmacher doch ein bißchen anders – so in der Dunkelheit dazusitzen, das wäre nicht gerade lustig, aber dann wurde es wieder klarer. Da bat der Böse wieder um seinen Balg, aber der Schuhmacher arbeitete nur und schwieg.

Jetzt wurde der Böse ganz und gar rasend, lief hinaus auf den Kirchhof, packte die Kirche von unten, um sie umzustürzen – für des Schuhmachers Augen schien es so, denn er sah deutlich das Tageslicht unter den Fundamenten; aber das half nichts: der Schuhmacher arbeitete nur und schwieg.

Nun wurde es endlich nach einer Weile Tag, und die Sonne schien durch die Fenster herein; da kamen der Pfarrer und der Mesner in die Kirche und baten ihn zu kommen, denn jetzt sei es Tag, und sie fragten ihn, wie es ihm in der Nacht gegangen sei. Aber er schwieg nur und nähte. Da sagten der Pfarrer und der Mesner wie aus einem Munde:

»Du mußt ja närrisch sein, kannst du denn nicht sehen, daß es Tag ist? Hab keine Angst, komm her und geh mit uns!« Aber der Schuhmacher schwieg nur und arbeitete.

Da ging der Mesner davon und läutete das Morgenläuten. Aber der Schuhmacher dachte bei sich: ›Das ist immer noch nicht ganz verläßlich‹, und er setzte seine Arbeit fort, denn die beiden konnten nicht in den Kreis hereinkommen. Wiederum sagten der Pfarrer und der Mesner:

»Hab keine Angst, sondern komm und geh mit uns, oder denkst du, daß wir uns fürchten, zu dir hineinzukommen – glaub das nicht! Reich uns deine Hand her und geh mit uns!«

So plagte sich der Böse die ganze Nacht unter vielen Verwandlungen mit dem Schuhmacher, um ihn durch Schrecken oder mit List aus dem Kreis herauszubringen, in den er nicht hineingelangen und seinen Balg herausholen konnte. – Aber jetzt hatte der Schuhmacher seine Stiefel fertig, und er meinte, jetzt könnte es bald Tag sein; da nahm er sich einen Morgenbissen, saß da und dachte nach und sah auf seine neuen Stiefel.

Indem ging die Kirchentür auf, der Mesner fing an, die Morgenglocke zu läuten, und jetzt ging der Pfarrer hin zum Schuhmacher, und beide begrüßten ihn auf die gleiche Weise, wie es auch die beiden anderen vor kurzer Zeit getan hatten; aber sie konnten jetzt in den Kreis treten. Da fing der Schuhmacher an zu sprechen, aber gleichwohl war er noch immer unsicher; deshalb mußten sie zuerst einen Schnaps mit ihm trinken – da fing er schließlich an zu glauben –, und dann mußte der Pfarrer das ganze Vaterunser beten, und da schließlich meinte der Schuhmacher, daß nun alles sicher wäre. Nun nahmen sie ihn an der Hand; er nahm die Haut, seine Gerätschaften und die neuen Stiefel und ging so mit ihnen in den Pfarrhof, und dort berichtete er, wie alles zugegangen war.

Und nach diesem Tage bekam man kein Lärmen und Spuken mehr zu hören, weder im Kirchhof von Sproge noch in der Kirche. Der Pfarrer und alle waren sehr froh darüber, und der Schuhmacher wurde für seine Mühe anständig bezahlt. – Die Haut der Pfarrersfrau nahm man und stopfte sie aus, damit sie in der Kirche aufbewahrt würde, und noch heute soll sie hinter dem Altar oder in der Sakristei zu finden sein.

26. Der Koch, der im Türkenland war

Da gab es im Ausland einen großen Kaufmann. Für den wurden zwei Schiffe beladen, die ins Türkenland gehen sollten. Als sie nun beladen waren, sollten die Leute zu einem kleinen Festessen bei dem Kaufmann kommen. Na, der Koch, der mußte an Bord bleiben, und der Kapitän und der Steuermann und die ganze Mannschaft gingen zu dem Kaufmann. Als sie dort gewesen waren, bat sie der Kapitän alle an Bord, und der Kaufmann lud sie dann wieder hinauf zu sich an Land.

Nun war das so, daß des Kaufmanns Tochter dabei war, als das Fest beim Kapitän gefeiert wurde, und da wollte sie noch eine Weile auf dem Schiff bleiben, und das erlaubte man ihr auch. Während sie da bei dem Festschmaus gewesen war, hatte sie Gefallen an dem Koch gefunden. So spazierte sie also auf dem Deck umher. Dann ging sie auf die Back und sah sich dort um. Dann schaute sie sich die Kojen an, in der die Mannschaft liegen mußte, und da fragte sie, ob einer in einer Koje läge oder zwei. Da sagt der Koch: »Wir liegen zu zweit, auch wenn es ein bißchen eng ist, aber die Kojen hier sind ein wenig größer.« Da ging sie hin und legte sich in eine Koje.

»Ja, hier ist es etwas eng für zwei«, sagte sie. Darauf ging sie zu einer anderen Koje und legte sich da hinein.

»Die ist etwas größer«, sagte sie. »Komm her und leg dich auch in die Koje, damit ich merke, ob es sehr eng ist, wenn wir zu zweit darin liegen.«

Ja, der Koch legte sich in die Koje zu ihr. Später setzte er sie dann an Land, und da ging sie nach Hause.

Als der Kapitän und die Mannschaft wieder zurückkamen, neckten sie den Koch, daß er ein Frauenzimmer an Bord gehabt hatte. Sie hatten da alle Geschenke von dem Kaufmann bekommen, und danach mußten auch die Köche von beiden Fahrzeugen hinauf zu dem Kaufmann, und sie bekamen auch Geschenke.

Und dann stachen sie in See und segelten ins Türkenland, und dort löschten sie ihre Ladung, und beide Schiffsladungen sollte der Kaiser entgegennehmen. Nun hatte der Kaiser eine Tochter. Sie war wahnsinnig und aussätzig, und er hatte alle Wahrsager und Wahrsagerinnen im Lande gefragt, ob sie nicht irgendeine Hilfe für seine Tochter wüßten. Da kam auch ein altes Weib zum Kaiser und sagt, er solle jeden Tag eine Schiffsbesatzung nach der anderen heraufholen und ausfragen, »denn die fahren in alle Länder – vielleicht weiß einer von denen ein Heilmittel«.

Das schien dem Kaiser vernünftig. Er fing mit einer Besatzung am Tag an, und es lagen viele Schiffe im Hafen. Na, er hatte schon die Besatzungen von mehreren Fahrzeugen oben bei sich gehabt, aber niemand wußte irgendeinen Ausweg. Dann kam die Reihe auch an das Schiff, auf dem der Koch war. Der Kapitän und die Mannschaft waren oben beim Kaiser, und der Koch war an Bord. Da dachte sich der Koch, er könnte fischen, während der Kapitän und die anderen an Land waren. Und da schien ihm, er hätte etwas Schweres an die Angel bekommen. Er zog seine Leine ein. Da hatte sich der Haken bei einem Kind unter den Armen verfangen. Er nimmt das Kind und legt es in eine Koje und wickelte es ein. Eine kleine Weile danach kam eine Meerfrau herauf.

»Ich will mein Kind wiederhaben!« sagte sie.

»Dein Kind?« sagt er. »Nein, du bekommst kein Kind.«

»Ja, dann drehe ich das Schiff mit dem Kiel nach oben!«

»Das kannst du gerne machen«, sagt der Koch, »denn das Schiff gehört nicht mir.«

Da legte die Meerfrau das Schiff seitüber, so daß das Wasser bis ans Deck reichte.

»Jetzt kann ich doch wohl mein Kind bekommen?« sagte sie.

»Nein, ein Kind bekommst du nicht.«

»Ja, dann drehe ich das Schiff mit dem Kiel nach oben!«

»Das kannst du gerne machen. Das Schiff gehört nicht mir.«

Da legte sie das Schiff seitüber, so daß das Wasser bis zu den Lukensüllen reichte.

»Jetzt kann ich wohl mein Kind bekommen?« sagte sie.

»Nein, ein Kind bekommst du nicht.«

»Ja, dann drehe ich das Schiff mit dem Kiel nach oben!«

»Das kannst du gerne machen«, sagte er. »Das Schiff gehört nicht mir.«

»Ja, beim dritten Mal drehe ich es wirklich mit dem Kiel nach oben. Nun kann ich wohl mein Kind bekommen.«

»Ja, wenn du mir sagen kannst, was ich mit der Kaiserstochter machen soll, die wahnsinnig und aussätzig ist, dann sollst du das Kind bekommen.«

Da verschwand die Seejungfrau. Sie war eine kleine Weile weg, und dann kam sie wieder. Da hatte sie eine kleine Flasche, in der war etwas Weißes, und eine Flasche, in der war eine gelbe Salbe. Die gibt sie dem Koch.

»Wenn du dann hinauf an Land kommst«, sagte sie, »fragt der Kaiser, ob du etwas weißt, was seiner Tochter helfen könnte, die wahnsinnig und aussätzig ist. Da antwortest du, daß du nichts sagen könntest, sondern daß du sie sehen mußt, und das will er nicht gerne. Es müssen so fünf, sechs Leute sein, wenn sie zu ihr gehen. Während sie des Kaisers Tochter holen, stellst du ein Zimmer um und bereitest es vor und legst Federn auf den ganzen Fußboden. Wenn sie hereinkommt, wird sie auf dich losstürzen. Da nimmst du etwas von dem Weißen aus der Flasche und gießt es über sie, und da fällt sie zu Boden und schläft höchstens zwei Stunden. Wenn sie dann erwacht, will sie dich wieder anfallen. Da gießt du etwas von dem Weißen über sie, und da schläft sie höchstens eine Stunde. Wenn sie dann erwacht, dann ist sie zahm, so wie die anderen Menschen auch, und da salbst du sie mit dem aus der gelben Flasche, und das setzt du fort, bis sie fein und sauber ist wie ein anderer Mensch. – Dann sollst du auch Glück und Erfolg auf dem Meer haben, solange du lebst.«

Da bekam sie ihr Kind zurück.

Dann kamen der Kapitän und die Mannschaft wieder an Bord, und jetzt mußte der Koch hinauf an Land. Und als dann der Koch hinaufgekommen war, fragte der Kaiser, ob er etwas wisse, was seiner Tochter helfen könnte, die wahnsinnig und aussätzig sei. Da antwortet der Koch:

»Das kann ich Ihm nicht sagen, Kaiser, sondern ich muß sie sehen. Vielleicht wäre es nicht unmöglich.«

Da schickte der Kaiser sechs Personen, und der Koch stellte das Zimmer um und legte es mit Federn aus. Als sie nun mit dem Mädchen hereinkamen, fuhr die auf den Koch los und wollte ihm an die Augen. Aber der Koch war flink und schüttete etwas aus der weißen Flasche über sie. Im gleichen Augenblick fiel sie auf den Fußboden.

»Jetzt kann ich gehen«, sagte der Koch zum Kaiser. Er verließ sich auf seine zwei Stunden.

»Nein«, sagte der Kaiser, »du bleibst jetzt hier sitzen!«

Na, nach zwei Stunden kam sie zu Bewußtsein und wollte wiederum den Koch anfallen. Aber er war zur Stelle und goß aufs neue etwas von dem Weißen über sie aus. Darauf lag sie und schlief beinahe eine Stunde. Als sie dann aufwachte und sah, daß sie aussätzig und so häßlich anzusehen war, da schämte sie sich sehr. Da nahm der Koch etwas aus der gelben Flasche und strich es auf sie, aber es blieb unverändert. Da salbte er sie noch ein zweites Mal, aber es sah nicht aus, als ob sich etwas gebessert hätte. Als er sie das dritte Mal damit einstrich, fiel auf einmal alles miteinander von ihr ab, und sie war wieder wie ein anderer Mensch. Darauf wurde der Koch in kaiserliche Gewänder gekleidet, und er blieb oben beim Kaiser, während man die Ladung der Schiffe löschte und sie wieder belud. Er durfte nicht an Bord gehen. Dann sagt der Kaiser zu ihm, daß er seine Tochter zur Frau bekommen solle. Nein, das kann er nicht, sagte er, denn er wird die Tochter des großen Kaufmanns heiraten.

»Ja, wenn das so ist, will ich dich nicht zwingen, meine Tochter zu nehmen«, sagte der Kaiser.

Als alles fertig war und das Schiff wieder in See gehen sollte, kommt der Kaiser mit einem großen Brief herein zum Koch.

»Darauf sollst du achtgeben«, sagte er, »denn beide Schiffsladungen gehören dir.«

Und dann fährt der Kaiser mit ihm hinunter zum Schiff. Als der Koch dort ankam, sagt er zum Kapitän:

»Jetzt ist der Koch hier!«

Da kam er in kaiserlichen Gewändern, und der Kapitän erkannte ihn nicht. Und der Kaiser ermahnte sie, daß sie auf der Heimreise freundlich zu dem Koch sein sollten. Der Koch nahm seine Arbeit wieder auf.

Nun legten beide Schiffe zur gleichen Zeit ab, aber das, auf dem der Koch war, kam mehrere Tage früher zu dem großen Kaufmann. Als nun das Schiff zu Hause anlangte, gab es eine schreckliche Freude bei dem großen Kaufmann, daß alles glücklich verlaufen war. Dann lud er den Kapitän und die Mannschaft zu sich ein. Sie sollten da Geschenke bekommen, aber der Koch mußte auch diesmal an Bord bleiben. Als sie nun alle an Land waren, da sollte auch der Koch hinkommen, und als er jetzt hereinkam, sollte er sein Geschenk bekommen.

»Das sollst du haben!« sagte der Kaufmann. »Meine Tochter hat ein Kind bekommen; du bist der Vater!« Das Geschenk für den Koch stieß er über den Tisch, so daß es zu Boden fiel.

»Ich bin kein Hund, nach dem man werfen kann!« sagte der Koch. »Der Koch kommt schon wieder, und dann soll's der Herr schon sehen!«

Jetzt warf er sich in die Brust. Und der Herr mußte gehen und das Geschenk aufheben und es dem Koch geben. – Am Tag danach kam der Koch wieder herauf, gekleidet in kaiserliche Gewänder, und er hatte zwei von den höchsten Beamten der Stadt mitgebracht. So trat er bei dem Kaufmann ein.

»Jetzt ist der Koch hier!« sagte er.

»Der Koch?« sagt der Kaufmann und starrte ihn nur an. Er erkannte ihn nicht wieder. Da zog der Koch die Papiere heraus, die er vom Kaiser erhalten hatte.

»Sei so gut und lies das!« sagte er.

Als der Kaufmann etwas gelesen hatte – er war dick und rot –, da fing er aber an bleich zu werden.

»Bleibst du bei deinem Wort, daß du der Vater des Kindes bist, das meine Tochter bekommen hat?«

»Ja, gewiß«, sagte der Koch.

»Ich bin reich, aber du bist jetzt reicher«, sagte der Kaufmann, und dann öffnete er eine Tür. »Sei so gut und tritt ein!« sagte er zum Koch.

Als nun der Koch hereinkam, saß da die Tochter des Kaufmanns mit einem kleinen Kind auf dem Arm. Und nun wurde alles gut und schön.

Und jetzt ist's zu Ende.

27. Der Böse und der Soldat

Ein friedlicher Bursche war zu den Soldaten eingerückt und mußte seine Wehrpflicht erfüllen. Aber er war das ruhige Leben zu Hause gewöhnt, und das stürmische Militärleben verwirrte ihn bald ganz und gar. Nicht einen selbständigen Gedanken konnte er denken. Nur wenn der Sonntag kam mit Predigt und Gesang bei der Kirchenparade, da schwebte ihm sein Heimathaus wieder wie ein verlorenes Paradies vor.

Er gehorchte blindlings, auch wenn ein Befehl anders gemeint war. Eines Tages gab ihm sein Leutnant eine Ohrfeige und sagte ihm, er solle zur Hölle gehen, und da nahm er sogleich sein Gewehr auf die Schulter und machte sich auf den Weg.

Drei Tage lang wanderte er durch Wälder und Einöden. Am Abend des dritten Tages erblickte er ein großes, blutrotes Gebäude, und er glaubte sogleich, daß es das sein müßte, was er suchte. Tiefe Schatten umgaben es, denn die Sonnenstrahlen drangen niemals bis hierher, sondern sie endeten in gehörigem Abstand vor dem seltsamen Gebäude. – Seiner Pflicht getreu ging der junge Kriegsmann vorwärts bis dorthin und trat ein. Vor ihm lag ein Raum, den er mit seinem Blick gar nicht durchmessen konnte, und entlang den unendlichen Reihen von kochenden Kesseln wanden sich Schlangen von dunkelblauen Flammen. Eine Person, die unerhört streng und grimmig aussah, kam und stellte sich mitten vor ihn hin.

»Ist das der Herr Schwager selbst?« fragte der Soldat ganz vorsichtig. Und er erfuhr, daß der grimmige Mann der Herr über die ganze Kocherei war.

»Was is'n das für ein Schultersack, dende da herschleppst?« fragte der große Mann, als er das Gewehr des Soldaten sah, das dort bei der Tür stand.

»Das is 'ne Pfeife.«

»Da sollste mich 'n bißchen dran rauchen lassen. Das schmeckt immer so gut, wenn man erst was rauchen kann, wenn einer reinkommt.«

Dienstwillig setzte der Soldat dem Hausherrn die Gewehrmündung in den Mund, zog den Drücker, und der Schuß ging los. Der alte Raucher schwankte einen Augenblick, aber dann zeigte er alsbald eine sehr zufriedene Miene.

»Da mußte aber 'n andrer Kerl sein als die Schlucker, die ich sonst herkriege. Wer schon so'n starken Tobak raucht, der is nich übel. Du kannst dich um so'n Kessel kümmern, den ich grade erst zum Kochen reingekriegt habe, wenn ich jetzt 'n paar Wochen wegfahre. Aber du darfst nich mal so'n bißchen reinschaun!« sagte er.

Der Alte fuhr los, und der Soldat fing sogleich an und kam dem Befehl nach. Als eine Woche vergangen war, hob er doch den Kesseldeckel an, und da erblickte er seinen Leutnant, der seine Nase am Kesselrand heraussteckte. Da drückte er den Deckel eilends wieder hinunter und feuerte ärger als vorher. Der Leutnant war aus Zorn darüber gestorben, daß ihm sein Soldat weggelaufen war.

Als der Teufel zurückkam, lobte er seinen Knecht, den Soldaten, sehr für seinen Fleiß. Er sah zwar, daß der Deckel berührt worden war, aber das verzieh er, weil er die Arbeit im übrigen gut verrichtet hatte. Da sagte er zu ihm unter anderem:

»Jetzt wer' ich dich verheiraten. Da is 'n reicher Bauer, der hat drei hübsche Mädls, und eine davon sollste haben. Du bist ja 'n Kerl dafür. Du kommst mit mir, und da machste dich ganz schwarz, denn 'n Frauenzimmer, das bei 'nem Kerl seine Nase verzieht, der sich in ehrlicher Arbeit 'n bißchen angeschmiert hat, das is nich eine, die man sich zum Heiraten aussucht.«

Dann fuhren sie zu dem Bauernhof. Mit den schönsten Worten trug der Teufel ihr Anliegen vor. Aber die beiden älteren Töchter wehrten sich mit Händen und Füßen und sagten dem Mann, er solle doch in den Wald ziehen mit einem solchen Freier. Das jüngste Mädchen dagegen dachte: ›Der Bursche da würde recht gut aussehen, wenn er nur sauber wäre. Wenn ich ihn in meine Hände bekomme, werde ich schon einen Menschen aus ihm machen.‹

Endlich sagte sie ja und hieß ihn willkommen.

Eine Woche später kamen der Brautwerber und der Bräutigam wiederum, aber diesmal fuhren sie mit den schönsten schwarzen Pferden und saßen im prächtigsten Wagen, den man je gesehen hatte. Der Bräutigam war jetzt so sauber und fein, daß die ärgsten Modeschwengel in der Gemeinde gewöhnlich aussahen im Vergleich mit ihm. Die Braut war überglücklich. Und der Teufel redete so herzenswarm mit den Alten über die glückliche Zukunft des jungen Paares. »Ich werde wie ein Vater zu ihnen sein, solange ich lebe«, sagte er. Es wurde beschlossen, daß man die Hochzeit so bald wie möglich halten wollte.

Als sich der Brautwerber wieder auf den Weg nach Hause machen wollte, nahm er seinen Schützling beiseite und ging mit ihm hinaus auf den Hof.

»Alles das wird dir gehören«, sagte er und zeigte hinaus über das überaus reiche und idyllische Anwesen.

»Ich – ich kann Euch niemals genug danken«, sagte der junge Mann.

»Ach, ich hab schon ein bißchen was für meine Mühe bekommen«, antwortete der Alte.

Dabei nahm er ihn an der Hand und führte ihn mit sich die Bodentreppe hinauf. Da hingen die beiden ältesten Töchter des Hauses leblos da. Sie hatten sich das Leben genommen aus Ärger darüber, daß sie das Glück verschmäht hatten, das ihre jüngste Schwester ergriffen hatte.

28. Der Hoberg-Alte

Der Hoberg-Alte wurde einmal von einem Bauern zur Kindstaufe eingeladen; der Bauer wohnte in der Nähe des Berges, in dem der Riese wohnte. Und der Riese hatte ihm viele Male Glück beim Fischfang gegeben, so daß er reichen Fang gemacht hatte. Deshalb konnte es der Bauer nicht unterlassen, ihn einzuladen. Deshalb schickte er seinen Knecht zum Hoberg-Alten, um ihn für seinen Sohn zu Gevatter zu bitten. Aber er sollte das so bestellen, daß der Riese nicht käme, denn der Riese war ein großer Esser, und er hätte alles aufgegessen, was der Bauer hatte, und der war arm.

Als der Knecht die Einladung vorgebracht hatte, fragte der Hoberg-Alte, wer denn sonst noch eingeladen würde. »Sankt Petrus«, sagte der Knecht. »Da kann ich nicht kommen«, sagte er, »aber weil mir noch niemals zuvor eine solche Ehre widerfahren ist, muß ich ihn wohl ertragen und in einer Ecke sitzen. Wird sonst noch jemand eingeladen?« – »Unser Herr Christ und die Jungfrau Maria«, sagte der Knecht, »und der Trommler Thor.« Da bekam der Hoberg-Alte Angst und sagte: »Da ist es unmöglich, daß ich komme. Die anderen hätte ich ertragen können – aber Thor, das ist ganz unmöglich. Vor ein paar Tagen war ich draußen unterwegs, und da warf er mir die Trommelstöcke in die Beine, daß es mir heute noch schwerfällt, zu gehen. Aber ich werde ein Gevattergeschenk schicken. Nimm deinen Sack, den du da hast, und komm mit mir, wir wollen in die Schatzkammer gehen.«

Und als sie dorthin kamen, öffnete der Riese eine große Kiste, die war voll mit Goldmünzen. Dann nahm der Riese eine Schaufel und schaufelte damit in den Sack und fragte: »Hast du gesehen, daß jemand mehr gibt?« – »Das habe ich wohl gesehen, daß jemand mehr gibt«, sagte der Knecht. »Keinesfalls will ich der Geringste sein«, sagte der Hoberg-Alte. Und so schaufelte er mehr hinein und fragte: »Hast du gesehen, daß jemand mehr gibt?« – »Das habe ich wohl gesehen, daß jemand mehr gibt«, sagte der Knecht. »Keinesfalls will ich der Geringste sein«, sagte der Hoberg-Alte. Und so schaufelte er hinein, bis der Sack voll war; da sah der Knecht, daß er den Sack nicht zu tragen vermochte, und so sagte er, es sei Sitte, daß ein Gevatter das Gevattergeschenk bis an Ort und Stelle trüge. Und das machte er. Und dann gab er ihm Glück beim Fischfang, so daß er eine Menge großer Fische für die Kindstaufe fing, und der Bauer wurde ein reicher Mann.

29. Jäppa in Norrland

Es trug sich einmal zu, daß ein sehr reicher Mann in sein Haus einen armen Kätnerjungen aufgenommen hatte, und der Junge sollte ihm bei allerlei zur Hand gehen. Aber der reiche Mann hatte eine einzige Tochter, und als der Junge und sie groß geworden waren, versprachen sie einander die Treue und gingen zu ihrem Vater und fragten ihn, ob sie einander heiraten dürften. Der wurde nicht wenig zornig darüber und antwortete im Spott: »Ja, wenn du bei Jäppa in Norrland erfahren kannst, wer der Weiseste und der Reichste auf der ganzen Welt ist, und wenn du dann zurückkommst und mir Bescheid darüber gibst, dann sollst du meine einzige Tochter bekommen.«

Jäppa in Norrland war ein großer, grimmiger Riese, der weit entfernt am Ende der Welt in einem schrecklich großen Berg wohnte, und alle wußten, daß er keine bessere Speise kannte als Christenblut, und so war es der sichere Tod, wenn man in seine Nähe kam. Aber der Junge hatte des reichen Mannes Tochter lieber als sein Leben, und deshalb wollte er die Reise wagen.

Als er nun so weit gewandert war, daß er in ein anderes Königreich kam, merkte er, daß dort alle Menschen so betrübt waren, und als er bis zum Königshof gekommen war und dort um Nachtherberge bitten wollte, da fand er, daß hier die Trauer am allergrößten war.

»Was ist in diesem Lande los, daß alle Menschen traurig sind?« fragte er die Leute des Königs.

»Ach, sollen wir nicht traurig sein! Die Prinzessin ist blind, und so jung und schön und reich sie auch ist, so kann sie doch keiner von ihrer Blindheit heilen. Da ist nur Jäppa in Norrland, der das Heilmittel kennt.«

»Da gibt es wohl eine Hilfe«, sagte der Junge, und am anderen Morgen ging er weiter. Als er in das nächste Königreich kam, war dort auch Trauer, und an des Königs Hof war die Trauer am allergrößten.

»Was fehlt hier, daß alle so traurig sind?« fragte er wieder.

»Sollen wir nicht traurig sein!« antworteten die Hofleute; »des Königs Pferde müssen jeden Tag eine halbe Meile[1] weit laufen, um zu trinken, denn näher am Schloß findet sich kein Wasser, das sie anrühren wollen. Ach, ach! Die schönen Pferde können nichts anderes tun als dreimal am Tag den langen Weg hin und zurück zu laufen. Sollen wir da nicht traurig sein! Nur Jäppa in Norrland weiß, wo die Springquelle des Schlosses zu finden ist.«

»Da gibt es wohl eine Hilfe«, sagte der Junge, und am anderen Morgen ging er dann weiter. Als er dann in das dritte Königreich kam, da war es hier nicht besser. Alle waren trau-

[1] Eine alte schwedische Meile entspricht ungefähr 10 km.

rig, und niemand lachte, und als er an den Königshof kam, da weinten alle Hofleute, daß es einen Stein rühren konnte. Hier war es des Königs Baum, der wollte keine Goldäpfel tragen, und kein anderer als Jäppa in Norrland wußte, was die Ursache dafür war.

»Dem kann wohl abgeholfen werden«, sagte der Junge und ging am Morgen darauf weiter.

Als es gegen Abend ging, kam er zu einem breiten, reißenden Fluß, und darüber gab es weder Brücke noch Steg, auch keine Fähre und kein Boot waren zu erblicken. Nur eine große graue Gans lag am Ufer.

»Setz dich auf meinen Rücken, dann trage ich dich hinüber«, sagte die Gans.

»Wer bist du denn, daß du eine so schwere Last tragen willst?« fragte der Junge. Er sah genau, daß es nicht eine gewöhnliche Gans war.

»Ich bin eine verzauberte Prinzessin«, antwortete die Gans, »und nur Jäppa in Norrland weiß, wie ich von der Verzauberung erlöst werden kann.«

»Da wird sich wohl Hilfe schaffen lassen, denn zu ihm will ich«, sagte er; und als ihn die Gans über den Strom getragen hatte, ging er weiter bis zum Berg des Riesen, denn der lag nicht mehr weit entfernt.

Zu allem Glück war Jäppa in Norrland nicht zu Hause, als der Junge in seinen Saal eintrat, sondern da saß nur seine Haushälterin, und die war eine in den Berg verschleppte Christin. Sie wurde sehr froh, als sie den Jungen erblickte, aber sie sagte ihm, wenn Jäppa in Norrland ihn zu sehen bekäme, würde er ihn sogleich verschlingen. Der Junge antwortete, er wisse wohl, wie groß die Gefahr sei; er hätte aber den Riesen so viel zu fragen, und da müßte er eben die Folgen auf sich nehmen, auf Biegen oder Brechen.

»Wenn das so ist, kann ich dir vielleicht helfen. Aber dann mußt du mir deine Fragen sagen und dich im übrigen ganz still verhalten und schweigen.« All das wollte er gerne.

Während sie so miteinander sprachen, hörten sie ein schreck-liches Dröhnen im Berge. »Das ist Jäppa in Norrland, der nach Hause kommt«, sagte sie und beeilte sich, den Jungen hinter einem großen Stein zu verstecken.

Dann tritt der Riese herein, er fängt an, ringsum zu schnüf-feln und zu schnuppern, und dann ruft er: »Hier riecht's nach Christenblut! Hier riecht's nach Christenblut!«

»Aber nein, Herr, das war nur ein Vogel, der mit einem Menschenknochen im Schnabel über den Berg geflogen ist«, antwortete die Haushälterin.

»Das kann wohl sein, das kann wohl sein«, brummte der Riese und warf sich auf die Bank. »Jetzt will ich, daß du mich laust, bis ich einschlafe«, sagte er.

Die Frau nahm seinen großen Kopf auf den Schoß und fing an, mit ihm zu plaudern. »Wenn man hier so einsam sitzt wie ich«, fing sie an, »kommt einem so mancher Gedanke in den Sinn. Unter anderem habe ich dagesessen und darüber nachgedacht, weshalb die junge Prinzessin ihr Augenlicht nicht wiederbekommen kann.«

»Ach, das könnte sie schon bekommen, wenn sie sich unter der blühenden Linde im Morgentau waschen würde; aber das wird niemand erfahren. Also, jetzt will ich mich nieder-legen.«

»Ach nein, Herr, ach nein, Herr! Sag mir erst, weshalb die Pferde des Königs so weit zum Trinken laufen müssen«, sagte die Frau.

»Ha, ha, ich weiß es, aber sonst soll es niemand erfahren! Wenn alle Pferde in einer Reihe in den Stall laufen, muß man nur darauf achtgeben, auf welchen Stein des Hofes das letzte Pferd mit dem rechten Hinterhuf fest aufschlägt, denn unter diesem Stein findet man eine Springquelle. – Aber jetzt will ich schlafen.«

»Ach nein, Herr, ach nein, Herr! Sag mir zuerst noch, wes-halb des Königs Baum keine Goldäpfel mehr trägt. Darüber habe ich auch gesessen und gegrübelt.«

»Ha, ha! Das weiß keiner mehr außer mir, und niemand soll es erfahren. Aber der Baum trägt keine Goldäpfel, weil in des Königs Garten ein anderer Baum steht, der neigt sich ganz nieder bis zur Erde, und unter ihm stehen viele Kisten voll mit Gold. Wenn man die wegnimmt und der niedergebeugte Baum gestützt wird, dann trägt des Königs Baum wieder Goldäpfel. Aber jetzt will ich mich hinlegen und schlafen«, sagte der Riese.

»Ach nein, Herr, ach nein, Herr! Ich habe auch darüber nachgedacht und mich gewundert, weshalb die verzauberte Prinzessin immer im Gänsekleid schwimmen muß und nicht erlöst wird«, fragte die Frau wiederum.

Da schlug sich der Riese auf die Knie und lachte, daß der Berg bebte. »Sie könnte erlöst werden, wenn sie nur einen von den Menschen, die sie trägt, nähme und in den Fluß würfe und dazu sagte: ›Jetzt kannst du hier so lange schwimmen, wie ich es getan habe!‹ – dann wäre sie erlöst. Aber das weiß niemand mehr als ich, und deshalb muß sie eine Gans bleiben bis zum Jüngsten Tag. Aber jetzt will ich wirklich schlafen!«

»Aber ja, Herr, aber ja, Herr! Sagt mir zuerst nur noch, wer der Weiseste und wer der Reichste in der ganzen Welt ist!« bat die Frau.

»Der Weiseste ist Gott, und der Reichste bin ich; aber wenn du jetzt noch mehr fragst, schlage ich dir den Kopf ab, denn jetzt will ich schlafen!«

Und dann schlief der Riese ein und schnarchte, daß es klang, als ob es donnerte.

Da führte die Frau den Jungen aus dem Berg hinaus und fragte ihn, ob er sich an alle Antworten erinnere. Er dankte ihr für die gute Hilfe, und dann nahm sie Abschied von ihm. Und danach ging sie zurück in den Berg. Der Junge aber wandte seine Schritte dem Flusse zu.

Hier nahm ihn die Gans auf den Rücken und trug ihn ans andere Ufer, und als er dort hinübergekommen war, sagte er: »Ich soll dich von Jäppa in Norrland grüßen, und du brauchst nur einen von den Menschen, die du über den Fluß trägst, ins Wasser zu werfen und zu sagen: ›Jetzt kannst du hier so lange schwimmen, wie ich es getan habe!‹, so bist du erlöst.«

Die Gans war froh und dankte dem Jungen für die Botschaft. Aber er hatte es eilig, weiterzukommen. Als er dann zu dem ersten Königshof kam, sagte er dem König, was man tun sollte, damit der Baum wieder Goldäpfel trug. Der König befolgte den Rat, und das Gold, das unter dem niedergebeugten Baum war, wurde ausgegraben, und der Baum bekam Stützen, und sogleich trug der andere Baum Goldäpfel. Da war Freude über Freude, und der König gab dem Jungen wenigstens drei Scheffelvoll Goldmünzen, und dann ging der Junge weiter.

Im zweiten Königreiche ging's in der gleichen Weise mit den Pferden, und als man die Springquelle gefunden hatte, bekam der Junge von diesem König ebenso große Geschenke, und dann zog er zu dem dritten Reich, wo die blinde Prinzessin war. Er riet ihr, sie solle sich die Augen im Morgentau waschen, der unter der Linde war. Sie tat es und bekam sogleich ihr Augenlicht wieder, und auch hier bekam der Junge so viel Gold, daß er es kaum noch mit sich führen konnte.

Als er nun nach Hause kam, sagte er dem reichen Manne, Gott sei der Weiseste und Jäppa in Norrland der Reichste auf der ganzen Welt, und jetzt, nachdem er die Bedingung erfüllt hätte, wolle er seine Liebste haben.

Als aber der reiche Mann alle Schätze des Jungen sah, glaubte er, Jäppa in Norrland hätte sie ihm gegeben. Deshalb wollte er nun selbst zu ihm gehen. Jetzt fragte er wenig danach, wer nun seine Tochter bekam, wenn er nur selbst der Reichste sein konnte, und so fuhr er durch alle drei Königreiche, ohne an etwas anderes zu denken als daran, wie er des Riesen Schätze bekommen könnte. So kam er auch zu dem reißenden Fluß, über den ihn die graue Gans hinübertragen sollte. Aber als sie ihn auf ihrem Rücken hatte, warf sie ihn hinunter ins Wasser und sagte: »Jetzt kannst du hier so lange schwimmen, wie ich es getan habe!«

Und dann wurde sie zu einer schönen Prinzessin, er aber wurde zu einer grauen Gans, die noch heute die Leute über den Fluß tragen muß; die beiden Jungen sahen ihn niemals wieder, sondern lebten froh und glücklich miteinander.

30. Die Prinzessin mit dem goldenen Haar

Da waren einmal ein König und eine Königin, wie's wohl viele gibt, aber die hatten einander geheiratet, weil sie einander gern hatten, und deshalb waren sie glücklich und freundlich. Und sollte man's denken – im ganzen großen Lande, über das sie regierten, wurden alle nach und nach freundlicher, bloß weil man es den Königlichen nachmachte. Sie hatten eine einzige Tochter, und die war schön wie der Tag, und ihre Haare waren wie reines Gold, und deshalb nannte man sie Prinzessin Goldhaar. Aber sie war nicht nur die Allerschönste, nein, sie war gut wie ein Engel, und ein jeder im ganzen Lande liebte sie, Mensch wie Tier.

Nun hätte es wohl dem ganzen Lande so gut wie sonst niemals gehen können, wenn es nicht den Grauriesen in dem großen Berge gegeben hätte. Aber als der sah, daß die Menschen anfingen, so freundlich zu werden, da wurde er so fürchterlich wütend, daß er den Schwanz zwischen die Beine nahm und in den Berg hineinwetzte und fluchte und mit der Frau und den Kindern und dem ganzen Personal herumbrüllte, so zornig, wie sie ihn niemals vorher erlebt hatten.

»Jetzt wird's hier anders zugehen, dieses junge Luder mit den goldenen Haaren, das werden wir stehlen, und dann wird schon alles auf dem Kopf stehen, was jetzt noch auf den Füßen steht«, sagte er. Und alle stimmten ihm zu, denn niemand wagte zu mucksen.

Nun war das so, daß alle wilden Tiere im Wald bei dem Troll im Dienst standen, und sie mußten dem Trollvolk das Essen bis vor den Schlund herbeischleppen, nicht wahr. Und jetzt sollt ihr hören, wie das weiterging.

Der König hatte so viel an Vieh aller Art, daß die, die es hüteten, vollauf damit zu tun hatten, es so zu treiben, daß kein Stück wegkam. Aber wie sie auch trieben und aufpaßten, so nahm doch der Wolf oder der Bär ein Stück Vieh nach dem anderen. Zuletzt machte der König bekannt, er wolle einen Hirten über die anderen einsetzen, denn er fing an zu glauben, daß seine Leute mit dem Grautroll unter einer Decke steckten.

Nun gab es da einen armen Kätnerjungen, der hieß Pelle, und der bewarb sich darum, obwohl ihn sein Vater und seine Mutter auf keinen Fall ziehen lassen wollten, aber er gab nicht nach. Als ihn der König erblickte, da schien es ihm zwar, er wäre zu klein, aber er sah fröhlich aus und unerschrocken.

»Willst du bei mir dienen?« sagte der König.

»Ja, das will ich«, sagte der Junge und schaute dem König fest in die Augen. Das gefiel dem König.

»Hast du keine Angst vor den Trollen?« sagte er.

»Nein, ich will nichts mit ihnen zu tun haben, aber wenn sie kommen, werde ich schon versuchen, mit ihnen fertig zu werden«, sagte der Junge.

Und während sie dastanden und miteinander sprachen, kam auch die Prinzessin herbei, und ihr gefiel der Junge auch gleich, und da setzte sie sich auch für ihn ein, und da wurde der Junge gleich angenommen. Die anderen Hirten waren anfangs wohl ein wenig eifersüchtig auf ihn, aber als sie sahen, daß die Prinzessin ihm den Rücken stärkte, da hörten sie auf damit.

Am ersten Abend, als sie die Tiere hereintrieben, da gewahrte der Junge eine kleine schwarze Kuh, die sich zu ihm hielt. Sie sah von allen am elendesten aus, aber sie hatte kleine spitzige Hörner, und man sagte, daß sie am besten zu melken war von allen. Als nun alle Wasser bekommen hatten, da ging der Junge und legte sich neben Lieb-Docka – so hieß die Kuh. Er hatte von seinem Vater eine Glocke bekommen, als er zu Hause wegging, und in die Glocke war Kirchensilber und Glockenbronze eingegossen, und der Alte hatte gesagt: »Die sollst du der Kuh umhängen, die dir am liebsten ist«, hatte er gesagt. Nun nahm der Junge die Glocke und hängte sie der Kuh um den Hals. Da sagte sie:

»Das war das beste, was du tun konntest, denn jetzt werde ich dir helfen, das Vieh von dem Trollpack zu befreien«, sagte sie, »und wir werden Freunde sein, du und ich, das wird uns beiden nützen«, sagte sie.

Der Junge, der war mächtig überrascht, als er hörte, daß die Kuh sprechen konnte, aber er ließ sich's kein bißchen anmerken, sondern er dankte ihr für das gute Angebot und versprach, was ihn anbelange, so wolle er sein Bestes tun.

Am nächsten Tag kam die Prinzessin zu ihm und ging mit ihm und sah sich das Vieh an, und das ging so lange, bis sie anfingen, einander gern zu haben, und von diesem Tag an war die Prinzessin so unbegreiflich interessiert an den Tieren, daß sie nun an jedem Tag kam und über alles Bescheid wissen wollte. Und der Junge – der stand ihr natürlich gerne zu Diensten, versteht sich.

Wie's damit auch stand, so war es doch sehr merkwürdig, daß keine Tiere mehr wegkamen, seit der Junge gekommen war. Aber eines Tages, mitten am hellen Tag, kamen zwei große Bären aus dem Wald heraus und machten sich über einen großen Stier her. Der Junge und die Prinzessin sahen das, aber ehe sie noch Zeit hatten zu blinzeln, da kam schon die kleine schwarze Glockenkuh und stieß so nach den Bären, daß sie ihnen den ganzen Bauch aufriß und sie auf der Stelle niederfielen. Die Prinzessin, die zitterte am ganzen Körper, aber sie wollte hin und Lieb-Docka streicheln, und das machten sie auch beide, aber sie kamen überein, niemandem etwas davon zu sagen.

So ging es eine lange Zeit, und kein Vieh kam mehr weg, und der König und die Hirten und alle zusammen waren zufrieden mit dem Jungen. Aber eines schönen Tages gab es auf dem Schloß ein schreckliches Geschrei, denn als man am Morgen aufwachte, war Prinzessin Goldhaar fort. Der König und die Königin weinten und auch alles Volk, das kann man wohl verstehen, und niemand wußte irgendeinen Rat. Aber alle glaubten, daß der Grautroll dahintersteckte. Und wer da nicht am wenigsten trauerte, das war der Junge. Er ging zum König und sagte:

»Wenn ich Erlaubnis bekomme, mir frei zu nehmen, so will ich wenigstens versuchen, die Prinzessin zurückzubringen.«

Der König, der wurde so froh – wenn er nicht König gewesen wäre, da hätte er wohl den Jungen in die Arme genommen. Er sagte:

»Ja, wenn du das kannst, dann bekommst du die Prinzessin, wenn sie dich haben will, und mein halbes Reich«, sagte er.

Der Junge dankte und sagte adieu, aber da war es Abend, und er wollte noch ein Wort zu Lieb-Docka sagen, ehe er sich auf den Weg machte. Als er zu ihr kam, nahm er sie um den Hals und erzählte ihr, daß die Prinzessin vom Grautroll geraubt worden war.

»Ja, das weiß ich, und wenn du es akkurat so machst, wie ich es dir sage, so wird es dir gelingen, andernfalls kommst weder du noch die Prinzessin aus dem Berge mit dem Leben davon«, sagte sie. »Du kennst den großen Stein, der gleich hier in der Nähe im Gehölz liegt. Auf der Nordseite unter dem Moos liegt eine flache Platte, die hebst du an, da liegt darunter ein kleines Kästchen, in dem liegt ein kleiner Ring aus Stahl, aber in dem Ringe ist ein Stein, der leuchtet wie die Sonne, das ist ein Sinnbild der Liebe«, sagte sie, »mit dem kommst du überall hinein, und die Trolle haben Angst vor ihm wie vor Asa-Thor«, sagte sie. »Nimm ein Haar aus meinem Schwanz, mit dem sollst du dir den Ring um den Hals binden, aber wenn du zu dem Berge kommst, sollst du drei

Schläge an der Ostseite machen, da kommt ein Troll heraus und fragt, was du willst. Zeige den Ring, dann kommst du hinein. Dann gebrauche deinen Verstand, so gut du kannst. Aber wenn du mit der Prinzessin wieder zurückkommst, so komm zuerst zu mir!«

Das versprach der Junge, und dann machte er sich auf den Weg. Als er nun zu dem großen Stein im Gehölz kam, sah er sogleich, daß es so war, wie Lieb-Docka gesagt hatte. Unter der Platte lag ein Kästchen und in dem Kästchen ein Ring, und niemals in seiner Lebzeit hatte der Junge geglaubt, daß ein Stein so leuchten könnte wie der Stein in dem Ring; die Hände zitterten ihm, als er ihn auf das Schwanzhaar auf-fädelte und ihn sich um den Hals band. Aber da war es, als ob er neuen Mut bekommen hätte, und er meinte, er würde nicht auf den Rücken fallen, auch wenn der Teufel selber käme.

Dann machte er sich auf den Weg, und bis zum Berg war es kein Katzensprung, da verlief er sich mehr als viermal. End-lich kam er dorthin. Jetzt machte er es so, wie es Lieb-Docka gesagt hatte, er ging an die Ostseite des Berges und tat drei Schläge, und sofort kam ein Trolljunges heraus und fragte, was er wolle.

»Ja, sag dem Grautroll, daß ich mit ihm sprechen will«, sagte der Junge. Aber als das Trolljunge wieder hineingehen wollte, da schlüpfte der Junge auch mit hinein.

Aber jetzt könnt ihr den Grautroll wie einen Blitz heran-fahren sehen, und er war so zornig, daß er blaue Flammen sprühte. Aber der Junge zog nur den Ring heraus, und der gab einen solchen Schein, daß die Trolle glaubten, sie müßten gleich auf der Stelle verbrennen. Und der Junge hätte sich nie vorstellen können, daß der Ring eine solche Macht haben könnte, denn als ihn der Grautroll erblickte, da nahm er den Schwanz zwischen die Beine und verzog sich allmählich nach hinten, und der Junge folgte ihm. Die anderen Trolle krochen in die Winkel, soweit sie konnten. Der Junge sagte nur:

»Wo hast du die Prinzessin?« sagte er.

»Ja, du kannst sie nehmen«, sagte der Troll, »wenn du nur mit dem Ring da verschwindest, ehe ich zerspringe.«

»Aber du mußt versprechen, daß du niemals in das Reich des Königs kommst.«

Ja, das versprach der Grautroll, und danach machte er eine Tür in der Wand auf, und die Prinzessin kam heraus und fiel dem Jungen direkt in die Arme, aber sie hatten es so eilig, wegzukommen, daß sie nicht einmal Zeit fanden, sich abzuküssen, bevor sie draußen waren, aber dort entschädigten sie sich. Und ich glaube, die Trolle waren fast ebenso froh, als sie mit dem Jungen und dem Ring da fort war, denn die Liebe und Trolle – die können nicht zusammen bestehen.

Jetzt gingen der Junge und die Prinzessin gradenwegs heim, zuerst zu Lieb-Docka, und sie erzählten ihr alles, wie es gegangen war. Und dann fragte der Junge:

»Aber was soll ich mit dir machen, kleine Lieb-Docka, weil du uns gegen die scheußlichen Trolle geholfen hast?«

»Ja, du sollst da das große Schwert nehmen, das hier in der Wand steckt, und mir den Kopf abschlagen«, sagte sie.

»Nein, das tue ich niemals«, sagte der Junge.

»Doch, tu es«, sagte sie, und als sie darauf bestand, lief die Prinzessin weinend davon, der Junge aber faßte sich Mut und schlug der Kuh den Kopf ab. Aber als der Kopf fiel, stand da eine so schöne Prinzessin vor dem Jungen, daß er stocksteif innehielt und ihm der Schwertgriff entfiel.

»Hab keine Angst, Lieber«, sagte sie und rief nach Goldhaar. »Komm, Kind«, sagte sie, »seht ihr, der Grautroll hat mich viele hundert Jahre gefangengehalten, und ich konnte nicht eher erlöst werden, ehe nicht ein Christenmensch kam und ich ihn dazu bringen konnte, den Ring zu heben; der hat uns alle zusammen gerettet.«

Dann brachen sie alle drei auf zum Schloß. Und als der König und die Königin und alle miteinander sahen, daß die Prinzessin gesund und wieder zu Hause war, da gab's ein

Halsen und Küssen, und das nahm gar kein Ende. Und die Freude war so groß, und keinem kam es in den Sinn, daß es ein armer Hütejunge war, der die Prinzessin bekommen sollte. Und jetzt rüstete man sofort zur Hochzeit.

Der König schickte nach den Eltern des Jungen, und er kleidete sie so, daß sie wie Herrschaften waren. Und Lieb-Docka, die jetzt eine reiche und schöne Prinzessin war, die wurde auch so hoch geehrt, daß man sich's gar nicht vorstellen kann.

Und das will ich sagen: eine solche Hochzeit hat man wohl sonst niemals sehen können, denn sie dauerte drei Wochen.

Und der Junge behielt den Ring, aber später kam er sicherlich weg – wo ist er geblieben? Aber der, der ihn findet, findet das Glück. Aber die Glocke, die Lieb-Docka getragen hat, die soll noch in der Familie zu finden sein, und wer sie hat, dem glückt alles, sagt man.

31. Der Junge und der Riese

Da war einmal ein Hüterjunge, der hütete an einem Hügel. Er ging so dahin und drückte ein Weißbrötchen zwischen den Händen zusammen, so daß Wasser herabtropfte, denn es war wohl irgendwo im Wasser gewesen, kann man sich denken, und da kam ein Riese aus dem Hügel heraus, und der meinte, das müßte schon ein starker Bursche sein, der da, der Wasser aus einem Stein drücken konnte, denn er konnte sich ja nicht vorstellen, daß das etwas anderes war. »Laß mich versuchen!« sagte der Riese. Ja, der Junge hob einen Stein auf und gab ihn dem Riesen, und der drückte so schrecklich, daß ihm die Fäuste blau und rot wurden, und er konnte doch gewiß kein Wasser aus dem Stein pressen. Und da sagte der Riese zu dem Jungen, ob er nicht sein Knecht werden wollte, denn wenn er so stark ist, könnte er ihm zu großem Nutzen sein. »Aber ja, mir soll's recht sein«, sagte der Junge, »wenn ich nur einen guten Lohn bekomme.« Ja, über den Lohn wurden sie einig, und der Junge folgte dem Riesen in den Hügel. Da trug er ihm auf zu dreschen; aber der Riese hatte ein Paar Dreschflegel aus Eisen, die der Junge nicht zu heben vermochte, aber das wollte er ja nicht eingestehen. Da sagte er: »Nein, mit diesem Scheißzeug will ich nicht dastehen und herumklappern – ich geh jetzt hinauf und nehme mir ein paar Dachbalken, mit denen geht's besser.« Aber als der Riese das hörte, da sagte er: »Nein, tu bloß das nicht, da ruinierst du ja das Haus, da will ich lieber selber dreschen.«

Dann sollte der Junge Wasser für die Frau herbeitragen. Aber der Riese hatte ein Paar große Eiseneimer, die der Junge nicht zu heben vermochte, und da versuchte er auch um diese Arbeit herumzukommen. »Nein«, sagte der Junge, »da ist es doch bequemer, den ganzen Brunnen in die Küche hereinzunehmen.« – »Nein, um alles, tu nur das nicht«, sagte der Riese, »denn dann versiegt ja das Wasser im Brunnen, da will ich das Wasser lieber selber tragen.«

Aber eines Tages wollte der Riese zu einer Versammlung gehen, die die Riesen abhielten, und bevor er ging, trug er dem Jungen auf, die Wege in Ordnung zu bringen. Und er sollte das Größte in das größte Loch und das Kleinste in das kleinste Loch legen; aber was das war, was er dorthin legen sollte, davon sagte er nichts. Nun hatte der Riese eine ansehnliche Menge Vieh, große Tiere und kleine, und die nahm der Junge und schlachtete sie, alle miteinander, und das größte legte er in das größte Loch und das kleinste in das kleinste Loch. Der Riese hatte ihm auch gesagt, wenn er etwas wolle, brauche er nur ein Auge auf ihn zu werfen, dann würde er kommen. Ja, und als der Junge soweit fertig war, da ging er zu der Riesenversammlung und warf ein Auge nach dem anderen auf den Tisch vor den Riesen. Und da kam der Riese heraus und fragte ihn, was das denn wäre, was er auf den Tisch geworfen hatte. Der Junge sagte, das seien doch die Augen, und der Riese habe ihm doch gesagt, er solle sie auf ihn werfen, denn nun habe er die Wege richtig eben gemacht. Der Riese aber, der wagte ja nicht, etwas zu sagen, denn er hatte Angst vor der Stärke des Jungen. Nun war aber da ein Stück Vieh aus dem Stall herausgekommen und in den Morast gesprungen und da steckengeblieben. Und da hatte der Junge den Kopf von dem größten Stück Vieh in den Dreck gesteckt, so daß es aussah, als wäre es ein ganzes Tier. Dann sagte er zum Riesen, nun sollte jeder sein Tier herausziehen. »Du kannst das da herausziehen«, sagte der Junge, »und ich werde das große da herausziehen.« Ja, der Riese schlang ein Seil um den Kopf seines Tieres, aber wie sehr er auch zog und zog, so konnte er es doch wirklich nicht herausziehen. Aber der Junge, der war mächtiger: er zog an dem Kopf, und da flog er heraus. »Schau an, wie ich das gemacht habe«, sagte der Junge, »ich habe den Kopf von meinem Stück Vieh herausziehen können, aber du hast das nicht gekonnt!« Ja, der Riese wunderte sich sehr, und ihm schien, das sei schon seltsam, daß der Junge den Kopf von dem größten Stück Vieh herausziehen konnte und er nicht den vom kleinsten. Aber von dem Tag an grübelte der Riese viel darüber nach, ob er nicht den Jungen erschlagen könnte, denn er rechnete damit, daß der Junge zuletzt ihn selbst überwinden würde, denn er war ja viel stärker als er. Aber davon hatte der Junge erfahren, denn er hatte mit angehört, wie der Riese und seine Frau dalagen und miteinander sprachen, wie sie ihn umbringen könnten, und das sollte zur Nacht geschehen. Ja, der Junge, der hatte Blut in ein paar Ochsenblasen gefüllt, und so legte er eine an die Stelle seines Kopfes und zog die Decke ein wenig drüber, und er selbst legte sich unter das Bett. Auf einmal kamen der Riese und seine Frau: er mit einer Axt, und sie, die Frau, trug ein Licht. Der Riese ging hin zum Bett und hob ein kleines bißchen die Decke auf. Und da sah er ja, daß da etwas lag. Er hob die Axt und haute mit einem richtigen Hieb zu, und das Blut, das spritzte ringsum an die Wände und über alles. Da freute sich der Riese und sagte: »Nun hat er es gekriegt, und das Hirn ist umhergespritzt, denn die Christen, die bringen Hirn mit!« sagte er. Aber der Junge stand auf und wusch die Wände vom Blut sauber, und am Morgen, da ging der Junge hinaus in den Garten und sang und trällerte. Da kam der Riese und wollte pissen. »Na«, sagte der Riese, »du bist ja munter heute und bist so früh am Morgen draußen und singst!« Im Innern aber dachte er sich: ›Das ist ein gefährlicher Kerl, der da, es macht ihm gar nichts, wenn man ihn zu Tode schlägt, der lebt trotzdem! Ich weiß nicht mehr, was ich mit ihm machen soll, am Ende beseitigt er noch mich selber!‹ – »Aber wie steht es denn«, sagte der Junge, »kannst du ein Loch in einen Baum bohren mit dem Ding, mit dem du pißt?« – »Ja, kannst du's?« sagte der Riese. – »Ja, das kann ich gut«, sagte der Junge. Nun lag da ein Baum im Garten, und in ihn hatte der Junge ein Loch gebohrt und ein bißchen Moos hineingestopft, so daß das Loch nicht zu sehen war. Und so steckte er sein Pißwerkzeug in das Loch, das er gebohrt hatte. Ja, der Riese solle es doch auch versuchen, ob er es nicht auch zustande brächte, und der Riese sprang ein paarmal drauflos, und das so, daß die Rinde davonflog, und dann ging auch die Haut von seinem Werkzeug ab – aber ein Loch da in den Baum zu machen, das war rein unmöglich. »Ja aber bei allen Hunden noch mal«, sagte der Riese, »ich muß doch in irgendwas besser sein als du. Ich denke, daß ich dich vielleicht beim Breiessen übertreffen kann, du bist ja so klein, und ich bin so groß. Nun soll uns die Frau Brei zum Mittagessen kochen.« Ja, der Junge ging darauf ein.

Er beschaffte sich einen Maltersack und hängte ihn sich unters Kinn. Dann legten sie das Bettzeug auf den Fußboden, und darauf wollten sie liegen, während sie Brei aßen. Und der Junge und der Riese, die machten sich nun ans Essen. Da aß der Junge zuerst so viel er konnte, und dann stopfte er alles in den Sack, aber der Riese merkte das ja nicht. Als nun jeder einen Scheffel Brei gegessen hatte, da konnte der Riese nicht mehr; aber jetzt wollten sie um die Wette laufen, schlug der Riese vor. Ja, sie stellten sich richtig auf, aber da lief der Riese los, so daß er vor den Jungen kam. »Nein, wart ein wenig!« sagte der Junge. Dann zog er sein Messer und machte einen Schnitt quer über den Sack, in dem er den Brei hatte, und da quoll der ganze Brei heraus, und der Junge lief los und kam vor den Riesen. »Was hast du da gemacht?« sagte der Riese. – »Ach, ich habe nur ein Loch für den Brei geschnitten«, sagte der Junge, »jetzt bin ich viel leichter.« – »Vielleicht kann ich das auch machen, denn mir scheint, ich bin schön schwer«, sagte der Riese. – »Ja, das kann schon sein«, sagte der Junge, »hier ist mein Messer.« Ja, und der Riese nahm das Messer und machte einen Schnitt über seinen ganzen Wanst, daß alle seine Gedärme hervorquollen. Der Riese starb, und später hielt der Junge Hochzeit mit einem Mädel und nahm die Riesenburg in Besitz; und weiter war ich nicht mehr dabei.

32. Der Spanklauber

Da war ein Junge, der sollte seiner Mutter Kuh hüten. Als er sie bis zum Abend gehütet hatte, kam ein alter Mann zu ihm, der hatte eine Büchse.
Da sagte der Alte zu ihm:
»Willst du nicht die Kuh gegen die Büchse hier tauschen?«
»Das wage ich nicht, wegen meiner Mutter«, sagte der Junge.
»Das ist ja gar nicht nötig, daß du zu deiner Mutter nach Hause gehst«, sagte der Mann.
Und so gab er die Kuh weg und bekam die Büchse.
Da sagte der Alte zu ihm:
»Das erste Tier, das du zu sehen bekommst, das sollst du schießen.«
Als er ein Stück im Wald gegangen war, erblickte er einen kleinen Vogel auf einem Baum. Da schoß er auf ihn. Er fiel von diesem Zweig hinunter auf einen anderen. Da schoß er

einen zweiten Schuß auf ihn. Da fiel er von dem Zweig da hinunter und wieder auf einen anderen. Da schoß er einen dritten Schuß. Da fiel er auf den Boden.

Da nahm er ihn auf und trug den kleinen Vogel ein Stück.

Da sagte der Vogel zu ihm:

»Jetzt werde ich dich so lange tragen, wie du mich getragen hast«, sagte er.

»Das schaffst du nicht«, sagte der Junge.

»Aber ja«, sagte der Vogel. »Häng dich nur an mich, dann wird's schon gehen.«

Und nun ging's los durch die Luft.

Da flog er über einen großen See. Da tauchte er den Jungen hinein bis zum Hosenbund.

»Hast du Angst?« sagte er.

»Ich habe so schrecklich viel Angst«, sagte der Junge.

»Soviel Angst hatte ich, als du den ersten Schuß auf mich abfeuertest.«

Als sie ein Stück weitergeflogen waren, da tauchte er ihn hinein bis unter die Arme.

»Hast du Angst?« sagte der Vogel.

»Ja«, sagte der Junge, »ich habe so schrecklich viel Angst«, sagte er.

»Soviel Angst hatte ich, als du den zweiten Schuß auf mich abfeuertest.«

Als sie ein Stück weitergeflogen waren, da tauchte er ihn hinein bis unter das Kinn.

»Hast du Angst?« sagte er.

»Ja«, sagte der Junge, »ich habe so schrecklich viel Angst.«

»Soviel Angst hatte ich, als du den dritten Schuß auf mich abfeuertest.«

Als sie ein Stück geflogen waren, ging am Abend der Mond auf.

»Siehst du das, was dort in der Ferne leuchtet?« sagte der Vogel zu dem Jungen.

»Aber ja«, sagte der Junge.

»Dort werden wir zu Abend essen«, sagte der Vogel.

»Dorthin kommen wir nie«, sagte der Junge.

»Aber ja«, sagte der Vogel.

Und auf einmal, da waren sie dort.

»Hier sollst du hineingehen«, sagte der Vogel, »und verlangen, daß man dir eine Pfeife, ein Schwert, ein Gewand und ein Pferd überläßt.«

Und das bekam er.

Dann ging es weiter, bis sie sahen, wie in der Frühe der Morgenstern aufging.

»Siehst du das, was dort in der Ferne leuchtet?« sagte der Vogel zu dem Jungen.

»Aber ja«, sagte der Junge.

»Dort werden wir unseren Morgenimbiß haben«, sagte der Vogel.

»Dorthin kommen wir nie«, sagte der Junge.

»Aber ja«, sagte der Vogel.

Und auf einmal, da waren sie dort.

»Hier gehst du hinein und verlangst, daß man dir eine Pfeife, ein Schwert, ein Gewand und ein Pferd überläßt.«

Und das bekam er.

Dann ging's weiter, bis am Morgen die Sonne aufging.

»Siehst du das, was in der Ferne dort leuchtet?« sagte der Vogel zu dem Jungen.

»Aber ja«, sagte der Junge.

»Dort werden wir das Frühstück essen«, sagte der Vogel.

»Dorthin kommen wir nie«, sagte der Junge.

Und auf einmal, da waren sie dort.

»Hier gehst du hinein und verlangst, daß man dir eine Pfeife, ein Schwert, ein Gewand und ein Pferd überläßt.«

Und das bekam er.

Dann reisten sie, bis sie zu einem Königshof kamen.

Da sagte der Vogel zu dem Jungen:

»Hier gehst du hinein in die Küche zu den Köchen und verlangst, daß man dich in Dienst nimmt. Und da sollst du dich

Spanklauber nennen. Und dann verlangst du einen Raum, wo du deine Sachen hineingeben kannst.«

Als er eine Zeitlang dort gewesen war, war der König einmal draußen und segelte und kam in arge Seenot wegen eines großen Drachens. Und um noch mit dem Leben davonzukommen, mußte er ihm versprechen, ihm alle drei Töchter zu geben, die er hatte.

Als der festgesetzte Tag kam, an dem der Drache sie holen sollte, nicht wahr, da war da ein verabschiedeter Soldat, der hatte es auf sich genommen, sie zu erretten. Und der König hatte versprochen, wer sie erretten könnte, der sollte die bekommen, welche er wolle.

Als sie zum Meeresstrand hinabgegangen waren, da sagte der Spanklauber, es müßte lustig sein zuzuschauen.

»Was glaubst du denn, was du da machen kannst?« sagten die anderen.

»Es ist immer lustig zuzuschauen«, sagte er.

So ging er los und nahm das, was er vom Mond bekommen hatte, und so ritt er zum Meeresufer.

Da saß die Prinzessin und weinte.

»Hier sitzt Ihr und weint, meine Jungfrau.«

»Ich darf wohl weinen. Da kommt bald der, der mich holen wird«, sagte sie.

»Laust mich, und so soll er Euch nichts antun!«

Und er legte ihr seinen Kopf in den Schoß.

Als er eine Weile gelegen hatte, kam der Drache herauf, und er hatte drei Köpfe. Und der Junge blies in seine Pfeife und hieb alle drei Köpfe ab. Dann ritt er wieder heim.

Da kam der heraus, der es auf sich genommen hatte, sie zu erretten, und da sagte er, wenn sie nicht sage, daß er sie errettet hat, wird er sie ums Leben bringen. Und sie versprach es.

Am nächsten Tag mußte die zweite zum Meer.

Als sie gegangen war, sagte der Spanklauber:

»Es ist immer lustig zuzuschauen.«

»Was glaubst du denn, was du dabei sollst!« sagten die anderen.

»Ach, es ist immer lustig zuzuschauen«, sagte er.

So ging er los und nahm das, was er bei den Sternen bekommen hatte. So ritt er hinab zum Meeresufer.

Da sagte er zu der Prinzessin:

»Hier sitzt Ihr und weint, meine Jungfrau!«

»Ich darf wohl weinen«, sagte sie, »da kommt bald der, der mich holen wird.«

»Laust mich, und so soll er Euch nichts antun!«

Und er legte sich ihr in den Schoß.

Als er eine Weile gelegen hatte, da kam der Drache herauf, und er hatte fünf Köpfe. Und er blies in seine Pfeife und hieb ihm alle fünf Köpfe ab. Dann ritt er wieder heim.

Da kam der, der es auf sich genommen hatte, sie zu erretten, und er sagte, wenn sie nicht sage, daß er auch sie errettet hat, so würde er ihr das Leben nehmen. Und sie versprach es.

Am dritten Tag mußte die Jüngste zum Meer.

Da sagte der Spanklauber:

»Es ist immer lustig zuzuschauen.«

»Was glaubst du denn, was du da machen kannst?« sagten die anderen.

»Ach, es ist immer lustig zuzuschauen«, sagte er.

So ging er los und nahm das, was er bei der Sonne bekommen hatte. Und so ritt er hinunter zum Meeresufer, wo die Prinzessin saß.

»Hier sitzt Ihr und weint, meine Jungfrau!«

»Ich darf wohl weinen«, sagte sie. »Da kommt bald der, der mich holen wird.«

»Laust mich, so soll er Euch nichts antun!«

Und er legte sich ihr in den Schoß.

Als er eine Weile gelegen hatte, da kam der Drache herauf, und er hatte sieben Köpfe. Da blies er in seine Pfeife und hieb ihm alle sieben Köpfe ab. Dann ritt er heim.

Da kam der heraus, der es auf sich genommen hatte, sie zu

erretten, und er sagte zur Prinzessin, wenn sie nicht sage, daß er auch sie errettet hätte, so würde er ihr das Leben nehmen. Und sie versprach es.

Als nun alle drei errettet waren, da mußte der König zu dem stehen, was er versprochen hatte. Und der, der sie errettet hatte, sollte die bekommen, die er am liebsten haben wollte.

Weil der Soldat ein alter Mann war, verlangte er die älteste.

»Aber«, sagte der König, »du kannst sie nicht bekommen, ehe du nicht für mich hinaus in den Krieg gegen fünftausend Mann gezogen bist. Wenn du da siegst, dann sollst du sie bekommen.«

Und er versprach es und zog seines Weges.

Da sagte der Spanklauber:

»Es ist immer lustig, zuzuschauen.«

»Was glaubst du denn, was du da machen kannst?« sagten die anderen.

»Ach«, sagte er, »es ist immer lustig, zuzuschauen.«

So ging er los und nahm das, was er bei der Sonne bekommen hatte, und zog in den Krieg.

Als er dort ankam, da lief der Alte fort zwischen die Büsche und hatte so viel Angst, daß er nicht wußte, wohin er sich wenden sollte. Und der Junge blies in seine Pfeife, und dann hieb er allen miteinander den Kopf ab. Dann machte er sich dran und schnitt einem jeden Kerl die Nase ab und band sie an den Sattelknauf. Dann ritt er heim. Und der Alte zog auch heim.

Nachdem er nun das Ziel erreicht hatte, das ihm gesetzt worden war, wurde sogleich die Hochzeit vorbereitet.

Als der festgesetzte Hochzeitstag kam, da geht der Spanklauber los und zieht das Gewand an, das er beim Mond bekommen hatte, und reitet auf den Königshof.

Als die älteste Prinzessin ihn erblickte, da sagt sie:

»Ach, Vater«, sagt sie, »da kommt der, der mich errettet hat!«

Dann ritt er wieder weg und tauschte seine Kleidung aus und

legte das Gewand an, das er bei den Sternen bekommen hatte, und ritt vor.

»Ach, Vater«, sagte die nächste Tochter, »hier kommt der, der mich errettet hat!«

Dann ritt er zurück und legte das Gewand an, das er bei der Sonne bekommen hatte, und dann nahm er auch die Nasen mit sich und ritt vor.

»Ach«, sagt die jüngste Prinzessin, »hier kommt der, der mich errettet hat«, sagt sie.

»Ja«, sagt der Junge, »das ist alles. Ich habe sie alle drei errettet und habe sogar dich errettet«, sagt er zu dem Alten, »vor fünftausend Mann. Und hier kann Eure Majestät die Nasen von einem jeden Kerl sehen.«

Da warf er sie auf die Treppe. Und der König zählte sie und sah, daß es stimmte.

Da sagte der König zu dem Jungen:

»Du kannst über ihn das Urteil sprechen, wie du es willst.«

»Ja«, sagte der Junge, »er soll sein Urteil bald bekommen.«

Er blies in seine Pfeife, und da hieb er ihm den Kopf ab.

Dann feierten sie Hochzeit. Und der Junge verheiratete sich mit der jüngsten Prinzessin.

Als nun der König sah, daß er ein so tapferer Mann war, da ließ er ihm die Regierung übertragen, und er wurde nun regierender König an seiner Stelle.

33. Stoppelpelz

Da war ein Mann, der wollte sich gerne verheiraten, und dagegen war nichts zu sagen, aber er wollte seine Tochter zur Frau haben, und das – versteht sich – war unmöglich.

Da traf er eine Sau. Und da sagte die Sau zu ihm: »Was willst du, mein lieber Mann?« – »Ach, ich will meine Tochter zur Frau haben, und ich kann sie nicht bekommen, ehe ich ihr nicht einen Krähenpelz bringe, bei dem alle Schnäbel nach außen gekehrt sind.« – »Gib acht auf meine kleinen Ferkel, da wird sich das schon machen lassen«, sagte die Sau. Ja, die Sau, die ging fort und bekam einen Krähenpelz, bei dem alle Schnäbel nach außen gekehrt waren, und gab ihn dem Mann – und der heim zu seiner Tochter damit!

»Bekomme ich dich jetzt, mein liebes Kind?« sagte der Mann. – »Nein, nicht ehe du mir ein Kleid gebracht hast, so prächtig wie die Sterne«, sagte sie. Da ging er wiederum und traf dieselbe Sau. Da sagte die Sau zu ihm: »Was willst du jetzt haben?« – »Ich will ein Kleid haben, so prächtig wie die Sterne«, sagte er. – »Ja, gib acht auf meine kleinen Ferkel, dann wird sich das schon machen lassen«, sagte die Sau. Und sie kam zurück mit einem Kleid so prächtig wie die Sterne und gab es dem Mann. Und er wieder zu seiner Tochter damit!

Und da sagte er: »Bekomme ich dich jetzt, mein liebes Kind?« sagte er. – »Nein, nicht ehe du mir ein Kleid gebracht hast, so prächtig wie die Sonne«, sagte sie. Ja, da ging er wiederum und traf dieselbe Sau. »Was willst du jetzt haben, mein lieber Mann?« sagte die Sau. – »Ach, ich will ein Kleid haben, so prächtig wie die Sonne«, sagte der Mann. – »Ja, gib acht auf meine kleinen Ferkel, dann wird sich das schon machen lassen«, sagte die Sau. Er machte es und gab acht auf die Ferkel. Und dann wieder zu seiner Tochter mit dem Kleid!

»Bekomme ich dich jetzt, mein liebes Kind?« sagte der Mann. – »Nein, nicht ehe du mir ein Kleid gebracht hast, so prächtig wie der Mond«, sagte sie. Da ging er wiederum und traf dieselbe Sau. »Was willst du jetzt haben, mein lieber Mann?« sagte die Sau. – »Ach, ich will ein Kleid haben, so prächtig wie der Mond«, sagte der Mann. – »Gib acht auf meine kleinen Ferkel, dann wird sich das schon machen lassen«, sagte die Sau. Er gab acht auf die Ferkel. Und sie kam mit einem Kleid, so schön wie der Mond, und gab es dem Mann.

Und er heim zu seiner Tochter damit! »Bekomme ich dich jetzt, mein liebes Kind?« sagte er. – »Nein, nicht ehe du mir seidene Strümpfe und goldene Schuhe gebracht hast«, sagte sie. Da ging er wiederum und traf dieselbe Sau. »Was willst du jetzt haben, mein lieber Mann?« sagte die Sau. »Ach, ich will seidene Strümpfe haben und goldene Schuhe«, sagte der Mann. – »Gib acht auf meine kleinen Ferkel, dann wird sich das schon machen lassen«, sagte die Sau. Er gab acht auf die Ferkel, und sie kam mit seidenen Strümpfen und goldenen Schuhen und gab sie dem Mann. Und er heim zu seiner Tochter damit!

»Bekomme ich dich jetzt, mein liebes Kind?« sagte der Mann. – »Nein, nicht ehe du mir einen Wagen gebracht hast, der in der Luft fährt und auf der Erde auch.« Da ging er wiederum und traf dieselbe Sau. »Was willst du jetzt haben, mein lieber Mann?« sagte die Sau. – »Ach, ich will einen Wagen haben, der in der Luft fährt und auf der Erde auch«, sagte der Mann. Da hieß sie ihn niedersetzen, denn diesmal wollte sie, daß ihre Ferkel ein Stück fahren durften. Und der Mann setzte sich nieder, und die Sau war unterwegs nach einem Wagen, der in der Luft fuhr und auf der Erde auch, und dann hielt sie vor dem Mann an und gab ihm den Wagen. Und der Mann setzte sich hinein und reiste nach Hause und gab den Wagen da seiner Tochter. »Bekomme ich dich jetzt, mein liebes Kind?« sagte der Mann. – »Wenn ich mich nur erst einmal hineinsetzen darf und probieren, ob der Wagen geht«, sagte sie. Ja, die Erlaubnis bekam sie von dem Mann, daß sie das tun durfte. Als sie sich in den Wagen gesetzt hatte, sagte sie: »Weiß vor mir und schwarz hinter mir«, sagte sie. Da fuhr sie los, und der Mann sah sie niemals mehr. Da fuhr sie bis zu einem Königshof. Und da fragte sie den König, ob er dieses Jahr nicht einen Aschenräumer dingen wolle. Ja, er war's zufrieden, er wollte es. Ja, und er hatte einen einzigen Sohn auf dem Königshof, nicht wahr. Und als es Sonntagmorgen war, da wollte der zur Kirche gehen.

Da ließ er sagen, er wolle einen Kamm haben und sich kämmen, ehe er fuhr. Da bat sie, daß sie mit dem Kamm zu ihm hinaufgehen dürfe. Ja, und als sie mit dem Kamm ankam, da warf er ihn auf die Treppe hinab und sagte: »Wenn niemand anderer mit dem Kamm zu mir heraufkommen kann als Stoppelpelz, da kann ich gern auch ungekämmt zur Kirche gehen.« Ja, er fuhr ungekämmt zur Kirche. Und als er zur Kirche gefahren war, da bat sie, daß sie auch zur Kirche gehen dürfe. Als sie zur Kirche fuhr, zog sie das Kleid an so prächtig wie die Sterne. Und er sah mehr auf sie als auf den Pfarrer, weil sie so schrecklich schön war, und zu ihr müsse er hin, sagte er, aber er wußte nicht, wer sie war. Am Sonntagmittag kam er nach Hause, und da sagte er: »Heute habe ich so eine Schöne gesehen – wenn Stoppelpelz so eine Schöne zu sehen bekäme, da würde sie verrückt«, sagte er. »Ach, darum kümmere ich mich nicht«, sagte sie.

Ja, am nächsten Sonntagmorgen wollte er weg und dieselbe Schöne wiedersehen. Da ließ er sagen, man solle ihm Waschwasser bringen, er möchte sich waschen, bevor er zur Kirche ging. Da bat sie, daß sie mit dem Waschwasser zu ihm hinaufgehen dürfe. Ja, als sie mit dem Waschwasser kam, da schüttete er das Wasser hinunter auf die Treppe und sagte: »Wenn niemand anderer mit dem Waschwasser zu mir heraufkommen kann als Stoppelpelz, da kann ich gerne auch ungewaschen zur Kirche gehen.« Ja, er fuhr ungewaschen zur Kirche. Und als er zur Kirche weggefahren war, bat sie, daß sie auch zur Kirche gehen dürfe. Als sie zur Kirche fuhr, zog sie das Kleid an so prächtig wie der Mond. Und er wollte achtgeben auf die, die so schrecklich schön war, und er hatte an alle Kirchentüren Wachen gestellt, die sollten sehen, welchen Weg sie einschlug, und er selbst hielt auch vor einer Tür Wache. Und zu der Tür, an der er selbst stand, zu der kam sie auch, aber sie hatte nicht gewußt, daß jemand auf sie aufpaßte. Sie rennt an ihm vorbei wie im Flug und wirft sich in den Wagen und fährt heim. Und als er nach Hause kam, sagte er: »Letzten Sonntag habe ich eine Schöne gesehen, aber heute sah ich eine noch Schönere, und wenn Stoppelpelz so eine Schöne zu sehen bekäme, da würde sie närrisch. Wenn ich wüßte, wer sie ist, würde ich sie zur Frau nehmen«, sagte er. »Ja, darum kümmere ich mich nicht«, antwortete sie eilig. Am dritten Sonntagmorgen wollte er wieder gehen, und da erzählte er, er werde jetzt gehen und die Schöne wiedersehen. Dann ließ er sagen, man solle ihm ein Handtuch bringen, damit er sich mit dem Handtuch abtrockne. Da erlaubte man ihr, daß sie mit dem Handtuch zu ihm hinaufgehen durfte. Ja, als sie mit dem Handtuch kam, warf er es auf die Treppe hinab und sagte: »Wenn niemand anderer mit dem Handtuch zu mir heraufkommen kann als Stoppelpelz, da kann ich gern auch ungetrocknet zur Kirche gehen.« Ja, er fuhr ungewaschen und ungetrocknet zur Kirche. Als er zur Kirche gefahren war, bat sie, daß sie auch zur Kirche gehen dürfe, und man erlaubte es ihr. Als sie zur Kirche fuhr, zog sie das Kleid an, so prächtig wie die Sonne, und die seidenen Strümpfe und die goldenen Schuhe hatte sie da an. Und er stellte wieder Wachen auf. Als sie in die Kirche kam, gab er acht auf sie. Als sie hinausgehen wollte, da ging sie hinter ihm, und sie hatte ihren Wagen neben einen geteerten Stein gestellt; sie wußte aber nicht, daß Teer auf dem Stein war. Als sie auf den Stein stieg, da blieb der eine Goldschuh fest haften. Und er nahm ihn an sich, und sie fuhr wie im Fluge nach Hause, und er ihr nach. »Ich habe zwei Sonntage so eine Schöne gesehen, aber heute sah ich eine noch Schönere, und die, der dieser Schuh paßt, die werde ich zur Frau nehmen, das ist bestimmt«, sagte er zu ihr.

Da war da eine alte Frau, die dachte, sie hätte doch eine so schöne Tochter, und da wollte sie unbedingt den Prinzen als Schwiegersohn. Sie schnitt ihrer Tochter Zehen und Ferse ab und wollte probieren, ob der Schuh paßte. Und da saß da ein Vogel am Fenster. Da sagte der Vogel:

»Die Ferse hack ab, hack ab den Zeh,
dem Mädchen am Herd tut der Goldschuh nicht weh.«

Am Herde, da war niemand sonst als Stoppelpelz. Die Alte
lief hinaus und verjagte den Vogel am Fenster. Dann gab
es auch noch ein anderes altes Weib, die dachte auch, sie hätte
eine schöne Tochter und wollte den Prinzen zum Schwiegersohn haben. Sie machte es geradeso mit der Ferse und den
Zehen ihrer Tochter. Und auf Stoppelpelz war die Alte so
zornig, daß sie sie in die Flickentruhe steckte, und als sie dort
drin war, da flog der Vogel ans Fenster und sagte:

»Die Ferse hack ab, hack ab den Zeh,
dem Mädchen in der Truhe tut der Goldschuh nicht weh.«

Und da holte der Prinz Stoppelpelz heraus, denn da wußte
er sich keinen anderen Rat mehr, und da hatte sie alles über-
einander an, die Kleider und den Krähenpelz und alles. »Ja,
jetzt wirst du meine Frau, auch wenn ich meiner Lebtag so
böse zu dir gewesen bin«, sagte er.

34. Königssohn Weiße Schlange

Da war ein Mann, der hatte sieben Pelze. Und einmal
zur Sommerzeit war er draußen und mähte, und da wurde ihm warm, und da legte er den einen Pelz ab. Und dann
kam er nach Hause und wollte ein wenig zum Frühstück
haben. Da fing er an zu frieren. Aber er hatte drei Töchter,
und da sagt er zu der ältesten Tochter, sie solle hinausgehen
auf die Wiese und den Pelz holen.
Als sie nun hinauskam auf die Wiese und den Pelz nehmen
wollte, liegt eine große weiße Schlange auf dem Pelz.
Da sagt die Tochter zu der Schlange:
»Geh von meines Vaters Pelz herunter!«
Aber die Schlange sagt:

»Nein, setz dich auf meinen Rücken und reite!«

Nein, meinte sie, das tue sie nicht. Und sie mahnte die Schlange mehrere Male, sie solle von da weggehen. Die machte das aber nicht, und schließlich ging das Mädchen nach Hause. Und da fragte sie der Mann, weshalb sie den Pelz nicht heimgebracht habe.

Da sagt sie:

»Auf dem Pelz liegt eine große weiße Schlange, deshalb konnte ich ihn nicht nehmen und herbringen.«

Da sagt die zweite Tochter:

»Du warst dumm, daß du ihn nicht genommen hast. Ich werde nach ihm gehen.«

Und sie ging. Aber das verlief in der gleichen Weise: sie sagt der Schlange, daß sie von ihres Vaters Pelz heruntergehen soll, aber die Schlange verlangt, daß sie sich auf ihren Rücken setzen und reiten soll. Das tat sie nicht, und da mußte sie nach Hause gehen und bekam den Pelz nicht.

Da sagt die dritte Tochter:

»Ihr seid dumm, daß ihr den Pelz nicht mitgebracht habt. Jetzt werde ich gehen.«

Na, das verlief in der gleichen Weise: sie sagt der Schlange, daß sie von ihres Vaters Pelz heruntergehen soll.

»Geh von meines Vaters Pelz herunter!« sagte sie.

Die Schlange sagt:

»Du sollst dich auf meinen Rücken setzen und reiten!«

Und das Mädchen stritt mit ihr – sie wolle das nicht. Aber schließlich setzte sie sich doch der Schlange auf den Rücken und ritt. Und die Schlange machte sich auf den Weg, durch ein Königreich hindurch, und als es Abend war, kamen sie in die Hauptstadt.

Da sagt die Schlange zu dem Mädchen, sie solle hineingehen und für sich und den Königssohn Weiße Schlange ein Nachtquartier verlangen. Das bekamen sie auch, und in einem Zimmer wurde für sie aufgebettet, so fein, wie es nur sein konnte. Sie legte sich in ein Bett, und die Schlange wollte neben ihr liegen. Aber sie schlug es der Schlange ab und sagt zu ihr, sie solle unter dem Bett liegen.

Am Morgen kommt eine Magd und wollte sehen, wie es den Fremden ging. Sie hatte da ein Kleid, das leuchtete wie der Mond – das bekam das Mädchen.

Dann setzte sie sich der Schlange auf den Rücken und ritt. Und da ging es durch ein Königreich, bis sie zur Hauptstadt kamen. Und da sagt die Schlange, sie solle für sich und den Königssohn Weiße Schlange ein Nachtquartier verlangen. Und das bekam sie auch. Und als dann die Zeit zum Niederlegen gekommen war, da sagt die Schlange, sie wolle oben im Bett sein und neben dem Mädchen liegen. Aber das durfte sie nicht, sondern sie sagt, die Schlange solle unter dem Bett liegen.

Na, am Morgen kommt da eine Magd, um zu sehen, wie es den Fremden ergangen ist. Und sie hatte ein Kleid, das leuchtete wie die Sterne am Himmel, und das gab sie dem Mädchen.

Die setzte sich nun wieder der Schlange auf den Rücken und ritt durch ein Königreich dahin. Als es Abend wurde, sagt die weiße Schlange, sie solle hineingehen und ein Nachtlager verlangen und von dem Königssohn Weiße Schlange grüßen und sagen, daß er hierbleiben wolle. Und das tat sie alles. Als sie sich nun niederlegen sollten, da wollte die Schlange zu ihr in das Bett gehen. Aber sie schlug es ihr ab. Aber die Schlange ließ nicht nach, und dann bekam sie doch die Erlaubnis, daß sie dem Mädchen am Rücken liegen durfte.

Und am Morgen kommt eine Magd herein, um zu sehen, wie die fremden Gäste in der Nacht geruht hatten. Und da war das ein schöner Prinz, der da neben dem Mädchen lag. Und sie hatte das Kleid an, das wie die Sterne leuchtete, und die beiden, die waren schön anzuschauen.

Da ging die Magd hinaus und berichtete es dem König, daß da ein schöner Prinz neben dem Mädchen lag, die gebeten hatte, die Nacht über hierbleiben zu dürfen.

»Und sie hat ein Kleid, das leuchtet wie die Sterne am Himmel.«

Da kamen der König und die Königin in das Zimmer und sahen sich das an. Und da war das ihr Sohn, der in eine weiße Schlange verwandelt worden war. Darauf vermählte sich der Prinz mit dem Mädchen, das auf seinem Rücken geritten war. Und es gab eine Hochzeit, und sie wurden ein Paar. Und der Prinz wurde König in dem Reich, wie es sein Vater gewesen war.

35. Der Wacholderbusch

Da war ein König, der hatte drei Söhne. Und zwei von ihnen waren klug, aber der dritte, das war ein Tölpel. Er verstand sich auf gar nichts – so meinten sie –, und da nannten sie ihn den Aschenhocker.

Ja, und so fingen sie an, daran zu denken, wo sie auf Freite gehen sollten, natürlich dort, wo es am besten wäre. Aber das wußten sie nicht. Und so schickten sie einen Boten nach einer Wahrsagerin. Und als die kam, fragten sie sie:

»Was sollen wir machen, damit wir erfahren, wohin wir am besten gehen, wenn wir freien wollen!«

»Ja«, sagte die Alte, »das will ich den Herren sagen. Geht in den Wald und nehmt die Äxte mit; dort stehen Bäume in einem Dreieck, und die kerbt ihr ringsum ein, links herum, versteht sich, bis die Bäume fallen – aber gebt niemals zwei Schläge auf die gleiche Stelle! Und so schlagt ihr ringsum, bis die Bäume fallen. Und wenn sie dann umstürzen, fallen sie in die Richtung, die ein jeder von euch am besten einschlägt.«

Ja, und so nahm ein jeder von ihnen seine Axt und ging in den Wald und fing an zu hauen, bis die Bäume umstürzten. Und die Bäume der beiden Prinzen, die fielen schön, das könnt ihr glauben, und sie waren auch zufrieden damit. Aber der Baum des Aschenhockers fiel auf den Wald zu in einen großen Wacholderstrauch.

»Ja, geh du nur in den Wald«, sagten die anderen, »dort triffst du vielleicht eine Waldfrau!«

Darauf gingen die beiden heim und machten sich fertig. Der Aschenhocker setzte sich auf den Baum und dachte drüber nach, wie er's nun weiter machen sollte.

Da sah er eine Menge Mäuse, die liefen in den Wacholderbusch hinein und heraus. Darüber wunderte er sich.

›Das ist ein schreckliches Gesindel, das da‹, dachte er.

Aber als er dort eine Weile gesessen hatte, da verlangte es ihn dorthin. Und da war da ein großer Mäusepfad in dem Wacholderbusch, nicht wahr.

Darauf kam eine Maus und starrte ihn an und sagte:

»Bitte, tritt ein!« sagte sie.

Da öffnete sich eine Tür, nicht wahr, und da ging er hinein.

Als er eingetreten war, sagte die Maus:

»Auf, alle meine Ratten und Mäuse«, sagte sie, »hier ist ein Freier gekommen!«

Aber da wurde aufgetischt, kaum zu glauben! Da kamen viele Mäuse, jede mit einem kleinen Stück, und legten es auf die Teller, daß es platschte. Aber da wurde was aufgeladen, wirklich wahr!

Ja, er setzte sich zum Essen und ließ sich's gut schmecken.

Na, als er dann gegessen hatte, sagte die größte Maus zu ihm:

»Du brauchst keine Angst zu haben, denn ich werde deine Braut sein. Und dir soll es wohl so gut ergehen wie den anderen«, sagte sie. »Übermorgen«, sagte sie, »kommen die anderen Kerle heim, und da hat jeder einen Schlafrock bekommen, nicht wahr, von ihren Frauen. Deshalb: auf, alle meine Ratten und Mäuse, und macht einen Schlafrock! Aber der soll auch schön werden, daß ihr's wißt, der soll leuchten wie die Sterne.«

Als nun die Zeit kam, zu der er nach Hause gehen mußte, sagte sie zu ihm:

»Bleib nun nicht lange weg«, sagte sie, »bis du wieder zurückkommst!« Und er ging los, und den Schlafrock bekam er mit.

Als er dann nach Hause kam, da zeigte ihm jeder der anderen Brüder den Schlafrock, den er bekommen hatte, nicht wahr, und sagte zu ihm: »Schau her, was wir bekommen haben! Was hast denn du bekommen?«

»Ja«, sagte der Aschenhocker, »ich habe schon auch etwas bekommen!«

»Ach, laß es uns anschauen!« sagten die anderen.

Na ja, er holte den Schlafrock und zeigt ihn den Brüdern.

Da kam der König und erblickte ihn.

»Wo hast du ihn bekommen?« sagte der König.

Der Aschenhocker wollte nicht darüber sprechen. Die anderen Prinzen glaubten, er hätte ihn gestohlen oder er hätte ihn von einer Waldfrau bekommen. Aber sie ließen ihre beiseite, denn sie schämten sich, sie vorzuzeigen, nachdem sie den Schlafrock des Aschenhockers gesehen hatten. Der war so prächtig, daß man sich's gar nicht vorstellen kann – der leuchtete wie die Sterne. Und nach dieser Zeit waren die anderen nicht mehr so ekelhaft gegen den Aschenhocker, und jetzt konnte er ein wenig in Frieden leben.

Eine Zeit danach sollten sie wieder zu ihren Bräuten fahren. Da konnten sie sich nicht zurückhalten und sagten zu ihm: »Du – du gehst wohl in den Wald?«

»Ja«, antwortete der Aschenhocker, »das tue ich.«

Die anderen, die gingen ihres Weges, und der Aschenhocker zog in den Wald.

Als er dort ankam, da kam ihm seine Maus entgegen und noch viele andere mehr.

»Willkommen!« sagte die Maus. »Bist du jetzt hier! Auf, alle meine Ratten und Mäuse, tischt auf, was ihr könnt!«

Aber da ging's jetzt los, das kannst du glauben! Man kann sich's gar nicht vorstellen, denn da wurden Fleisch und Speck aufgetragen und Braten und vieles andere und vielerlei Getränke, die einem zu Kopfe stiegen, nicht wahr.

Er wurde auch ein wenig berauscht, denn er war von dem Wege tüchtig müde. Und er blieb dann die Nacht über hier, und am Tage darauf saß er nur da und starrte die Mäuse an. Aber sie tat alles, um mit ihm zu reden und ihn ein wenig aufzumuntern.

Aber als der Morgen wieder kam, mußte er nach Hause. Und da, nicht wahr, da gab's noch was zu erledigen.

»Auf, meine Ratten und Mäuse!« sagte sie. »Hier gibt's was zu tun! Da muß jetzt ein Hemd genäht werden, das mein Bräutigam mitnehmen kann, denn so etwas bekommen auch die anderen Kerle zu Hause.«

Und da ging's aber zu! Ein paar von den Mäusen zogen ein Garnknäuel, einige kamen mit einer Nadel, und eine ganze Heerschar holte ein Stück Tuch, und sie trippelten darüber mit ihren Füßen; aber wie sie das taten, wurde das Hemd bald fertig. Aber du kannst es glauben, das hat prächtig ausgesehen! Der Vollmond ist nicht schöner, als dieses Hemd war. Und der Bursche wagte kaum, es anzuziehen.

Ja, und dann ging er heim. Und da kamen auch die anderen beiden. Aber da wagten sie nicht, so böse zu ihm zu sein, sondern sie holten ihre Hemden hervor und zeigten sie dem König und der Königin, und viele kamen und schauten sich den Flitter da an.

Aber dann fragte man den Aschenhocker:

»Wo ist denn das, was du bekommen hast?«

»Ich hab schon auch ein Hemd bekommen«, sagte er.

»Ach, laß es uns anschauen!« sagten die anderen.

Ja, und da holte er es hervor. Aber da – da hatten sie etwas zum Anschauen! Die Hemden von den beiden anderen waren es gar nicht wert, Hemden zu heißen im Vergleich zu seinem.

»Das ist unbegreiflich«, sagten sie zueinander, als es der Aschenhocker nicht hörte. »Wo hat er so etwas herkriegen können?« sagten sie. »So etwas konnten wir nicht für viel Geld bekommen«, sagten sie. Ach, bei weitem nicht!

Und der König bewunderte es und die Königin auch und auch viele andere.

Aber dann kam ein Tag, da sollten sie ihre Frauen holen. Und da sagten sie hämisch zu dem Aschenhocker: »Du gehst wohl in den Wald und holst sie von dort?« sagten sie.

»Ja«, sagte er, »ich gehe wohl dorthin.«

Als die beiden ihres Weges gefahren waren, ging er in den Wald zu seinem Wacholderbusch, nicht wahr. Und da kam ihm seine Maus entgegen.

»Guten Tag!« sagte sie. »Bitte komm herein! – Auf, alle meine Ratten und Mäuse«, sagte sie, »und bereitet das Essen«, sagte sie, »und bringt den besten Trank, ihr wißt schon, denn hier ist der Freier gekommen!«

Ja, denkt euch, da wurde alles ganz rasch aufgetischt, und mancher hätte sich dick und satt fressen können. Und der Aschenhocker ließ sich's gut schmecken.

Ja, die Nacht über blieb er hier, und den ganzen anderen Tag saß er da und starrte vor sich hin.

Dann fing seine Maus an zu den anderen zu sprechen: »Auf, alle meine Ratten und Mäuse«, sagte sie, »schickt nach dem Schneider«, sagte sie, »hier gibt's ein Gewand für den Bräutigam zu nähen.«

Aber jetzt gab's ein Leben! Das fiepte und lärmte in allen Winkeln, das könnt ihr glauben. Aber bald war das Gewand fertig, und er sollte es probieren. Aber da – das könnt ihr glauben, da sah er aus, daß es niemand beschreiben kann. Kein Kaiser kann schöner gekleidet sein, als er war, müßt ihr euch vorstellen.

Aber jetzt gab's noch was zu tun. Sie sollte ja auch mit nach Hause, nicht wahr, und sie sagte zu den Mäusen: »Macht jetzt alles fertig«, sagte sie, »was wir mit uns nehmen müssen! Holt die Wagen herbei und die Pferde und was man sonst noch braucht!«

Na, jetzt ging's los, das könnt ihr glauben. Die kamen mit

einem Wagen herbei, der war so groß wie eine Faust, und da wimmelten so viele Mäuse umher, daß er genug davon hatte.

Bald war nun alles fertig, und da sagte seine Maus zu ihm:

»Jetzt kannst du kommen!« sagte sie.

Er stand da und starrte das an.

›Ach‹, dachte er, ›das ist ein Gesindel! Wenn ich mit denen da heimkomme, was werden da die anderen sagen?‹

Aber da gab es keinen anderen Ausweg. Und jetzt wimmelte das los, mit den vielen Mäusen vor dem Wagen, nicht wahr; und er schob jedes Stückchen Holz zur Seite, das auch nur so groß wie eine Stricknadel war.

Na, das ging so ein Stückchen dahin, und er ging hinterdrein und schaute sich das an.

›Das ist ein elendes Gesindel‹, dachte er.

Ja, und da blieb der Wagen stehen, und sie, seine Maus, die rief ihn, und er ging zu ihr.

»Jetzt sollst du deinen Degen nehmen«, sagte sie, »und mir und dann allen anderen Mäusen den Kopf abschlagen. Und dann sollst du alle Köpfe zusammenlesen«, sagte sie, »aber du darfst keinen vergessen. Dann gehst du zu dem Wacholderbusch und wirfst sie in den Gang hinein«, sagte sie, »und da wirst du sehen, was dann geschieht.«

»Ja«, sagte der Aschenhocker, »das sind Mäuse, denen kann ich schon den Kopf abschlagen, aber dir kann ich den Kopf nicht abschlagen, denn du hast mir so viel Gutes getan«, sagte er.

»Da hilft nichts«, sagte sie. »Du mußt mit mir anfangen.«

Da dachte er ein wenig nach, der Aschenhocker, daß es doch ebenso gut wäre, es so zu machen und nicht mit einem solchen Spektakel zum Königshof zu kommen. Und so fing er an, die Köpfe abzuschlagen – erst den Kopf von seiner Maus und dann die von allen anderen. Dann las er alle Köpfe zusammen, und das war eine ganze Handvoll. Dann ging er zurück, wie es ihm seine Maus gesagt hatte, und warf die Köpfe in den grünen Gang im Wacholderbusch.

Aber da gab es einen Krach, kannst du glauben, daß er dachte, der Himmel stürzt herab, und er fiel zu Boden, der Aschenhocker, und da blieb er eine Weile liegen.

Als er erwachte, war er voll Angst, aber er konnte doch aufstehen. Und da kamen mehrere Generale zu ihm und wünschten guten Tag dem Kronprinzen. Er war erschrocken und konnte darauf gar nichts sagen.

Da rief seine Maus nach ihm, und er – er ging zurück, dorthin, wo der Wagen stand. Aber da, stell dir vor, da war kein Wagen mehr so groß wie eine Faust! Da stand eine Prinzessin da, groß und prächtig, und bei ihr alle ihre Hoffräulein, und sie hieß ihn willkommen.

»Nun werden wir fahren!« sagte sie. »Setz dich nun in den Wagen! Hier hast du jetzt deine kleine Maus. Ich danke dir, daß du getan hast, worum ich dich gebeten habe!«

Und jetzt ging's dahin, das läßt sich denken. Aber da, wo einst Waldboden gewesen war, führte jetzt ein breiter und schöner Weg von einem Königshof zum anderen. Und der ganze Bau, in dem die Mäuse gewohnt hatten, war verwandelt in eine große Stadt und ein großes Schloß. An jedem Tor lag eine große vergoldete Perle und leuchtete wie die Sonne. Und um alle Schornsteine war ein Goldband. Und dann fuhren sie los und kamen zu dem Königshof.

Da kamen die beiden anderen Brüder auch gefahren, ein jeder auf seinem Wagen, und sie sahen, wie dieses große Gefolge herangefahren kam.

»Was ist das!« sagten sie. »Ich glaube, das ist der Kaiser selbst. Wie sollen wir uns benehmen?« sagten sie. »Wir können es uns doch nicht ganz bei ihm verderben«, sagten sie.

Ja, die waren schon im voraus kribbelig. Aber der Fürst, der fuhr rasch dahin, so rasch, daß die Rinnsteine an den Häusern bis zum Dachsims hochsprangen.

Der König selbst kam auch heraus, mit der Mütze in der Hand. Er glaubte auch noch, daß das der Kaiser wäre.

Und als die Prinzessin ihren Schwiegervater begrüßt hatte,

gingen sie hinein, nicht wahr; und dann kam ihnen die Königin entgegen. Aber das könnt ihr glauben – sie war richtig erschrocken, eine solche Schönheit zu sehen, denn so etwas hatte sie noch niemals gesehen.

Ja, und dann kamen auch die anderen und mußten sich vorwärtsdrängen und kamen in die schlechtesten Zimmer, denn der Aschenhocker und sein Gefolge hatten gerade die besten genommen.

Ja, so waren sie ein paar Tage dort.

»Ja, nun soll der Schwiegervater zu mir nach Hause kommen«, sagte sie, »und auch die Schwiegermutter und die Schwäger und ihre Prinzessinnen.«

›Ja‹, dachte der König, ›man weiß, wohin's da geht.‹

Er wußte nicht, wie's wirklich war.

Ja, und da kam der Tag, an dem sie fahren sollten. Und der Aschenhocker mit seinem Gefolge, der fuhr voraus, und dann der König und dann die Königin und dann die anderen, nicht wahr.

Aber als sie näher kamen, da dachte der König, er käme in den Himmel, und die Königin – die wußte nicht, ob sie am Leben war oder tot.

Ja, so kamen sie dorthin. Aber die Augen fielen ihnen beinahe aus dem Kopf, denn da blinkte es überall, wo sie fuhren. Und dann traten sie da ein. Da gab's erst was zu sehen! Aber wie sie da eintraten, da kam eine große Schar Ritter mit Federhelmen und nahm sie in Empfang, nicht wahr. Und dann gingen sie hinein und bekamen etwas zu essen, und da aßen sie wie die Wölfe, denn sie waren hungrig, weil sie einen so weiten Weg gereist waren. Und der König war dann viele Tage hier und die Prinzen und ihr ganzes Gefolge auch.

Ja, und dann mußten sie wieder heimreisen, und das war ihnen recht, denn sie waren froh, daß sie dem allen wieder entkamen, denn sie schämten sich für jeden Winkel und für jeden Bissen, den sie verzehrten, und der blieb ihnen immer im Halse stecken. Ja, und so fuhren sie dann heim.

Aber eine Zeit später wurden sie wieder eingeladen, denn da sollte die Hochzeit zwischen dem Aschenhocker und der Prinzessin gefeiert werden. Na, aber das, das kannst du glauben – du lieber Herr, das war etwas, das kannst du glauben! Als sie eingesegnet werden sollten, erschrak der Pfarrer so sehr vor all der Pracht, die er da sah, daß er das Buch fallen ließ. Und da mußte er's aufheben und mußte noch einmal anfangen zu lesen und mit dem fertig werden, was es da zu tun gibt. Ja, so wurden die verheiratet. Und da war der König dabei, muß man wissen, und die Königin und auch die anderen, das ganze Hofgesindel da, die bei ihnen waren, nicht wahr.

Ja, und ein Jahr später bekam die Prinzessin ein Kind. Aber der Aschenhocker wurde König. Dann tauften sie ihren Sohn, und er lebte lange und wurde dann König nach seinem Vater. Und weiter war ich bei der Sache nicht dabei.

36. Pelle Koch

Da war einmal ein Seemann, der hieß Pelle; er war viele Jahre mit dem gleichen Schiffer gefahren, aber immer als Koch, obgleich er sehr flink und geschickt war und bei allen Leuten an Bord sehr beliebt. – Schließlich genoß er beim Kapitän solches Vertrauen, daß er mit dem Schiffsproviant haushalten durfte, wie es ihm am besten dünkte, und er durfte auf eigene Rechnung davon nehmen, wie er es wünschte.

Einmal, als sie im spanischen Meer segelten, geschah es, daß ein Matrose, mit dem Pelle Koch sehr gut freund war, über Bord ging und in der Tiefe verschwand, und man hörte nichts mehr von ihm; darüber trauerte Pelle Koch lange und sehr.

Nach mehreren Jahren, als man eines Tages wiederum im spanischen Meer segelte, ungefähr auf der gleichen Höhe, auf der das Schiff den Matrosen verloren hatte, ging Pelle Koch hinunter in die Kajüte zum Kapitän und verlangte, er solle seine Abrechnung machen, die ganz erheblich war und die Pelle Koch während all den Jahren nicht in Anspruch genommen hatte; und Pelle Koch bat, jetzt das Schiff verlassen zu dürfen.

Der Kapitän wunderte sich, was Pelle Koch gerade jetzt mit seiner ausstehenden Heuer machen wollte und wie er mitten in der wilden See das Schiff verlassen wollte. Aber Pelle Koch bat den Kapitän, er solle ihm alles ausbezahlen und ihm dazu noch die Vorderluke geben, damit er sich daraufsetzen und auf diese Weise von dem Schiff davonsegeln konnte. Na, schließlich bekam er, was er verlangte: er bekam seine Heuer in Piastern, die er in einen Sack füllte, und dazu die Vorderluke, und auf die setzte er sich in der See.

Aber als Pelle Koch jetzt auf der Vorderluke saß, noch in Sichtweite des Schiffes, kam ein Mann aus der See herauf zu ihm und setzte sich schweigend neben ihn auf die Vorderluke: das war sein toter Freund, der Matrose! Der sagte ihm nun, wer er war, dankte ihm für die alte Freundschaft und wollte ihm nun auch Gutes tun und ihm alles Glück in der Welt verschaffen. Gerade als sie so dasaßen, kam ein großer Bartenwal, blieb mit seiner Rückenflosse an einem Tauende hängen, das ins Wasser herabhing, und zog die Vorderluke und die beiden Freunde in überaus schneller Fahrt mit sich über die Wellen.

Endlich kamen sie zu einer unbewohnten Insel; und als jetzt Pelle Koch an Land gehen wollte, da war sein Freund, der Matrose, wieder wirklich tot, und deshalb begrub ihn Pelle Koch gut am Strand, und dann ging er auf der Insel weiter landeinwärts, um sein Glück zu suchen. – Bald erblickte er eine kleine Grotte, die hinunter in die Erde führte; er ging mutig abwärts, war bald weit unter der Erde, ging durch viele prächtige Säle, und darin begegnete er einer schönen Jungfrau. Als sie ihn erblickte, rief sie:

»Unglücklicher! Weshalb kommst du hierher – hier wohnen zwölf blutige Räuber, die mich geraubt haben und bald heimkommen werden – ich bin eine Prinzessin; es ist nun am besten, wenn du dich als Räuber ausgibst wie sie – sonst nehmen sie dir das Leben!«

Na, die zwölf Räuber kamen heim; da fragten sie ihn, wer er sei.

»Ein Räuber wie ihr!« antwortete Pelle Koch.

»Was kannst du sonst für ein Handwerk?« fragten sie weiter.

»Ich bin Koch«, antwortete Pelle Koch.

Nun wurde beschlossen, daß Pelle Koch immer zu Hause bleiben und für sie das Essen bereiten und der Jungfrau helfen sollte, die den Haushalt für sie führen mußte, und Pelle Koch gab ihnen dazu aus freiem Willen seinen schweren Piastersack. – Am Tag darauf zogen die zwölf Räuber hinaus, um ein paar Reisende zu berauben, die über die Insel kommen sollten.

Indessen tat die schöne Prinzessin Pelle leid, und sie verliebten sich bald ineinander und verlobten sich insgeheim, und die Prinzessin gab Pelle die Hälfte eines Ringes, in dem ihr eigener Name und der Name ihres Vaters, des Königs, eingraviert waren, und dazu noch ein Tuch, das sie so zerschnitt, daß sie selbst die Hälfte ihres eigenen und des Königs Namen behielt, und die andere Hälfte bekam Pelle Koch.

Dann setzte Pelle Koch einen großen Kessel aufs Feuer, gab einen Teil Sirup hinein, einen Teil Rum und etwas Teer und kochte das zusammen. Dann trug er einen Anker[1] Rum und zwei Zuckerhüte auf; als die Räuber am Abend heimkamen, sagte Pelle Koch, er sei draußen gewesen und habe das geraubt und fragte sie, ob sie nicht ein wenig Punsch möchten.

»Was ist das?« fragten die Räuber; sie wollten es jetzt kosten. Pelle Koch bereitete nun aus dem Rum und dem Zucker einen guten und starken Punsch: die Räuber tranken, wollten mehr haben, Pelle Koch trug eine Schüssel nach der anderen herein; und schließlich waren sie sternhagelvoll.

---

[1] Ein Anker, altes Raummaß, ungefähr 39,25 Liter.

Da trug Pelle Koch endlich ein großes Faß herein, bis an den Rand gefüllt mit dem siedendheißen zusammengekochten Gebräu aus Sirup, Rum und Teer, und wollte es auf den Tisch stellen; aber er tat so, als ob er stolperte, drehte sich mit dem Faß und schüttete allen zwölf Räubern die heiße Schmiere ins Gesicht. Darauf erschlug Pelle Koch alle zwölf, ging hinein zur Prinzessin und erzählte ihr das, und sie rief voll Freuden aus:

»Jetzt sind wir errettet!«, und dann lebte Pelle Koch mit der Prinzessin eine Zeitlang glücklich da auf der Insel in dem reichen Räuberhaus. Aber sie wünschten sich doch, bald von hier wegzukommen – die Prinzessin wollte heim in ihres Vaters Reich, um sich dort richtig mit Pelle Koch zu verheiraten, den sie jetzt so sehr liebte.

Eines Tages wurde ein leeres Boot auf der Insel an Land getrieben; da nahm Pelle Koch allen Besitz, Gold und Silber aus der Räuberhöhle und belud damit das Boot – und nach langer Fahrt segelten sie an Land, und gerade in das Reich des Königs, des Vaters der Prinzessin. Dort gingen sie in ein Wirtshaus, luden ihre Schätze auf vier Wagen und erzählten unglücklicherweise von allen ihren Abenteuern; das war nur ein paar Meilen von der Hauptstadt des Königs.

Zwei Spitzbuben hörten das alles; als jetzt Pelle Koch und die Prinzessin zur Hauptstadt fuhren, überfielen sie sie, schlugen Pelle Koch so, daß er hier liegenblieb, raubten die Prinzessin, drohten ihr, sie würde ihr Leben verlieren, und zwangen sie so zum Versprechen, dem König zu sagen, daß sie sie gerettet hätten. Und dann fuhren sie mit ihr und allen Schätzen zum Hof, und da wurden sie und die Prinzessin außerordentlich gut aufgenommen.

Inzwischen kam ein Mann und brachte den ohnmächtigen Pelle Koch zu einem Doktor, und dort wurde er endlich auch geheilt und war bald wieder gesund, und er erzählte, wie alles zugegangen war. Die Prinzessin sollte nach einiger Zeit einen von den beiden Spitzbuben zu ihrem Mann erwählen, aber das konnte nicht geschehen, ehe nicht der König, der sehr krank war, wieder gesund geworden war.

Dieser Mann, Pelle Kochs Arzt, war sein Freund, der tote Matrose, und er sagte ihm weiter, er solle sich einen Dienst in des Königs Küche besorgen und sich eine Gelegenheit verschaffen, mit einem Löffel, den er ihm gab, in des Königs Suppe zu rühren – da würde der König wieder gesund werden, und alles würde für Pelle Koch und die Prinzessin glücklich ausgehen.

»Jetzt kann ich nichts mehr für dich tun«, sagte der Matrose, »ich danke dir für all die alte Freundschaft, leb wohl!«, und damit verschwand der tote Matrose für alle Zeit.

Inzwischen war der König auf den Tod krank, die Prinzessin war in der größten Herzensangst, die beiden Spitzbuben wurden immer angesehener bei Hofe, und Pelle Koch wurde schließlich als Küchenjunge im Schloß angestellt.

Mittlerweile hatte die Prinzessin Pelle Koch mit der größten Freude wiedererkannt, und zuweilen bekamen sie Gelegenheit, miteinander zu sprechen, und da bat Pelle die Prinzessin, den König dazu zu bringen, daß er am nächsten Tage von seinem Oberkoch eine Suppe verlangen sollte, die seine Krankheit beseitigte. Der Oberkoch bekam diesen Befehl vom König selbst, er sollte sonst sein Leben verlieren; aber er glaubte, das werde kein gutes Ende für ihn nehmen.

Der arme Oberkoch wußte sich überhaupt keinen Rat mehr und klagte am Ende darüber bei seinem Küchenjungen Pelle Koch. Aber Pelle Koch tröstete ihn und sagte, mit der Suppe für Seine Majestät solle es keine Not haben – aber er möchte allein darüber zu bestimmen haben. – Nun, der Tag kam: der Oberkoch hatte große Zweifel, ob Pelle Koch sein Leben retten könnte, aber auf alle Fälle ließ er Pelle Koch bestimmen, und der setzte jetzt einen großen Kessel aufs Feuer.

Der Oberkoch wunderte sich jedoch darüber, daß Pelle Koch nichts anderes in den Kessel gab als reines Wasser, aber als es gegen zwölf Uhr ging und der König mit dem anderen Essen auch die Suppe haben sollte, da graute es dem Oberkoch immer mehr vor dem allen. Und jetzt bat Pelle Koch, eine Weile ganz allein in der Küche bleiben zu dürfen; nun nahm er den Löffel heraus, den er von seinem Freund, dem toten Matrosen, bekommen hatte, rührte zwei-, dreimal mit ihm im Kessel und sagte:

»Dies mag Gesundheit bringen und Seiner Majestät zur Genesung dienen!« – gerade so, wie es ihm der Matrose gesagt hatte.

Als danach der Oberkoch kostete, bekam auch er gleichsam ein neues Leben und trug nun fröhlich die Suppe hinauf zum König.

Der König hatte nur an der Suppe gerochen, so fühlte er schon, wie er auflebte; er nahm einen Löffel, und ihm war sogleich besser; er nahm den zweiten Löffel und setzte sich auf das Bettende; und als er den dritten Löffel nahm, wollte er sogleich aufstehen, und das tat er auch; und als er schließlich die ganze Suppe verzehrt hatte, wurde er vollends gesund, spazierte im ganzen Zimmer herum und fragte den Oberkoch, ob er die Suppe selbst gekocht hatte.

»Nein, Euer Majestät«, antwortete der, »einer von Euer Majestät Küchenjungen ist der Meister hierbei gewesen.«

Nun mußte Pelle Koch vor den König kommen und wurde sogleich zum Tafeldecker ernannt und dazu hoch belohnt; und dadurch erhielt er öfter Gelegenheit, die Prinzessin zu treffen, die nun, nachdem der König gesund geworden war, einen von den beiden Abenteurern zu ihrem Gemahl auswählen mußte.

Inzwischen stieg Pelle Koch beim König immer mehr im Ansehen, er ernannte ihn zu seinem Mundschenk, und er mußte hinter des Königs Stuhl stehen und Wein in Seiner Majestät Pokal gießen.

Nun gab es ein großes Gastmahl auf dem Schloß, einige Zeit bevor sich die Prinzessin einen Gemahl wählen sollte; und als Pelle dem König Wein an der Tafel einschenken mußte,

ließ er unbemerkt seinen halben Ring in des Königs Gold-
pokal hinabfallen. Als nun der König den Wein austrank,
klang es auf dem Boden; der König sah auf dem Ring die
Hälfte seines und seiner Tochter Namen, und er fragte jetzt
die Prinzessin, was sie mit der anderen Hälfte gemacht
habe.

Da nahm sich die Prinzessin kein Blatt mehr vor den Mund:
sie erzählte von ihrem ganzen Unglück und allen ihren Abenteuern, daß Pelle Koch, des Königs Mundschenk, sie gerettet
hatte und daß die beiden Spitzbuben, die an des Königs Tafel
saßen und jetzt blutrot im Gesicht wurden, sie um ihr Leben
gezwungen hatten, es anders zu erzählen.

Da sprang der König auf von der Tafel, und die beiden
Spitzbuben wurden in den Turm geworfen und dann bestraft.
Die Prinzessin zeigte zu alledem auch noch das halbe Tuch
vor, zu dem Pelle Koch die andere Hälfte hervorzog. Und
nun wurde der alte König so froh, daß er seine Tochter in die
Arme nahm und ihr den redlichen Pelle Koch zum Gemahl
gab, der nach des Königs Tod das Reich und alles bekam.
Und er lebte lange glücklich und hochgeehrt.

37. Der Zaubertopf

Da waren einmal ein Mann und eine Frau auf dem Lande,
und die waren überaus arm und hatten nicht mehr als
eine Kuh, und die Frau schickte den Mann aus, die Kuh zu
verkaufen.

Unterwegs trifft er einen alten Mann, und der fragt, ob er
die Kuh verkaufen will und was er dafür haben will. Der
Mann sagte, das wisse er nicht so genau, es käme darauf an,
was man ihm böte.

»Wenn das so ist«, sagte der alte Mann, »dann gib mir die
Kuh! Du sollst hier dafür einen Topf bekommen, und du
wirst es nicht zu bereuen haben.«

Der Mann nahm den Topf und wanderte damit nach Hause. Aber als die Frau erfuhr, daß er nichts anderes als einen Topf bekommen hatte, wurde sie fürchterlich böse und schimpfte den armen Kerl aus, der sich so hatte zum Narren halten lassen. In ihrem Zorn warf sie den Topf, der sehr fein und schön war, in den schmutzigsten Winkel der Hütte. In der Nacht konnte die Frau nicht schlafen aus Kummer darüber, daß sie ihre einzige Kuh verloren hatte, und da hört sie den Topf sagen:

»Jetzt gehe ich.«

»Ja, geh nur, du Unglückstopf!« sagte die Frau und sah im gleichen Augenblick, wie der Topf zur Tür hinausspazierte.

Der Topf wanderte zu einem Jagdschloß, das in der Nähe lag, und stellte sich vor die Küchentür. Am Morgen, als die Köche herauskamen, sagten sie:

»Nein, seht, was für ein schöner Topf! Es ist ein Glück, daß wir den bekommen haben, uns fehlt es ja so an Gefäßen!«

Darauf trugen sie ihn in die Küche und gaben eine Menge Fleisch und Speck hinein, die ihnen im Wege waren. Als der Topf ganz voll war, sagte er:

»Jetzt gehe ich.«

Und im gleichen Augenblick war er fort und stellte sich bei der armen Frau und dem Mann auf den Tisch, und die sahen jetzt ein, was für einen Schatz sie mit dem Topf besaßen, und nun bereuten sie es nicht mehr, daß er sie ihre einzige Kuh gekostet hatte. Sie aßen und fühlten sich viele Tage lang ganz vortrefflich. Die Frau wusch den Topf und putzte ihn so fein, daß er noch schöner wurde als vorher. Eines Nachts hörte die Frau, wie der Topf sagte:

»Jetzt gehe ich.«

»Geh, geh, mein gesegneter Topf!« antwortete die Frau.

Der Topf ging und stellte sich diesmal vor die Saaltür. Als die Silberputzerinnen den schönen Topf erblickten, trugen sie ihn hinein und legten alles Silber in ihn. Wie der Topf so dastand, sagte er:

»Jetzt gehe ich.«

Und – wipps – war er fort und in der Hütte bei der Frau und dem Mann, die wunderten sich überaus, daß es einen so unermeßlichen Reichtum geben konnte, und noch mehr darüber, daß er bei ihnen zu finden war. Jetzt waren sie auf einmal von aller Not und Armut befreit.

Nun ruhte der Topf lange Zeit; er stand auf ihrem besten Tisch mit einem reinen Tuch darunter. Aber eines Abends sagte er: »Jetzt gehe ich«, und er blieb vor des Königs Zimmer stehen.

Der Diener, der den schönen Topf so nutzlos dastehen sah, trug ihn in das Kabinett des Königs. Auf dem Schloß gab es ein großes Fest, und man tanzte. Der König nahm selbst an dem Tanz teil, aber er hatte sich erkältet und lief deshalb in großer Eile in sein Kabinett, sah an einer Seite den Topf stehen und meinte, man hätte den für sein Bedürfnis hingestellt. Er wollte sich gerade seiner bedienen und setzte sich darauf, aber in dem Augenblick sagte der Topf: »Jetzt gehe ich«, und sauste mit solcher Geschwindigkeit hinaus durch die Türen und über Stock und Stein und hielt erst an, als er mitten auf dem Fußboden bei den beiden Alten stand. Aber sobald er stehenblieb, sprang er mitten entzwei und fiel in Stücke. Als sich der König von dem Schrecken erholt hatte, in den ihn die große Geschwindigkeit versetzte, bat er die Bauersleute, ihm so rasch wie möglich ein Pferd zu verschaffen, mit dem er zurück zum Schloß kommen konnte. Und er versprach, ihnen eine neue schöne Hütte zu bauen, wenn sie über sein Abenteuer schwiegen. Das geschah auch, und danach lebten sie lange und vergnügt in allem Überfluß, wofür sie allein dem wohltätigen Zaubertopf zu danken hatten.

38. Der geizige Pfarrer und die drei Kupferlinge

Da war einmal ein Junge, der diente bei einem sehr geizi-gen Pfarrer. Als der Junge drei Jahre gedient hatte, wollte er in der Welt sein Glück weiter versuchen, und er bat den Pfarrer, ihm seinen Lohn auszuzahlen; er bekam aber nur einen Kupferling[1] für jedes Jahr, und so machte er sich auf Wanderschaft. Bald begegnete er einem alten Mann, der ihn fragte, wohin er ginge.

»Hinaus in die Welt und mein Glück suchen«, antwortete der Junge; und dann erzählte er, daß er drei Jahre lang bei einem Pfarrer gedient und einen Kupferling für jedes Jahr be-kommen hatte.

»Einen Kupferling davon kannst du mir da gerade geben«, sagte der Mann.

Das machte der Junge, der Alte bedankte sich, und dann trennten sie sich. – Der Junge ging weiter, und da traf er einen anderen Mann, und der bekam auf die gleiche Art den zweiten Kupferling des Jungen. Bald kam auch ein dritter Mann, und dem gab der Junge seinen letzten Kupferling. Aber dieser letzte Mann gewährte dem Jungen aus Dank-barkeit, daß er sich drei Dinge wünschen durfte. Und da wünschte sich der Junge: erstens Gottes Gnade und das Him-melreich, zweitens eine Geige und drittens eine Büchse.

»Hier hast du alles«, sagte der Mann, »und wenn du auf der Geige spielst, dann soll alles, was Leben hat und die Musik hört, für dich tanzen; und alles, auf das du mit dieser Büchse schießt, das soll sterben!« Und damit gingen sie auseinander. Bald kam der Junge an einen breiten Strom, und auf der anderen Seite sah er ein schönes Schloß. Der Junge stieg in ein Boot, das am Ufer des Flusses lag, und ruderte hinaus auf das Wasser. Jetzt wollte er seine Geige probieren, und sogleich kamen Tausende von Fischen im Wasser herauf und tanzten

---

[1] Schwed. *rundstycke*, früher kleinste Münze, etwa 0,2 Pfennig.

an der Oberfläche, so daß der Junge ganz erstaunt darüber war; schließlich hörte er mit seinem Spiel auf und ruderte quer über den Strom ans Land.

Jetzt ging er hinauf zu dem großen Schloß und pochte an das große Eisentor, und das flog auch sogleich vor ihm auf. Aber als der Junge eingetreten war, schlug das eiserne Tor so geschwind hinter ihm zu, daß er beinahe seine Beine eingebüßt hätte. Als er in den Schloßhof kam, traf er da einen kleinen dicken Mann, der hatte eine Nase drei Ellen lang, und der fragte den Jungen, was er hier wolle.

»Ich suche einen Dienst«, antwortete der Junge, aber als der Troll seine Geige sah, fragte er ihn, ob er auch etwas spielen könne.

»Freilich«, antwortete der Junge.

Und nun rief der Troll, bis der ganze Schloßhof voll war mit Volk, und dann fing der Junge zu spielen an. Sogleich begannen jetzt alle zu tanzen, und der Troll auch; das dauerte lange und ging wohl auch schrecklich schnell, so daß der Troll ganz ermattet war und endlich zu Boden fiel; aber er mußte dennoch tanzen, auf Händen und Füßen, so daß es ihm beinahe seine lange Nase ruiniert hätte.

Da rief der Troll und bat und alle seine Leute dazu, der Junge solle sie jetzt mit dem Tanzen verschonen und mit seiner Geige aufhören, sie würden ihm dann auch eine große Menge Geld geben – sonst mache er sie da in der Hölle, wo sie waren, alle zusammen zuschanden. Der Junge hörte nun auf zu spielen, bekam viel Geld, und sie baten ihn, er solle niemals wieder zurück in die Hölle kommen und sie sich zu Tode tanzen lassen. So kam da der Junge glücklich davon und wandte sich froh wieder nach Hause.

Der Junge kam nun wieder heim und war einen Tag auch auf dem Acker seines Dienstherren, des Pfarrers, und der war mit allen seinen Leuten draußen beim Pflügen. Der Pfarrer fragte den Jungen, woher er seine Geige und die Büchse bekommen hätte und was er damit machen würde – »und die Büchse kannst du mir geben«, sagte der Pfarrer, »denn du kannst jedenfalls nicht schießen!«

»Ja freilich kann ich schießen«, antwortete der Junge, »wenn der Herr Pastor nur das aufheben und holen will, was ich schieße.«

»Das will ich schon«, sagte der Pfarrer.

Da drehten sie sich um und erblickten sogleich eine Elster, die saß mitten in einer dichten Dornenhecke. Der Junge schoß, und der Pfarrer arbeitete sich nun mit großer Mühe in den Dornbusch hinein; und als er gerade mitten im Busch stand, griff der Junge zu der Geige und fing an zu spielen.

Nun fing sogleich alles, was Leben hatte, zu tanzen an: Knechte und Mägde, die Ochsen um den ganzen Acker herum mit Egge und Pflug hinter sich, und ganz besonders der Pfarrer, der im Dorngebüsch drinnen herumwirbelte, daß er überall zerrissen wurde und rein erschöpft war.

Aber nachdem der Junge dann doch einmal Schluß gemacht hatte, klagte ihn der Pfarrer wegen der ganzen Sache an, und der Junge wurde dazu verurteilt, ausgepeitscht zu werden. Na, als nun der Junge hinausgeführt wurde und seine Strafe bekommen sollte und man das Urteil schon vor ihm verlesen hatte, da bat er den Polizeikommissar lange, daß er nur erst noch einen Strich auf der Geige tun dürfe. Aber man schlug es ihm ab, besonders weil der Pfarrer eifrig versicherte, daß dann alle von dem unglückseligen Tanz mitgerissen würden.

Aber als man schließlich dem Jungen doch seine Bitte gewährte, ließ sich der geizige Pfarrer fest an eine Birke anbinden, damit er nicht auch mittanzen müßte, aber der Junge brauchte nur ein kleines bißchen seine Geige zu berühren, da tanzten schon alle nach Herzenslust.

Anfangs lachte noch ein jeder darüber, bald aber kamen noch mehrere hinzu, um zu sehen und zu hören, was es da Lustiges gäbe, und alle mußten tanzen. Aber am schlimmsten war der geizige Pfarrer dran – er flog wie eine dürre Haut um den Baum, an den er angebunden war, riß zuerst alle seine Kleider entzwei, dann seine Hände und schließlich auch die Haut an den Beinen und das Fleisch daran. Und man bat und rief, der Junge solle doch barmherzig sein und endlich mit seinem Spiel aufhören, aber das tat er erst, als ihm die Obrigkeit zusicherte, daß er für die ganze Sache straffrei bleiben sollte.

39. Der König und der Soldat

Ich erzähl euch ein Märchen bloß,
das ist wie 'n Dreschholz groß,
und sollt es euch nicht langen,
dann setzt nur Pfähle dran und Stangen.

Ja, also da war einmal ein König, wie's so oft geschieht, und der wollte sich eine Königin nehmen. Aber weil er ein verständiger Kerl war, wollte er nicht so eine Trödelsuse haben, die sich nur auf allen Tanzböden herumtrieb und wie verrückt dem Mannsvolk nachlief, sondern er wollte ein ernsthaftes und patentes Mädchen haben, das in keiner Weise auf den Kopf gefallen war. Man kann sich leicht vorstellen, daß es nicht schwer für ihn war, sich eine Frau zu nehmen, ja Dutzende, wenn er gewollt hätte. Aber er meinte, mit einer könnte es genug sein, und dabei blieb's.
Er nahm sich das schönste Mädchen in der Stadt. Sie war eine Prinzessin, versteht sich. Und Mumm hatte sie, da könnt ihr euch drauf verlassen, grade wie ein Soldat. Sie konnte backen und waschen, wenn's drauf ankam. Und sie lebten schrecklich gut miteinander, und dann bekam die Königin eine Prinzessin, und als sie groß geworden war, da war sie in allem die Mutter selbst. Sie hatte ganz genau ihr spöttisches Mundwerk.
Aber da passierte es, daß der König fortreisen mußte, um einen anderen König zu besuchen. Und er fuhr weg und war

eine lange Zeit fort. Aber einmal, da wurde es der Königin gar zu beschwerlich, und da rief sie die Tochter zu sich und sagte zu ihr: »Ich hab mich abgerackert und geschuftet ärger als ein Hund, und jetzt hab ich's einmal satt. Der Vater ist weg und ruht sich bei seinesgleichen aus, und inzwischen dürfen wir zu Hause sitzen und uns mit dem ganzen Dreck herumplagen. Sollen wir nicht auch einmal ein bißchen hinausgehen und uns ein wenig Unterhaltung verschaffen?«

Dazu sagte das Mädchen natürlich nicht nein; Jugend ist eben Jugend. Und dann verkleideten sie sich als Bauernweiber. Denn es ging nicht an, daß sie da mit der Krone und in Samt und Seide gingen; und so zogen sie dann hinaus aufs Land. Die Königin sah jetzt genauso aus wie ein Kätnerweib, der es ihrer Lebtage elend ergangen ist, und die Prinzessin, ja die sah nicht ein Körnchen vornehmer aus als Karpas Lovisa im Armenhaus. Frau wie Frau, ob sie nun von hohem Stand ist oder von niederem.

Sie waren schon in aller Frühe vor Sonnenaufgang losgezogen. Und der Kuckuck rief vom Baumwipfel, und das Birkhuhn kollerte und fraß Birkenknospen, daß es eine Art hatte. »Das waren schöne Laute«, sagte die Prinzessin. – »Jeder Vogel singt, wie ihm der Schnabel gewachsen ist«, sagte die Königin. Auf einmal ging die Sonne auf und schien so, daß es ihnen das Wasser in die Augen trieb. Und das gefiel der Prinzessin, und sie sagte: »Seht Ihr, Mutter, wie schön und glänzend die Sonne ist.« – »Na selbstverständlich«, sagte die Königin, »wenn sie doch in der See gewesen ist und gebadet hat.«

Später am Tag wurde es der Prinzessin doch beschwerlich, aber sie ließ der Sache ihren Lauf. Die Königin bekam wunde Füße, und auch die Kniekehlen begannen ihr weh zu tun, aber da zog sie ihre Schnürstiefel aus, und dann ging's wieder weiter wie im Hui.

Während sie aber unterwegs waren, kam der König nach Hause und brachte einen ganzen Haufen Könige mit, denn sie hatten eine Wette darüber abgeschlossen, wer die tüchtigste Königin und die schönste Prinzessin hätte, und jetzt sollte der König seine Frauenzimmer den anderen Königen zeigen. Und er meinte sicher, daß man ein Gegenstück zu seinen Frauen suchen müßte. Aber wer jetzt große Augen machte, das war grade er, weil weder die Königin noch das Mädel zu Hause war. Und die Schlüssel, die hatte die Königin mit sich genommen, so daß er nach einem Schmied schicken und die Tür aufbrechen lassen mußte, bevor sie hineinkonnten. Da gab's ein schreckliches Hallo, als weder die Königin noch die Prinzessin zu finden waren, und alle die fremden Könige reisten ihres Weges und bekamen nichts zu brocken und nichts zu beißen. Man kann gut verstehen, daß der König voll Zorn war, aber was wollte er machen? Es war eben, wie's war. Und er mußte die Wette bezahlen.

Am Nachmittag kamen die Königin und die Prinzessin zu einem Wirtshaus und baten um ein Nachtquartier. Der Wirt und seine Frau nahmen sie auf und bereiteten ihnen ihr Lager im unteren Bett, sie selbst aber krochen in das Bett darüber und legten sich dorthin; so war's früher auf der Welt, in der guten alten Zeit. In der Nacht kam eine Räubergesellschaft in das Wirtshaus. Und die soffen und sangen, daß es eine Schande ist zu erzählen. Und das machten sie so lange, bis es Tag wurde, dann aber wagten sie es nicht mehr, sich noch länger aufzuhalten. Sie jagten die königlichen Personen auf und befahlen ihnen, mit ihnen zu kommen. Die Königin konnte sich noch gerade einen Rock anziehen, und die Prinzessin kriegte die Krinoline über den Kopf, und schon ging's auf und davon, daß es ihnen um die Ohren pfiff.

In der Räuberhöhle hatte es für die Königin und die Prinzessin keine Not; sie mußten den Räubern aufwarten und Essen für sie bereiten. Sonst aber ließen sie sie in Frieden, denn den Räubern schienen sie schrecklich häßlich, und deshalb wollten sie nichts von ihnen.

Aber für den König ging alles ganz verrückt. Die Hofdamen

fingen an, sich mit den Hofherren einzulassen, und sie lebten, als wäre jeder Tag der letzte. Und noch vor Weihnachten war das ganze Fleisch in der Vorratskammer weg, und der König mußte eine neue Steuer ausschreiben, die nannte man Buttersteuer. Und das Volk schimpfte darüber, begreiflich, aber was nützte es?

Nun ist das so, wenn es einem hohen Herrn wie einem Papst oder einem Kaiser oder einem König schlecht geht, dann muß er hinaus und sich verlustieren, und da ist es üblich, daß er hinauszieht auf die Jagd. Dem König, dem ging es schlecht, und so jagte er tagaus und tagein, aber es wurde damit auch nicht besser. Eines Tages traf er im Wald einen Soldaten. »Wohin gehst du?« fragte der König. – »Ach, ich – ich will zum König gehen«, antwortete der Soldat. »Und was willst du bei ihm?« sagte der König. – »Ich will mich über die Verpflegung beschweren«, sagte der Soldat. Der Soldat hatte das Gewehr auf der Schulter, und auf dem Bajonett hatte er zwei, drei Birkhühner und einen Auerhahn, und die gedachte er dem König zu schenken. »Schmieren hilft, auch bei einem hohen Tier«, meinte er. Der König sagte, er wolle auch zum König, und da meinte er, sie könnten sich doch gut zusammentun und noch ein paar Vögel schießen, um so mehr würden sie willkommen sein. »Das läßt sich machen«, meinte der Soldat; und so machten sie sich auf den Weg. Dem König gefiel der Soldat schrecklich gut, und er hatte im Sinn, ihn zum General und Korp'ral zu machen, denn der Soldat war ein unterhaltsamer und freimütiger Kerl, und fluchen tat er wie ein Gardesoldat.

In der Dämmerung kamen sie zu der Räuberhöhle, wo die Königin und die Prinzessin dienten. Und der Soldat meinte, daß er niemals in seinem Leben vorher ein so abscheuliches Weib gesehen hätte; aber das Mädel könnte angehen, sagte er. Der König erkannte sie natürlich augenblicklich wieder, aber er ließ sich vor dem Soldaten nichts anmerken. »Langt her, was ihr habt«, sagte er, »und seid nicht knausrig, denn wir sind hungrig wie die Wölfe.« Indem kamen die Räuber zurück, aber der König und der Soldat saßen an der Tafel und aßen und schnitten sich's mit großen Madesjö-Messern[1], und da glotzten die Räuber sie nur an. Nun hatten sie in ihrer Höhle die Gewohnheit, wenn da ein Fremder hinkam, gaben sie ihm etwas, von dem er einschlief, und dann zogen sie ihn aus und warfen ihn hinunter in eine Grube unter dem Fußboden. Aber die Königin vertauschte die Gläser, so daß die Räuber das bekamen, was der König und der Soldat haben sollten, und sie schliefen an ihrer Stelle ein und wurden in das Loch hinunterbefördert. »Jetzt werden wir die Beute teilen«, sagte der Soldat, »ich nehme das Mädchen und du kriegst die Alte, und dann nehmen wir uns jeder die Hälfte vom Gold und vom Silber.« – »Nee, du«, sagte der König, »da wird nichts draus. Das Mädchen kannst du kriegen, denn ich bin mit der Alten zufrieden, aber vom Gold und Silber kriegst du ein Drittel und den Rest nehme ich.« Das schien dem Soldaten unrecht, und er sagte, er werde zum König gehen. »Potz Himmel und Donnerwetter!« sagte der König, und dann machten sie sich auf den Weg, jeder mit seinem Sack Gold und Silber.

Als sie nun in die Stadt gekommen waren, trennten sie sich. Der König ging natürlich hinauf aufs Schloß, und die Königin und die Prinzessin begleiteten ihn, und der Soldat kehrte in einem Wirtshaus ein. Als er sich gewaschen und gekämmt hatte, machte er sich auf den Weg zum König, wo er sich mit seinem Reisekameraden verabredet hatte. Aber ihr hättet ihn sehen sollen, wie er in das Schloß kam und seinen Kameraden auf einem goldenen Stuhl sah, der glänzte wie die Sonne, und neben ihm die Frau und das Mädchen, jede auf einem goldenen Schemel und gekleidet in scharlachrote Kleider mit Perlen dran – ich kann jetzt gar nicht alle

[1] Benannt nach dem Herstellungsort Madesjö, etwa 30 km westlich von Kalmar.

die Herrlichkeiten beschreiben, aber – das könnt ihr glauben – schön war das! Und der König ging zu ihm hin – er stand da bei der Türe und biß an seiner Mütze herum –, und er nahm ihn an der Hand und dankte ihm fürs letztemal und fragte ihn, wie's ihm gehe. »Ja nun, ich danke der Nachfrage«, sagte der Soldat, »es trottet sich eben so dahin«, sagte er. »Ihr seid doch nicht etwa böse auf mich?« – »Böse auf dich, nein, das bin ich nicht«, sagte der König, und dann nahm er ihn an der Hand und führte ihn zu der Prinzessin und sagte: »Da hast du das Mädel, wohl bekomm sie dir!« Und dann richtete der König eine Hochzeit aus, die dauerte eine Woche und noch ein wenig von der zweiten.

Aber das Gold und das Silber teilten sie so, daß der Soldat ein Drittel bekam, und den Rest kriegten der Bezirkskommissar und die Landjäger, denn so ist es eben einmal gewesen, seit die Welt erschaffen wurde. Und mit der Zeit wurde der Soldat König, und das ist er wohl auch noch, wenn er nicht gestorben ist.

> Die Prinzessin und er, die hausten in Ruh
> und flickten die Schuh,
> und mit der Geschichte ist's aus.
> Mit dem Stecken da will ich sie richten
> an den, der besser kann dichten.

40. Der Junge, der die Königstochter zum Lachen brachte

Da war einmal ein König, der hatte eine Tochter, und die war so vergnügt wie der Sonnenschein, und sie sang und tanzte, wie der Tag lang war. Und alle hatten sie gern, nicht am wenigsten der König, der war um sie besorgt wie um seine Augen.

Aber eines Tages war sie draußen und ging allein in den Wald, da traf sie ein Trollweib, das sagte:

»Möchtest du die Welt so sehen, wie sie aussieht?«

Ja, dagegen hatte das Mädchen nichts.

»Setze dir diese Brille hier auf«, sagte die Alte. Und das tat das Mädchen, denn auch früher waren auf der Welt die Frauenzimmer neugierig.

Aber wenn sie so etwas gewußt hätte, da hätte sie sich die Brille wohl niemals aufgesetzt. Denn jetzt bekam sie alles Häßliche zu sehen, was auf der ganzen Welt zu finden war, und das war wohl nicht gerade wenig. Da gab es Neid und Eifersucht und Geiz und Hochmut, und sie sah, wie Menschen einander erschlugen, wie Eltern ihre Kinder ums Leben brachten und wie Kinder ihre Eltern erschlugen; und da gab es Krieg und Elend jeglicher Art, so daß sie geradezu glaubte, sie wäre in den höllischen Abgrund gekommen. Und genauso war es im Wald und auf dem Feld und in der See zwischen den Tieren: sie jagten einander und fraßen einander auf, und da war ein Kampf auf Leben und Tod auf der ganzen Erde. Als das Mädchen die Brille wieder abnahm, war sie nicht mehr imstande, noch etwas Schönes zu sehen.

Und als sie aus dem Wald nach Hause kam, da glaubten der König und der ganze Hof, sie wäre todkrank, aber sie sprach nicht darüber, was sie gesehen hatte. Und man suchte Doktoren für sie und weise Männer und Frauen, aber sie erreichten nichts.

Da versprach der König, daß der, der sie wieder zum Lachen bringen könnte, die Prinzessin und das halbe Königreich bekommen sollte. Und es fehlte nicht an solchen, die es versuchten; aber sie konnten sie nicht einmal so weit bewegen, daß sie den Mund verzog.

Am Rande der Stadt lag eine Hütte, und in ihr wohnte ein armer Holzhacker. Er hatte die Hütte von seinen Eltern geerbt, und er schlug das ganze Jahr hindurch Holz im Wald und brannte Kohlen, und damit brachte er sich durch. Er war ein wenig schweigsam, denn er war ja immer allein, aber sonst war er ein prächtiger Bursche.

Nun ging er in den Wald und schlug Holz zum Kohlenbrennen, und da erblickte er eine mächtig schöne Frau, aber auf sie zu kommt da eine große Schlange, und die hatte einen Rachen, so groß, daß sie sie wohl verschlingen konnte. Die Frau war so erschrocken, daß sie nicht fähig war, sich einen Schritt zu bewegen. Aber der Bursche nimmt die Axt und wirft sie der Schlange in den Rachen, und da fiel sie in sich zusammen wie eine trockene Schlangenhaut. Und da begriff der Bursche, daß das eine Trollschlange gewesen war, denn die weichen vor Stahl. Aber die Frau sagte:

»Nun danke ich dir sehr, daß du mich von diesem abscheulichen Troll da errettet hast, und jetzt sollst du dir wünschen dürfen, was du willst, du sollst es bekommen.«

»Ich danke«, sagte der Junge, »aber ich habe ein Dach über dem Kopf und das, was ich brauche.«

»Ach ja, es kann noch kommen, daß du mehr brauchst, und da kannst du dich meiner erinnern«, sagte sie. Und dabei wandte sie sich um und verschwand. Aber als der Bursche hinschaute, da war ihr Rücken hohl wie ein Backtrog.[1]

Ehe es Abend wurde, klaubte der Junge immer ein Bündel Äste zusammen, und dann band er ein Seil darum und nahm es auf den Rücken. Und wenn er dann durch die Stadt ging, kaufte er sich ein kleines Schwarzbrot und ein Stück Schweinefleisch, und das war seine tägliche Kost. Aber als er an diesem Abend sein Bündel fertig hatte, setzte er sich rittlings darauf und ruhte aus, und ohne sich etwas dabei zu denken, sagte er:

»Ich wünschte, das Bündel liefe mit mir nach Haus, so müde bin ich.«

Er hatte es noch nicht ausgesprochen, da ging es schon mit ihm dahin wie der Wind. Und jetzt führte der Weg direkt am Schloß vorbei. Und die Prinzessin und alle Jungfern

---

[1] Eine typische Erscheinung des in Schweden weit verbreiteten *skogsrå*, eines Waldgeistes.

standen auf einem Altan, und man sieht wohl nicht alle Tage einen hübschen Burschen auf einem Bündel Äste daherreiten. Und die Prinzessin vergaß die ganze Welt und hub an zu lachen, daß es über alle Maßen war. Der König hatte sich niedergelegt und ruhte aus, und er fuhr auf, und der ganze Hof eilte hinaus auf den Altan, um zu sehen, was da mit der Prinzessin geschehen war. Und als sie sahen, daß sie lachte, da fingen sie an zu tanzen, als ob sie närrisch geworden wären, so froh waren sie. Aber als sie sich endlich beruhigt hatten, da erzählte die Prinzessin von dem, was sie gesehen hatte. Und da sagte der König:

»Morgen werden wir ihn ausfindig machen, und er soll dich und das halbe Königreich bekommen.«

Der Bursche wußte von nichts, er schürte ein tüchtiges Feuer auf dem Herd und setzte die Bratpfanne darauf und schnitt ein paar ordentliche Stücke Fleisch herunter, denn wenn sie in der Pfanne brutzelten, war es die schönste Musik, die er kannte; man kann's verstehen, daß er hungrig war, denn er hatte nichts zu essen gehabt seit dem frühen Morgen. Dann schnitt er das Brot und strich Schweineschmalz darauf. Dann machte er eine Luke im Boden auf und ging hinab und holte einen Krug Wacholderbier, und dann war das Abendessen vorbei. Als er gegessen hatte, legte er sich nieder und schlief ohne Sorgen.

Frühzeitig am anderen Morgen kam eine Botschaft vom König, daß die Prinzessin mit ihm sprechen wollte. Aber er ließ bestellen, wenn die Prinzessin etwas von ihm wolle, müsse sie schon zu ihm kommen. Aber allein müsse sie kommen, er wolle nicht viele Leute um sich sehen, nein!

Die Boten gingen fort, und da gab es keinen anderen Rat — die Prinzessin mußte gehen.

Als sie bei der Tür hereinkam, in die Hütte, da sah sie sogleich, daß sie ihn gern mochte. Und man muß zugeben, daß es auch bei dem Burschen einschlug. Und sie sagte: »Bist du das, der gestern auf einem Bündel Äste geritten ist?«

»Freilich bin ich das gewesen«, sagte der Junge. Aber er wurde feuerrot im Gesicht, bis in die Ohrläppchen.

Ja, und dann erzählte sie alles, daß sie so lange nicht hatte lachen können und daß der König versprochen hatte, der, der sie zum Lachen bringen könnte, sollte sie selbst und das halbe Königreich bekommen. »Und jetzt frage ich dich, ob du mich haben willst.«

»Ja, das will ich«, sagte der Junge. »Ich habe niemals irgendein Mädchen angesehen, aber gleich, als ich dich sah, hast du mir gefallen. Aber jetzt frage ich, ob du mich haben willst, so wie ich bin, und ob du hier bei mir in der Hütte wohnen willst und so essen, wie ich es habe.«

Und das wollte sie, aber sie meinte, schlimm würde es nur mit dem König, wie der es aufnehmen würde. Aber das mußte wohl gehen, denn der Bursche gefiel ihr jetzt so, daß sie ihn um keinen Preis mehr lassen wollte.

Die Prinzessin machte sich auf den Weg, um mit dem König zu sprechen, aber der Bursche konnte sich nicht aufraffen, etwas zu tun, bevor er nicht wieder ein wenig zu sich gekommen war. Aber da hörte er eine Stimme in der Wand, die sagte:

»Was du willst, was du willst.«

Und da fiel ihm die Waldfrau wieder ein und die Wünsche, und jetzt wußte er wohl, daß die Prinzessin ihn gern mochte und zu ihm ziehen wollte, auch wenn er es nicht anders hatte, als er's eben hatte, und so war, wie er eben war, und das war ja wohl genug. Und da wünschte er, daß er ein kleines hübsches Schloß hätte und daß er dazu richtig gekleidet und ausgestattet sei. Und das bekam er sogleich.

Aber als die Prinzessin heimkam und dem König erzählte, welche Forderungen der Bursche stellte, da meinte er, das sei wohl das Schlimmste, was er jemals gehört hätte. Aber da war ja nichts mehr zu machen, er hatte es ja versprochen.

»Aber jetzt werde ich selber mit dir gehen und mit ihm reden, ich muß das hören«, sagte er.

Und die Prinzessin fuhr mit, und sie war wie ein Fisch im Wasser, denn jetzt war die Liebe in sie gekommen, und da weiß man wohl, wie das ist. – Aber als sie an Ort und Stelle waren, konnten sie keine Hütte finden, doch die Prinzessin, die merkte, wie das zuging, und da sagte sie zum König:
»Wir gehen in das Schloß hier, da werden wir's schon hören.«
Aber als sie hereinkamen, da trafen sie sogleich einen großen stattlichen Prinzen, und seinesgleichen mußte man suchen! Aber das Mädchen erkannte ihn sofort wieder, und sie flogen einander in die Arme und küßten sich direkt vor den Augen des Königs, denn jetzt war der Junge nicht mehr schüchtern. Und der König war so erstaunt, daß er nahe dran war, in Ohnmacht zu fallen. Aber als er erfuhr, wie alles zusammenhing, da wurde er wohl so froh, als man nur jemals werden kann.
Und dann wurde Hochzeit gehalten, und alle waren froh, und das Mädchen vergaß all das Häßliche und Ekelhafte, was sie durch die Brille gesehen hatte. Und dann lebten sie vergnügt und glücklich, und ich habe nicht gehört, daß sie gestorben sind – also leben sie wohl auch noch heute.

41. Die Prinzessin, die niemals heiraten wollte

Da war einmal ein alter König, der hatte nur eine einzige Tochter, und die wollte sich durchaus nicht verheiraten. Schön war sie wie der Tag, und sie hatte eine so flinke Zunge, daß es niemandem gelang, sie um eine Antwort verlegen zu machen. Schließlich, als es der König müde geworden war, zu regieren, befahl er ihr zu heiraten, damit er einen Schwiegersohn bekäme, der ihm half, das Reich zu lenken; und da antwortete die Prinzessin, sie würde den heiraten, dem es gelänge, sie sprachlos zu machen, so daß sie nicht antworten konnte. Und der König ließ bekanntmachen, daß es jedermann versuchen dürfe, und wer die Prinzessin sprachlos zu machen vermöchte, der sollte sie und das Reich bekommen. Und jetzt kamen Freier aus allen Himmelsrichtungen, aber keiner konnte die Prinzessin sprachlos machen.

Da waren auch drei Brüder, die wollten sich auf den Weg machen und ihr Glück versuchen; zwei waren schön und wohlerzogen, aber der dritte war ein Aschenhocker. Die beiden versuchten den Aschenhocker dazu zu bringen, zu Hause zu bleiben, aber er war hartnäckig und ging mit. Er wußte nicht, wo der Königshof war, aber wenn er nur mit den Brüdern ging, so käme er gewiß dorthin, dachte er. Aber die Brüder versuchten, ihm davonzureiten. Als sie schon beinahe außer Sicht gekommen waren, hörten sie den Bruder rufen:

»Kommt«, schrie er, »und seht, was ich gefunden habe!«

Da meinten die Brüder, er hätte einen großen Schatz gefunden, und ritten spornstreichs zurück. Aber er hatte nur eine tote Elster gefunden. Die Brüder schlugen ihn und ritten wieder weiter, aber der Aschenhocker steckte die Elster zu sich. Als die Brüder wieder ein großes Stück vorausgeritten waren, wurden sie wieder von ihrem Bruder zurückgerufen:

»Kommt, kommt und seht, was ich gefunden habe!«

Diesmal hatte er eine alte zerbrochene Holzschüssel gefunden. Wieder gaben sie ihm Schläge und ritten weiter. Aber der Aschenhocker steckte sich die Holzschüssel unter die Jacke und setzte seinen Weg fort. Dann fand er ein Zaunband von einem Holzzaun – gerade rechtzeitig, als die Brüder sich wieder daranmachten, ihm davonzureiten. Wieder rief er sie zurück, und wieder schlugen sie ihn, aber der Aschenhocker steckte das Zaunband zu sich. Dann fand er einen Keil, ein krummes Widderhorn und noch ein Widderhorn dazu, und jedesmal rief er seine Brüder zurück und bekam Schläge von ihnen. Aber auf diese Weise kam er beinahe ebenso rasch zum Königshof wie sie. Und nun wollten sie ihr Glück probieren.

Der erste ging hinein. Da saß die Prinzessin, rot und schön, und in dem Zimmer war es so heiß, daß der Freier einen Schritt zurück machte.

»Hier ist's aber heiß«, sagte er.

»In meinem Hintern ist's heißer«, sagte die Prinzessin.

Da war der Freier sprachlos, denn solche Worte hatte er von einer Prinzessin nicht erwartet. Und so mußte er gehen.

Dann ging der zweite Bruder hinein, aber ihm ging's ebenso. Auch er hatte solche Worte von einer Prinzessin nicht erwartet.

Dann ging der dritte hinein.

»Hier ist's aber heiß«, rief auch er aus.

Die Prinzessin sah spöttisch auf den unscheinbaren Aschenhocker.

»In meinem Hintern ist's heißer«, sagte sie.

»Das ist ja gut«, sagte der Junge, »da kann ich ja meine tote Elster drin braten.«

Die Prinzessin blickte auf, dann sagte sie:

»Da rinnt das Fett weg«.

»Ach nein«, sagte der Junge, »da halte ich meine Holzschüssel drunter.«

»Die Schüssel ist ja zersprungen«, sagte die Prinzessin.

»Das macht nichts«, sagte der Bursche, »denn da binde ich mein Zaunband drum«, und dabei zeigte er das Zaunband vor.

»Das Zaunband ist zu lang«, sagte die Prinzessin.

»Das macht nichts«, sagte der Junge, »da setze ich den Keil dazwischen.«

Die Prinzessin saß eine Weile schweigend da und betrachtete den Jungen. Wirklich und wahrhaftig, er war so unscheinbar – aber antworten konnte er!

»Du führst aber krumme Reden!« sagte sie schließlich.

»Nicht so krumm wie das da!« sagt der Junge und zeigte das eine Horn, das er gefunden hatte.

»Nein, so was gibt's doch nicht noch einmal!« schrie sie.

»Nein?« sagte der Junge fröhlich. »Ja, da soll die Prinzessin auch das hier sehen!« Und dabei zeigte er ihr das andere Horn.

Da war die Prinzessin sprachlos.

42. Der Hahn

Da wohnte ein Bauer an einem Ort, der hatte eine Mühle, die mahlte alle Arten Mehl, ohne daß man ihr Mahlgut zu geben brauchte. Und dann hatte er einen Hahn, der durfte immer bei der Mühle sein und das aufpicken, was danebenfiel.

Dann war da ein König an einem Ort, der wollte ein Fest feiern. Da schickte er zu dem Bauern und bat, er solle ihm seine Mühle leihen, und die bekam er. Aber dann brachte er sie nicht wieder zurück; dem Bauern mangelte es an Mehl, und da schickte er einen Boten um die Mühle, aber sie wurde nicht wieder nach Hause gebracht.

Da sagte sein Hahn, er werde um seine Mühle gehen. Und so machte er sich auf den Weg.

Als er unterwegs war, traf er einen Fuchs:

»Wohin gehst du?« sagte der Fuchs.

»Ich gehe auf den Königshof zu einem Gastmahl. Willst du mitkommen?« sagte der Hahn.

»Ja«, sagte der Fuchs.

»Kriech hinten rein und setz dich!«

Als er ein Stück gegangen war, da traf er einen Wolf.

Da fragte der Wolf:

»Wohin gehst du?«

»Ich gehe auf den Königshof zu einem Gastmahl. Willst du mitkommen?« sagte er.

»Aber ja«, sagte der Wolf.

»Dann kriech hinten rein und setz dich!« sagte er.

Als er ein Stück gegangen war, da traf er einen Bären.

»Wohin gehst du?« sagte der Bär.

»Ich gehe auf den Königshof zu einem Gastmahl«, sagte er.

»Willst du mitkommen?«

»Ja«, sagte der Bär.

»Kriech hinten rein und setz dich!« sagte er.

Als er ein Stück gegangen war, da kam er zu einem See. Da konnte er nicht darübergelangen, sondern er mußte den See austrinken.

Dann ging er weiter bis zu des Königs Fenster und rief und schrie und sagte:

»Der Bauer will seine Mühle wiederhaben!«

Da sagte der König:

»Nehmt diesen elenden Hahn und werft ihn zu meinen Hühnern und Gänsen – ob die ihn nicht zu Tode hacken können!«

Da sagte der Hahn:

»Fuchs, Fuchs, heraus! Jetzt ist Gastmahl am Königshof!«

Der Fuchs heraus – und biß alle miteinander tot. – Und der Hahn raus und ruft:

»Der Bauer will seine Mühle wiederhaben!«

Da sagte der König:

»Nehmt diesen elenden Hahn und werft ihn zu allen meinen Ochsen und Rindern – ob die ihn nicht ums Leben bringen können!«

»Wolf, Wolf, heraus! Jetzt ist Gastmahl am Königshof!«

Der Wolf heraus – und riß alle miteinander zu Tode. – Und der Hahn raus und ruft:

»Der Bauer will seine Mühle wiederhaben!«

»Nehmt diesen elenden Hahn«, sagte der König, »und werft ihn zu allen meinen Pferden – ob die ihn nicht zu Tode schlagen können!«

Da sagte der Hahn:

»Bär, Bär, heraus! Jetzt ist Gastmahl am Königshof!«

Und der Bär heraus – und schlug alle miteinander tot. – Und der Hahn raus und ruft und sagt:

»Der Bauer will seine Mühle wiederhaben!«

Und da sagte der König, sie sollten den Ofen in der Badestube einheizen und den Hahn hineinwerfen und ihn dort verbrennen.

Und das taten sie.

Aber als sie dorthinkamen und ihn in die Badestube werfen wollten, da spie der Hahn den See aus sich heraus und hörte nicht auf, bis sie alle miteinander ertrunken waren.

Dann ging er vor das Fenster und schrie und rief wiederum: »Der Bauer will seine Mühle wiederhaben!«

Da sagte der König, man solle ihm seine Mühle geben, »denn sonst zerstört er alles, was ich habe«.

Da nahm der Hahn die Mühle und brachte sie heim zu seinem Bauern. Und dann fühlte er sich wieder so wohl wie früher.

43. Die Tiere, die die Trolle verscheuchten

Da waren einmal ein Mann und eine Frau, die wohnten in einem großen Wald und hatten eine einzige Kuh und eine Katze, und die Kuh hieß Siri. Und einmal in der Nacht lagen der Mann und die Frau wach und unterhielten sich miteinander, und die Katze hörte zu. Da sagte der Mann zu der Frau:

»Morgen müssen wir Siri schlachten, wir haben nichts mehr für sie zu fressen.«

Und die Katze lag da und hörte zu und dachte, da wäre es jetzt am besten, wenn sie ihres Weges ginge, denn dann könnte sie keine Milch mehr bekommen. Da machte sie sich auf den Weg, und als sie ein Stück gegangen war, traf sie einen Ochsen. Da sagte der Ochse:

»Mu mu, wohin gehst du?«

»Ja«, sagte die Katze, »ich gehe weg, denn die Unseren haben gesagt, sie wollen Siri schlachten.«

»Kann ich mitkommen?« sagte der Ochse, und das durfte er.

Dann gingen sie ein Stück, und da trafen sie einen Eber.

»Ruff ruff, wohin gehst du?« sagte er.

»Ja, ich gehe weg, denn die Unseren haben gesagt, sie wollen Siri schlachten.«

»Kann ich mitkommen?« sagte der Eber, und das durfte er.

Dann, als sie ein Stück gegangen waren, trafen sie einen Bock.

»Bä bä, wohin gehst du?« sagte er.

»Ja, ich gehe weg, denn die Unseren haben gesagt, sie wollen Siri schlachten.«

»Kann ich mitkommen?« sagte der Bock, und das durfte er.

Und wieder nach einem Stück trafen sie eine Gans.

»Kak kak kak, wohin gehst du?« sagte sie.

»Ja, ich gehe weg, denn die Unseren haben gesagt, sie wollen Siri schlachten.«

»Kann ich mitgehen?« sagte die Gans, und das durfte sie.

Und zuletzt trafen sie einen Hahn.

»Kückelikü, wohin gehst du?« sagte er.

»Ja, ich gehe weg, denn die Unseren haben gesagt, sie wollen Siri schlachten.«

»Kann ich mitgehen?« sagte der Hahn, und das durfte er.

Später kamen sie an einen Ort, und dort baten sie so sehr, man möchte ihnen ein Nachtquartier geben. Und da sagten die Leute: »Das könnt ihr gerne haben, aber es ist so schrecklich mit dem Trollpack hier zur Nacht, und wir können uns gar nicht anders helfen, wir müssen uns von hier davonmachen.«

»Ja, darum kümmern wir uns nicht«, sagten die Tiere, »da haben wir keine Angst vor.«

Und die Leute machten sich auf den Weg. Da fing die Katze an und bereitete sich für die Nacht vor. Sie selbst legte sich auf den Herd und der Eber unter die Bank und die Gans unter den Tisch, und der Hahn setzte sich auf die Hühnerstange bei der Tür, und der Bock legte sich zur Stubentür und der Ochse zur Vorhaustür. Und so paßten sie auf.

Da kam eine Trollhexe herein. Sie wollte sehen, ob da noch

Feuer im Herd war, denn ihr war so schauderhaft kalt, und so fing sie an, in der Asche zu rühren. Da wachte die Katze auf und schlug ihr die Krallen in die Hände. Da lief sie zur Bank, aber da lag der Eber und hieb ihr seine Hauer in den Schenkel. Da wollte sie zum Tisch laufen, aber da lag die Gans und zwickte sie in die Waden. Da meinte sie, das würde gar zu schlimm, und da wollte sie hinausgehen. Da stand der Bock bereit und stieß sie in ihr Hinterende, daß sie kopfüber hinaus ins Vorhaus tanzte. Und dort stand der Ochse bereit und nahm sie auf die Hörner. Und da wachte der Hahn auf und rief:

»Schüttle sie fest!«

Da schaute sie, daß sie davonkam zu den anderen Trollen, und sagte:

»Es ist nichts mehr damit, daß wir noch einmal in das Haus da kommen, denn da ist ein solches Pack, die bringen einen noch ums Leben. Zuerst, als ich hineinkam, wollte ich zum Herd gehen und sehen, ob da Feuer war, und da saß der Kratzer und schlug mir seine Krallen in die Hände. Und dann wollte ich mich auf die Bank legen, und da lag der Schuhmacher und hieb mir seinen Absatzpfriem in den Schenkel. Und da kam ich zum Tisch, und da saß der Schneider und zwickte mich mit der Schere. Und als ich dann hinauslaufen wollte, da stand der Holzhacker da und schlug mir mit seiner Axt auf den Hintern. Und im Vorhaus stand der Pferdeknecht und hatte eine spitze Heugabel und schüttelte mich damit. Und am schmählichsten war, daß da ein kleiner Lumpenkerl auf einer Stange saß und schrie: ›Schüttle sie fest!‹«

Daraufhin kamen die Trolle niemals wieder hierher, und die Leute lebten in Frieden Tag und Nacht.

44. Wie der Bär zu seinem kurzen Schwanz kam

Es war einmal ein Mann, der fuhr im Winter im Lande umher und verkaufte Fische. Eines Tages fuhr er durch einen großen Wald und traf einen Fuchs, der unterwegs war und sich etwas zu essen verschaffen wollte. Sogleich kriegte der Fuchs den Geruch der Fische in die Nase, und weil er schon ewig lange nichts Frisches mehr bekommen hatte, begann ihm das Wasser im Munde zusammenzulaufen. Leise wie eine Laus sprang er auf den Wagen und hielt da ein Festessen mit Renken, Lachsforellen und allem Guten, was sich da fand. Der Händler saß vorn auf dem Wagen und fuhr dahin und ahnte nichts Böses. Der Fuchs machte zwar alles so leise, wie er nur konnte, aber als er einen Fischkopf zerbeißen wollte, knirschte und krachte es doch ein wenig. Das hörte auch der Händler. Er drehte sich um und wollte sehen, was das gewesen war, und da sah er, was für eine Gesellschaft er hatte. Sogleich packte er den Zügel und gab dem Fuchs mit der Schleife einen Schlag, daß er von dem Wagen herunterflog und auf der Landstraße lag, so lang er war.

Ob es zu der Zeit schon ein Abschußgeld gab, kann man wohl nicht gut wissen, aber auf jeden Fall war ein Fuchsfell gut zu gebrauchen. Das meinte auch der Mann. Er sprang herab und warf den Fuchs auf den Wagen, und so fuhr er, wie er es vorher getan hatte.

Aber als der Fuchs eine Weile still gelegen hatte, fing er wieder an, sich zu rühren und umzusehen. ›Dumm von dem Kerl, daß er's mit dem einen Mal genug sein läßt‹, dachte er, und dann begann er, einen Fisch nach dem anderen von dem Wagen herabzuwerfen. Der Händler aber merkte gar nichts, sondern er saß nur da und dachte darüber nach, wie's mit seinem Handel ausgehen sollte. Am Ende waren nur noch ein paar Fische auf dem Wagen übrig, und da schien es dem Fuchs, es wäre Zeit, herunterzuspringen. Das tat er auch, aber der Händler fuhr seinen Weg weiter und kriegte nichts mit.

Jetzt hatte der Fuchs schreckliche Arbeit, alle die fetten Fische zusammenzutragen, die da und dort entlang der ganzen Landstraße lagen. Aber als das getan war, setzte sich Mickel, der Fuchs, neben dem Haufen nieder und ließ sich die frischen Fische so richtig gut schmecken. Aber wie er da noch so saß, kam ein Bär dahergezockelt. Sogleich roch er den Fisch und trottete bis zu dem Fuchs.

»Wo hast du denn all die Fische herbekommen, Mickel?«

»Ja«, meinte der Fuchs, »ich habe sie mit meinem Schwanz herausgefischt.«

»Das will ich auch so machen«, sagte der Bär.

»Da tust du gut daran«, antwortete der Fuchs; und dann erzählte der Fuchs bis aufs i-Tüpfelchen, wie er das angestellt hätte. Er sei weit hinaus aufs Eis gegangen und hätte den Schwanz in ein Eisloch gesteckt, und als die Fische anbissen, hätte er ihn herausgezogen. Der Bär freute sich, daß das keine schwere Kunst war, und wollte sich sofort auf den Weg zum See machen. »Nein, nein«, sagte der Fuchs, »warte noch ein kleines bißchen, noch hast du nicht alles gehört. Wenn der Fisch heraufkommt und anbeißt, darfst du ihn nicht sofort heraufziehen, denn dann läßt er los, sondern du mußt ihm Zeit geben, daß er sich richtig festbeißen kann, aber dann mußt du ihn so fest heraufziehen, wie du nur kannst.«

Der Bär dankte für den guten Rat und zog ab zum See und machte es haargenau so, wie es der Fuchs gesagt hatte. Und als er eine hübsche Weile den Schwanz im Wasser hängen hatte, spürte er, daß da ein Fisch war und anbiß, und da freute sich der Bär. Aber weil der Fuchs gesagt hatte, er solle achtgeben und nicht zu zeitig heraufziehen, saß er noch eine gute Weile da. Aber schließlich schien es ihm, daß er nun spüren konnte, wie fest der Fisch saß, und da zog er plötzlich, so fest er nur konnte. Das tat fürchterlich weh. Aber als sich der Bär umdrehte und den Fisch anschauen wollte, steckte ein Stück von dem Schwanz im Eis, und seit dem Tag hat der Bär einen Stummelschwanz.

45. Der hungrige Fuchs

Da war einmal ein hungriger Fuchs, wie's so oft ist, der strich um die Höfe, um sich ein wenig für eine Mahlzeit zu verschaffen. Da kam er zuerst zu einer Stute, und die hatte ein Fohlen.

»Liebe, gute Stute, bekomme ich dein Fohlen?« sagte der Fuchs.

»Freilich bekommst du's«, sagte die Stute, »wenn du nur erst gehst und dich wäschst und dich an meinem Handtuch abtrocknest.«

Und das machte der Fuchs, aber als er kam und sich am Schwanz der Stute abtrocknen wollte, da schlug die Stute aus und wieherte, und der Fuchs konnte nichts ausrichten.

Da ging er zu einem Widder und sagte:

»Lieber, guter Widder, bekomme ich dich?«

»Ja freilich bekommst du mich«, sagte der Widder, »wenn du nur gehen und dich dort an den Baumstumpf setzen willst, so werde ich lebendig in dich hineinlaufen.«

Und das tat der Fuchs, und der Widder machte einen Satz und stieß den Fuchs so fest, daß es ein Glück war, daß er mit dem Leben davonkam, von einem Essen ganz zu schweigen.

Und dann traf er eine Sau mit ihren Ferkeln, und da bat er so inständig schön:

»Liebe, süße Sau, bekomme ich deine Ferkel?«

»Ja, wenn ich nur noch die Totenglocke für sie läuten kann«, sagte die Sau. Und sie fing an zu grunzen, und da kam ihr der Eber zu Hilfe. Und da schien es dem Fuchs am besten, sich davonzumachen.

Danach traf er eine Gans, die hatte viele kleine Gänschen.

»Liebe, gute Gans, bekomme ich deine Gänschen?« bat der Fuchs.

»Ja, ich muß sie nur noch waschen«, antwortete die Gans. Und so ging sie zum See mit ihnen, und der Fuchs setzte sich ans Ufer, während sie sich wuschen.

»Wag nicht zuviel, Schwester Kari!« schrie der Fuchs.

»Kümm're dich nicht drum, Meister Michel!« antwortete die Gans.

»Wag nicht zuviel, Schwester Kari!« rief er wieder.

»Kümm're dich nicht drum, Meister Michel!« antwortete die Gans aufs neue.

Aber die wuschen sich so lange, daß es sich für den Fuchs nicht mehr lohnte, dazusitzen und auf sie zu warten, und da ging er in den Wald und setzte sich unter eine Fichte und jammerte über sich:

»Wie war ich dumm, als ich zu der Stute ging, da ich ja wissen konnte, daß ich dort nichts bekäme. Wie war ich dumm, als ich zu dem Widder ging, denn da konnte ich ja wissen, daß ich dort nichts bekäme. Wie war ich dumm, als ich zu der Sau ging, denn ich konnte ja wissen, daß ich dort nichts bekäme. Wie war ich dumm, als ich zu den Gänsen ging, denn ich konnte ja wissen, daß ich dort nichts bekäme.«

Aber in dem Baum oben war ein Mann, der schlug Äste aus, und der ließ die Axt herunterfallen, und der Fuchs konnte kein Wort mehr sagen, da war sein Schwanz schon ab, gleich hinter dem Steiß.

Und der Fuchs läuft wohl noch heute und hat nichts zu fressen bekommen.

46. Wie der Fuchs aus dem Brunnen heraufkam

Der Fuchs hatte so herumgetobt und getorkelt, daß er in einen Brunnen gefallen war. Dort waren zwei Schöpfeimer und zwei Ketten, und wenn der eine Eimer niederging, so fuhr der andere herauf. Da rief der Fuchs den Wolf, mit dem er zusammengewesen war, er solle herkommen zu ihm, da werde er einen großen Käse bekommen. Und als der Wolf hinunterschaute, sah er, wie sich die Brunnenöffnung unten spiegelte, und das sah gerade aus, als wäre ein Käse da unten.

Da wollte er wissen, wie er hinunterkommen konnte. Ja, sagte
der Fuchs, er solle nur in den Schöpfeimer steigen, da werde
er schon herunterkommen. Aber da stieg der Fuchs in den
anderen Eimer, und damit kam er wieder herauf, und der
Wolf mußte unten bleiben.

47. Wie der Kranich und der Fuchs einander bewirteten

Der Kranich hatte einmal den Fuchs zu sich zu Gast geladen. Dabei wollte er seinen Gast mit Sahne bewirten.
Aber der Kranich wußte wohl, wie habgierig und gefräßig
der Fuchs war, und da fürchtete er, der Fuchs könnte die ganze Sahne aufessen und der Kranich selbst würde leer ausgehen. Indessen fand er einen Ausweg. Er schüttete die Sahne
in ein tiefes Butterfaß und forderte den Fuchs auf, zu essen
und es sich gut schmecken zu lassen. Aber das Butterfaß war
tief, und des Fuchses Hals ist kurz, und der Fuchs reichte bis
zur Sahne gerade nur mit der äußersten Spitze seiner
Schnauze, und es war nicht bedeutend, was der Fuchs von der
Sahne essen konnte. Der Kranich reichte leicht mit seinem
langen Hals hinunter bis zu der Sahne und aß genug davon.
Den Fuchs verdroß die üble Bewirtung, aber im Innern nahm
er sich vor, es dem Kranich heimzuzahlen.
Der Fuchs – wie es sich gehört – lud den Kranich ein, ihn zu
besuchen und Sahne bei ihm zu essen. Als er zum Haus des
Fuchses gekommen war, goß der Fuchs die Sahne auf eine
breite Steinplatte und forderte den Kranich auf, nur zuzu-
langen. Der Kranich pickte mit seinem langen Schnabel in der
Sahne, aber was er bekam, war nicht bedeutend. Der Fuchs
dagegen leckte die Sahne von der Platte rasch auf. Der Kranich ging ebenso hungrig von der Platte, wie er gekommen
war, und ging schnell seines Weges. Der Fuchs hatte die Sahne
aufgeschleckt und war satt und lachte über seine List, mit der
er es dem geizigen Kranich heimgezahlt hatte.

48. Warum der Hase kein Haus hat

Zu der Zeit, als der Hase sprechen konnte, sagte er, wenn es kalt war im Winter: »Hu, hu, ich friere. Wenn es Sommer ist, werde ich mir ein Haus bauen.« Aber als es dann Sommer geworden war, da sprang er von einem Busch zum andern und sagte: »Haus in jedem Busch, Haus in jedem Busch!«

Da hatte er vergessen, wie kalt es im Winter gewesen war.

49. Der Hahn, der Kuckuck und das Eichhörnchen

Einstmals, als auf der Welt die Tiere noch sprechen konnten, hatten sich der Hahn, der Kuckuck und das Eichhörnchen zusammengetan. Und wie sie so dahingingen und sich unterhielten, fanden sie da eine tote Kuh neben dem Wege liegen. Darüber freuten sie sich. Sie wollten sich dranmachen und sie aufessen, aber sie konnten sich nicht darüber einig werden, wie sie die Kuh aufteilen sollten, und jeder von ihnen wollte den besten Bissen haben. Aber zuletzt einigten sie sich, daß der, der am nächsten Morgen als erster aufwachte, die Kuh für sich haben sollte. Also, sie flogen hinauf auf einen hohen Baum und setzten sich da für die Nacht zur Ruhe. Aber ganz früh, ehe noch der Tag anfing zu grauen, erwachte der Hahn, setzte sich zurecht und schrie: »Dank sei Gott, die Kuh g'hört mir!« Dann flog er hinunter und begann an ihr zu hacken und zu essen. Aber da wachte der Kuckuck auf; er saß da und schaute hinunter auf den Hahn. Und es tat ihm doch leid um die Kuh, und wie er da so saß, sagte er: »Gut Kuh! Gut Kuh!« Da lud ihn der Hahn ein zu sich herunter, und er durfte sich auch eine rechte Mahlzeit nehmen. Aber wie's ihnen gerade am besten schmeckte, kam das Eichhörnchen. Als es sah, wie's nun stand, schrie es: »Herzliebe Freunde und Brüder, teilt's, und teilt's wie's recht wär!« Und von die-

ser Zeit an schreit der Hahn: »Dank sei Gott, die Kuh g'hört
mir!«, und der Kuckuck sagt noch immer: »Gut Kuh! Gut
Kuh!«, und auch das Eichhörnchen: »Herzliebe Freunde und
Brüder, teilt's, und teilt's wie's recht wär!«

50. Hahn und Henne

Ein Hahn und eine Henne gingen eines Tages hinaus und
wollten Nüsse essen. Dem Hahn blieben ein paar Nüsse
im Halse stecken, und er drohte zu ersticken. Da ging die
Henne zu einer Quelle und sagte:
»Liebe Quelle, gib mir Wasser! Das Wasser geb ich dem
Hahn, der Hahn erstickt.«
Die Quelle antwortete: »Geh zur Linde und bring mir
Laub!«
Die Henne ging zur Linde und sagte: »Liebe Linde, gib mir
Laub! Das Laub geb ich der Quelle, die Quelle gibt mir Was-
ser, das Wasser geb ich dem Hahn, der Hahn erstickt.«
Die Linde antwortete: »Geh zur Jungfrau und bring mir ein
Band!«
Die Henne ging zur Jungfrau und sagte: »Liebe Jungfrau,
gib mir ein Band! Das Band geb ich der Linde, die Linde gibt
mir Laub, das Laub geb ich der Quelle, die Quelle gibt mir
Wasser, das Wasser geb ich dem Hahn, der Hahn erstickt.«
Die Jungfrau sagte: »Geh zum Schuhmacher und bring mir
Schuhe!«
Die Henne kam zum Schuhmacher und sagte: »Lieber Schuh-
macher, gib mir Schuhe! Die Schuhe geb ich der Jungfrau, die
Jungfrau gibt mir ein Band, das Band geb ich der Linde, die
Linde gibt mir Laub, das Laub geb ich der Quelle, die Quelle
gibt mir Wasser, das Wasser geb ich dem Hahn, der Hahn er-
stickt.«
Der Schuhmacher sagte: »Geh zur Sau und bring mir Bor-
sten!«

Die Henne ging hin und sagte: »Liebe Sau, gib mir Borsten! Die Borsten geb ich dem Schuhmacher, der Schuhmacher gibt mir Schuhe, die Schuhe geb ich der Jungfrau, die Jungfrau gibt mir ein Band, das Band geb ich der Linde, die Linde gibt mir Laub, das Laub geb ich der Quelle, die Quelle gibt mir Wasser, das Wasser geb ich dem Hahn, der Hahn erstickt.«

»Geh für mich zur Scheune um Stroh!« sagte die Sau.

Die Henne ging hin und sagte: »Liebe Scheune, gib mir Stroh! Das Stroh geb ich der Sau, die Sau gibt mir Borsten, die Borsten geb ich dem Schuhmacher, der Schuhmacher gibt mir Schuhe, die Schuhe geb ich der Jungfrau, die Jungfrau gibt mir ein Band, das Band geb ich der Linde, die Linde gibt mir Laub, das Laub geb ich der Quelle, die Quelle gibt mir Wasser, das Wasser geb ich dem Hahn, der Hahn erstickt.«

»Schau, hier hast du ein wenig Stroh,« sagte die Scheune.

Und die Sau gab Borsten und der Schuhmacher gab Schuhe und die Jungfrau gab ein Band und die Linde gab Laub und die Quelle gab Wasser.

Aber als die Henne zum Hahn kam, da war er schon tot, und so mußte sie das Wasser selber austrinken.

51. Der Riese, der sieben Fuder Grütze und sieben Fuder Milch gegessen hatte

Da war einmal ein Riesenkerl, der hatte sich eine gute Mahlzeit gemacht und hatte sieben Fuder Grütze und sieben Fuder Milch gegessen. Und danach wollte er ausgehen und einen Besuch in der Nachbarschaft machen, und da traf er unterwegs eine Kuh.

»Das ist ja furchtbar, wie dick und voll du bist«, sagte die Kuh.

»Wie sollt ich denn nicht dick und voll sein«, sagte der Kerl, »denn ich hab sieben Fuder Grütze gegessen und sieben Fuder Milch, aber dich eß ich doch noch auf, Trampelkuh.«

»Ich trample dir davon«, sagte die Kuh.

»Da trample ich dir nach«, sagte der Kerl. Und da fraß er sie auf.

Und da ging er wieder ein Stück und traf ein Pferd.

»Das ist ja furchtbar, wie dick und voll du bist«, sagte das Pferd.

»Wie sollt ich denn nicht dick und voll sein«, sagte der Kerl, »denn ich hab sieben Fuder Grütze gegessen und sieben Fuder Milch und eine Trampelkuh, aber dich eß ich doch noch auf, Trappelgaul.«

»Ich trapple dir davon«, sagte das Pferd.

»Da trapple ich dir nach«, sagte der Kerl, und da fraß er es auch auf.

Und da ging er wieder ein Stück und traf ein Kalb.

»Das ist ja furchtbar, wie dick und voll du bist«, sagte das Kalb.

»Wie sollt ich denn nicht dick und voll sein«, sagte der Kerl, »denn ich hab sieben Fuder Grütze gegessen und sieben Fuder Milch und eine Trampelkuh und einen Trappelgaul, aber dich eß ich doch noch auf, Hopsekalb.«

»Ich hopse dir davon«, sagte das Kalb.

»Da hopse ich dir nach«, sagte der Kerl, und da fraß er es auch auf.

Und da ging er wieder ein Stück, und da traf er einen Widder.

»Das ist ja schrecklich, wie dick und voll du bist«, sagte der Widder.

»Wie sollt ich denn nicht dick und voll sein«, sagte der Kerl, »denn ich hab sieben Fuder Grütze gegessen und sieben Fuder Milch und eine Trampelkuh und einen Trappelgaul und ein Hopsekalb, aber dich eß ich doch noch auf, Glotzwidder.«

»Ich glotze dir davon«, sagte der Widder.

»Da glotze ich dir nach«, sagte der Kerl, und da fraß er ihn auch auf.

Und so ging er wieder ein Stück, und da traf er ein Eichhörnchen.

»Das ist ja schrecklich, wie dick und voll du bist«, sagte das Eichhorn.

»Wie sollt ich denn nicht dick und voll sein«, sagte der Kerl, »denn ich hab sieben Fuder Grütze gegessen und sieben Fuder Milch und eine Trampelkuh und einen Trappelgaul und ein Hopsekalb und einen Glotzwidder, aber dich eß ich doch noch auf, Hupfeichhorn.«

»Ich hupfe dir davon«, sagte das Eichhörnchen.

»Da hupfe ich dir nach«, sagte der Kerl. Und da wollte er es packen und auch auffressen. Aber da hupfte das Eichhörnchen hinauf auf einen Baum. Der Kerl wollte ihm nachkriechen hinauf auf den Baum, und er tat es auch. Aber als er oben war, hupfte das Eichhörnchen auf einen anderen Baum. Und der Kerl wollte wieder hinunterkriechen und dann dort wieder hinauf, aber er kam schneller runter, als es üblich ist, denn er tat nichts Besseres, als rücklings runterzufallen, und er stieß sich eine Zaunstange durch den Bauch und blieb daran hängen. Und da begann die Kuh zu trampeln und der Gaul zu trappeln und das Kalb zu hopsen und der Widder zu glotzen und die Grütze und die Milch zu laufen. Der Kerl aber starb – ihm ist das viele Essen nicht gut bekommen.

52. Da ging ich zu meinem Bruder

Da ging ich zu meinem Bruder am zweiten Weihnachtstag; da bekam ich zwei gutgerupfte Hühner.

Da ging ich zu meinem Bruder am dritten Weihnachtstag; da bekam ich drei graue Gänse, zwei gutgerupfte Hühner.

Da ging ich zu meinem Bruder am vierten Weihnachtstag; da bekam ich vier fette Schweine, drei graue Gänse, zwei gutgerupfte Hühner.

Da ging ich zu meinem Bruder am fünften Weihnachtstag; da bekam ich fünf span'sche Schafe, vier fette Schweine, drei graue Gänse, zwei gutgerupfte Hühner.

Da ging ich zu meinem Bruder am sechsten Weihnachtstag;
da bekam ich von sechs Jahren Saat, fünf span'sche Schafe,
vier fette Schweine, drei graue Gänse, zwei gutgerupfte Hühner.

Da ging ich zu meinem Bruder am siebenten Weihnachtstag;
da bekam ich sieben Ferkel klein, von sechs Jahren Saat, fünf
span'sche Schafe, vier fette Schweine, drei graue Gänse, zwei
gutgerupfte Hühner.

Da ging ich zu meinem Bruder am achten Weihnachtstag; da
bekam ich acht graue Ochsen schön, sieben Ferkel klein, von
sechs Jahren Saat, fünf span'sche Schafe, vier fette Schweine,
drei graue Gänse, zwei gutgerupfte Hühner.

Da ging ich zu meinem Bruder am neunten Weihnachtstag;
da bekam ich neumelkne Kühe neun, acht graue Ochsen schön,
sieben Ferkel klein, von sechs Jahren Saat, fünf span'sche
Schafe, vier fette Schweine, drei graue Gänse, zwei gutgerupfte Hühner.

Da ging ich zu meinem Bruder am zehnten Weihnachtstag;
da bekam ich graue Zelter zehn, mit goldnen Sätteln anzusehn, die Schweife ihnen grad abstehn, mit Liebesknoten versehn, neumelkne Kühe neun, acht graue Ochsen schön, sieben
Ferkel klein, von sechs Jahren Saat, fünf span'sche Schafe,
vier fette Schweine, drei graue Gänse, zwei gutgerupfte
Hühner.

Da ging ich zu meinem Bruder am elften Weihnachtstag; da
bekam ich elf Küster, wohl erkor'n, graue Zelter zehn, mit
goldnen Sätteln anzusehn, die Schweife ihnen grad abstehn,
mit Liebesknoten versehn, neumelkne Kühe neun, acht graue
Ochsen schön, sieben Ferkel klein, von sechs Jahren Saat,
fünf span'sche Schafe, vier fette Schweine, drei graue Gänse,
zwei gutgerupfte Hühner.

Da ging ich zu meinem Bruder am zwölften Weihnachtstag;
da bekam ich zwölf Kirchen, und zwölf Altäre in jeder Kirche, und zwölf Pfarrer zu jedem Altar, und zwölf Gürtel
um jeden Pfarrer, und zwölf Taschen an jedem Gürtel, und

zwölf Fächer in jeder Tasche, und zwölf Taler in jedem Fach, und elf Küster, wohl erkor'n, graue Zelter zehn, mit goldnen Sätteln anzusehn, die Schweife ihnen grad abstehn, mit Liebesknoten versehn, und neumelkne Kühe neun, und acht graue Ochsen schön, und sieben Ferkel klein, und von sechs Jahren Saat, und fünf span'sche Schafe, und vier fette Schweine, und drei graue Gänse, und zwei gutgerupfte Hühner.

Da ging ich zu meinem Bruder am dreizehnten Weihnachtstag; da bekam ich dreizehn Höfe, und dreizehn Häuser auf jedem Hof, und dreizehn Räume in jedem Haus, und dreizehn Betten in jedem Raum, und dreizehn Kissen zu jedem Bett, und dreizehn Mägde zu jedem Kissen, und dreizehn Knechte zu jeder Magd, und dreizehn Wiegen zu jedem Knecht, und dreizehn Kinder in jeder Wiege, und dreizehn Frauen zu jedem Kind, und dreizehn Töpfe zu jeder Frau, und dreizehn Löffel zu jedem Topf, und dreizehn Spitzen an jedem Löffel, und dreizehn Ringe an jeder Spitze, und dreizehn Körner in jedem Ring, und dreizehn Küken zu jedem Korn, und zwölf Kirchen, und zwölf Altäre in jeder Kirche, und zwölf Pfarrer zu jedem Altar, und zwölf Gürtel um jeden Pfarrer, und zwölf Taschen an jedem Gürtel, und zwölf Fächer in jeder Tasche, und zwölf Taler in jedem Fach, und elf Küster, wohl erkor'n, graue Zelter zehn, mit goldnen Sätteln anzusehn, die Schweife ihnen grad abstehn, mit Liebesknoten versehn, und neumelkne Kühe neun, und acht graue Ochsen schön, und sieben Ferkel klein, und von sechs Jahren Saat, und fünf span'sche Schafe, und vier fette Schweine, und drei graue Gänse, und zwei gutgerupfte Hühner.

53. Der Bauer, der Hausierer und der Böse

Da war einmal ein Bauer, der war eine Zeit reich, aber danach wurde er bald durch vielerlei Unglück so arm, daß er weder ein Pferd noch einen Ochsen besaß, und wenn er pflügen wollte, mußte er den Pflug selber ziehen. Einmal blickte er bei dieser schweren Arbeit auf, und da sah er am Zaun einen feinen Herrn stehen, und der sah ihm bei seiner Arbeit zu. Der fragte ihn:

»Warum bist du so traurig?«

Der Bauer berichtete ihm da von all seinem Mißgeschick und auf welche Weise er so schrecklich arm geworden war.

»Wenn's nichts andres ist als das«, sagte der Herr, »sieben Jahre lang sollst du dir alles Gute wünschen können, was nur möglich ist, aber dann komme ich und stelle dir sieben Fragen, und wenn du sie nicht beantworten kannst, so gehörst du mir.«

Der Bauer dankte, der Herr ging seines Weges, und der Bauer wünschte sich sogleich und dann die ganze Zeit alles, von dem er meinte, es müßte das Beste sein: er wünschte sich Reichtum, und den bekam er alsbald im Überfluß; er wünschte sich eine schöne und tüchtige Frau, und die bekam er auch – alles, was er sich Gutes auf der Welt wünschte, das bekam er sogleich.

Aber als die sieben Jahre nun ihrem Ende entgegengingen, da wurde der reiche Bauer immer ängstlicher, denn er ahnte, daß der feine Herr, in dessen Gewalt er sich begeben hatte, niemand andrer war als der Böse selber. Na, der letzte Tag der sieben Jahre kam heran. Der Bauer war voller Furcht und schickte seine Frau, die Kinder und seine ganze Dienerschaft aus dem Hause und war ganz allein und wollte so den unwillkommenen Gast empfangen. Es war schon spät am Nachmittag, und später am Abend klopfte jemand an der Tür, und eine bekannte Stimme rief von draußen:

»Lieber Herr, gebt mir ein Quartier über Nacht; lieber Herr, gebt mir ein Quartier über Nacht, laßt mich hereinkommen, macht auf!«

Dem Bauern schien es, daß er deutlich die Stimme eines bekannten Hausierers aus Västergötland hörte, aber er fürchtete, das könnte sehr wohl auch der Böse selber sein, der nur seine Stimme verstellte und der jetzt kam, um ihn davonzuschleppen. Aber als es immer wieder pochte, machte er doch die Tür auf, und da war es wirklich der Hausierer, den er kannte. Der bat darum, hier über Nacht bleiben zu dürfen, wenn auch nur auf einem Stuhl, und das erlaubte ihm schließlich der Bauer.

Aber um zwölf Uhr in der Nacht gab es einen schrecklichen Lärm an der Tür. Der Bauer tat, als ob er schliefe, und schnarchte fürchterlich. Endlich wachte der Hausierer auf und sagte:

»Herr, da ist jemand, der lärmt an der Tür und will herein«, aber der Bauer tat, als ob er schliefe, und schnarchte nur.

Da ging der Hausierer zur Tür und machte sie auf. Herein kam ein feiner Herr, der Teufel selber, der dachte, es wäre der Bauer, der ihm aufgemacht hatte, und deshalb fing er gleich mit seinen Fragen an:

»Was ist eins, du?«

»Ein Öhr in einer Nadel«, antwortete sogleich der Hausierer, aber er setzte hinzu: »Das mußt du wohl auch vorher gewußt haben, du dummer Teufel – und ich stehe da im bloßen Hemd und friere und gehe dabei noch drauf!«

»Was ist zwei, du?« fragte der Böse weiter.

»Zwei Augen in einem Kopf«, antwortete sofort der Hausierer und sagt danach: »Das dürftest du wohl wissen, du neugieriger Kerl, und ich steh hier im bloßen Hemd und friere!«

»Was ist drei, du?« fragte nun der Böse.

»Drei Füße an einem Kessel, aber das mußt du wohl auch vorher gewußt haben, du dummer Teufel! Und ich steh immer noch hier und friere mich zu Tode im bloßen Hemd«, sagte der Hausierer.

»Was ist vier, du?« fragte der Böse weiter.

»Vier Räder unter einem Wagen«, antwortete der Hausierer ohne nachzudenken; »das mußt du wohl auch vorher gewußt haben, du dummer Teufel! Aber ich steh hier und friere mich zu Tode im bloßen Hemd«, setzte er hinzu.

»Was ist fünf, du?« fragte danach der Böse.

»Fünf Finger an einer Hand«, antwortete der Hausierer im Augenblick; »aber das mußt du wohl auch vorher gewußt haben, du dummer Teufel, und hier stehe ich immer noch im bloßen Hemd und friere wie ein Hund«, setzte er wieder hinzu.

»Was ist sechs, du?« fragte schließlich der Böse.

»Sechs Krüge in Kana«, antwortete schnell der Hausierer, aber er sagte immer ungeduldiger: »Das mußt du wohl auch vorher gewußt haben, du dummer Teufel, und hier stehe ich immer noch im bloßen Hemd und friere wie ein Hund.«

Endlich fragte da der Böse:

»Was ist sieben, du?« Wie der Blitz antwortete der Hausierer:

»Sieben Bitten im Vaterunser; aber das wenigstens mußt du doch vorher gewußt haben, du dummer Teufel, so daß ich nicht hier im bloßen Hemd zu stehen brauchte und mich zu Tode frieren müßte, um dir das zu sagen!« rief der Hausierer ungeduldig aus.

Als der Teufel hörte, daß der andere alle Fragen richtig beantwortet hatte, wurde er so zornig, daß er das Hausdach mit sich fortriß und heulend abfuhr. Aber der Bauer, der bei den Antworten des Hausierers immer lebendiger und munterer geworden war, wurde so froh über seine Errettung von dem Bösen, daß er dem Hausierer sogleich den Hof schenkte, wo sie eben waren, und dann lebte jeder auf seinem Platz froh und glücklich.

54. Der Teufel und Kitta Grau

Da waren zwei Schwestern, und die waren einander so sehr ähnlich, daß sie nicht einmal der Teufel unterscheiden konnte. Die eine war Kitta Grau. Nun vereinbarten der Teufel und Kitta Grau, daß sie auf der Moorheide von Ski um die Wette laufen wollten. Und wenn Kitta Grau imstande wäre, es beim Wettlauf mit dem Teufel aufzunehmen, da sollte sie ein Paar Schuhe bekommen, die sie niemals abtragen würde.

Als nun der Tag bestimmt war, an dem sie laufen sollten, überredete sie ihre Schwester, daß sie sich an das eine Ende der Heide stellte, und Kitta Grau selbst stellte sich an das andere. Sie hatten einen Strumpf in den Händen und strickten, alle beide.

So kam also an dem festgesetzten Tag der Teufel zu Kitta Grau.

»Na«, sagt er, »wenn du bereit bist, dann laufen wir.«

»Ja«, sagte das Weib.

Na, der Teufel rannte los, aber er schaute sich keinmal um. Das Weib blieb stehen.

Als der Teufel an das andere Ende der Heide kam, stand die Alte da und strickte an ihrem Strumpf.

»Na, dann laufen wir also«, sagte sie.

Er rannte los.

Als er an das Ende der Heide kommt, steht da das Weib und strickt an ihrem Strumpf.

»Na«, sagte das Weib, »dann laufen wir also.«

Und das ging so weiter, und der Teufel lief hin und zurück.

Da kam dann der Teufel, und die Schuhe hatte er auf einer langen Stange.

»So viel die Stange länger ist als du, so viel ärger bist du als ich!«

Na, da war dann ein Kaufmann, der ging einen Vertrag mit dem Teufel ein, daß er alles, was er einkaufte, auch verkaufen und großen Gewinn dabei machen sollte, und das ist ja immer eines Kaufmannes größtes Vergnügen. Aber sie hatten auch ein bestimmtes Jahr ausgemacht, und wenn die Zeit vorüber war, sollte der Teufel den Kaufmann holen. Wenn er aber dann noch ein Stück im Laden hätte, das niemand kaufen wollte, da sollte der Teufel nichts mehr mit ihm zu schaffen haben.

Als die Zeit näher kam, zu der der Teufel den Kaufmann holen sollte, da war der Kaufmann voll Kummer und Schmerz, daß er sich dem Teufel verkauft hatte.

Da kam ein altes Weib daher und fragte den Kaufmann, weshalb er so bekümmert aussehe.

»Ja«, sagte der Kaufmann, »da kannst du nichts dagegen tun«, sagte er.

»Ja«, sagte die Alte, »wenn ich nur erfahre, worum es bei dem Herrn geht!«

Da erzählte er, wie es um ihn stand:

»Ich habe einen Kontrakt mit dem Teufel geschlossen, daß ich von allem, was ich einkaufe, großen Gewinn haben soll. Aber wenn ich ein Stück habe, das niemand kaufen will, so bin ich von ihm errettet.«

»Na«, sagte die Alte, »da soll der Herr einen Glasschrank kaufen. Dann soll er mich nehmen und in den Glasschrank setzen. Aber bevor ich hineinkomme, soll er mich teeren und federn.«

»Na«, meinte der Kaufmann, »das wäre schön, liebe Frau.«

Er kaufte einen Glasschrank, und dann teerte er die Frau und nahm sie und rollte sie in ein Federpolster. Da war das Weib geteert und gefedert. Dann setzt er sie in den Glasschrank, und den hängte er dann im Laden an eine Wand.

Na, an dem bestimmten Tag kommt der Teufel – der fragte den Kaufmann:

»Na, das ist doch gut für dich gegangen?«

»Ja«, antwortete der Kaufmann, »bis auf ein Stück, das habe ich noch im Laden übrig.«

»Na, laß es mich ansehen!« sagte der Teufel.

Als sie in den Laden kamen und sich den Schrank anschauten, da erkannte der Teufel das Weib wieder. Es war Kitta Grau.

»Na«, sagte der Teufel, »wer dich kennt, der kauft dich nicht.«

Damit war der Kontrakt zwischen dem Teufel und dem Kaufmann gebrochen, und danach waren sie quitt.

55. Der Alte Erik in der Mühle

Da war einmal ein Schuster, der war in den Tagen vor Weihnachten noch unterwegs und nähte in den Häusern Schuhe. Er arbeitete bis zum Weihnachtsabend, und als es Nachmittag wurde, wollte er zu sich nach Hause gehen. Aber weil es ziemlich weit war bis dorthin, wo er wohnte, mußte er in der Dunkelheit in eine Mühle gehen, die neben dem Wege stand, und dort die Nacht über bleiben. Nun stand diese Mühle nicht gerade in gutem Ruf hier in der Gegend, denn man erzählte allgemein von ihr, daß der Gottseibeiuns selbst bisweilen hier Haus halte. Das war auch dem Schuster bekannt, aber weil er mehr als andere wußte, so konnte er es auch so einrichten, daß nichts Böses an ihn herankam.

Nachdem er etwas hölzernes Gerümpel aufgehäuft hatte, das da an den Wänden der Mühle lag, machte er sich ein tüchtiges Feuer, und dann nahm er eine Pfanne, die irgendein Müller hier vergessen hatte, die setzte er aufs Feuer und fing an, in ihr Pech zu kochen, das er bei sich hatte. Dann nahm er ein Papier, schnitt es in schmale Streifen auseinander und pichte es dann zu einem Band zusammen, und darauf schrieb er das Vaterunser und band es sich um den Leib. Dann ging er auf den Schüttboden und legte sich nieder, aber die Pechpfanne ließ er auf dem Feuer, so daß sie immer heiß blieb.

Es war still, und der Schuster schlief ein. Aber als es dann gegen Mitternacht ging, hörte er auf einmal ein schreckliches Getöse im Mahlhaus, und da mußte er doch justament auf und nachgucken, was das da für ein Unwesen war. Dabei vergaß er aber nicht, die Pechpfanne mit sich zu nehmen, gewiß nicht. Als er ins Mahlhaus kam, was glaubt ihr, sah er da – stieg da nicht der Satan selbst, der Alte Erik, aus dem Mehltrichter herauf! Er war klein an Körper wie ein Tomtemann, ein Kobold, aber mit einem fürchterlich großen Kopf! »Hast du schon einmal einen so großen Kopf auf einem so kleinen Rumpf gesehen, du?« fragte er den Schuster. »Hast du früher schon einmal eine so kräftige Suppe kennengelernt, du?« antwortete der Schuster und schmiß ihm die Pfanne mit dem heißen Pech mitten ins Gesicht. Auf solche Weise von einem hundshäuternen Schuster abgebrüht zu werden, das konnte dem Onkel Erik wohl nicht gerade gefallen, und ihr hättet ihn sehen sollen, was für einen Spektakel er machte und wie böse er war, aber er fand doch kein Mittel gegen den Schuster wegen des Papiers, das er um sich hatte, mit dem Gebet des Herrn darauf.

Als nun eine Weile vergangen war und der Böse, der die ganze Zeit herumgeschimpft hatte, wieder einigermaßen zu sich gekommen war, da kamen aus allen Ecken und Enden Trollweiber auf Besen und Pfählen, genauso, wie sie es zu tun pflegen, wenn sie auf ihrem Ritt zum Berg Blåkulla[1] sind. Sie hatten große Ledersäcke auf dem Rücken, und darin hatten sie Kübel mit Butter, denn sie sollten gerade jetzt ihre Weihnachtsgaben bringen. Und da war's auch nicht zu verwundern, daß der Graue Erik so eigensinnig darauf bestand, hier zu bleiben, bei all der Unbill, die ihm der Schuster zugefügt hatte. Als ein verteufelter Haufen zusammengekommen war, trugen sie eine große irdene Schüssel herzu, und dahinein gab ein jeder seine Sachen. Aber jetzt waren die Weiber nicht geizig, das könnt ihr glauben! Solche Klumpen von

1 Vergleichbar dem deutschen Blocksberg.

Butter hat der Schuster noch nie gesehen, obgleich er weit in den Gemeinden herumgekommen war, und sie lobten und priesen beinahe alles miteinander, obwohl die, bei denen er zur Arbeit gewesen war, sonst nie mit etwas zufrieden waren. Aber als die Weiber gehen wollten, stellte sich der Schuster mitten in die Tür, zog das Messer heraus und hieb auf sie ein, wie sie kamen. Es versteht sich, daß sie sich wehrten und verteidigten, so fest sie nur konnten. Aber eine jede von ihnen kriegte wohl genug ab, und sie waren so böse, daß sie Gift auf ihn gespritzt hätten, wenn sie ihm nur etwas Übles hätten antun können.

Als sie sich verzogen hatten, wurde es still, und der Schuster legte sich hin und schlief bis zum Morgen. Aber als er dann nach Hause ging, begegnete er vielen Kirchgängern, und da sah er, wie es mit dem Weibervolk bestellt ist: fast eine jede einzelne hatte da Schrammen im Gesicht.

56. Der Pfarrer und der Mesner

Da war einmal ein Pfarrer, der war so schrecklich geizig, daß er nicht ein Mal einem Bettler eine Mahlzeit gönnte, und niemals ließ er so einen armen Kerl bei sich übernachten. Aber in der Predigt – da legte er los wie ein rechter Mann, und wenn er richtig in Zug kam und donnerte und wetterte und mit der Faust auf die Kanzel hieb, da war dann Heulen in jeder Ecke der Kirche, und in dieser Hinsicht konnte keiner über ihn klagen; was aber den Geiz anbelangt, so schien es allen in der Gemeinde geradezu eine Schande, daß sie einen so erbärmlichen Gottsspruchbeutel haben sollten. Die Pfarrerin, die war auch traurig darüber, denn es war ein freundliches und tüchtiges Frauenzimmer, das er genommen hatte, aber sie kam nicht gegen ihn auf.

Als es gegen Weihnachten ging und die Armen am allerzudringlichsten waren, zog sich der Pfarrer wie ein alter Bettler an und saß des Abends in der Küche; und kam dann so ein armer Kerl und bat um ein Quartier, da mußte die Pfarrerin sagen, sie hätten schon lange einem Herberge gegeben und mußte ihn zum Mesner weiterschicken, der ganz in der Nähe wohnte. Der Mesner war auch nicht erfreut über den Fremden, versteht sich, denn er meinte – und das war ja auch die Wahrheit –, daß der Pfarrer noch mehr als er verpflichtet war, die Armen zu speisen und ihnen Herberge zu geben.

Aber er war ein rechter Pfiffikus, der Mesner, und voller Streiche und Schelmenstücke, wie eben die Mesner gewöhnlich sind.

›Aber hol's der Kuckuck‹, dachte er, ›da wird sich doch wohl ein Mittel gegen den Geiz finden lassen wie gegen andere Krankheiten auch‹, und als es gegen Weihnachten ging, wartete er einen Abend ab und kleidete sich wie ein alter Bettler, und dann ging er hinüber zum Pfarrhof und bat um ein Nachtquartier.

Ja, das hätte er gerne bekommen können, wenn sie nicht schon einen Fremden zur Nacht hier hätten, sagte die Pfarrerin und zeigte dabei auf einen Bettler, der am Herde saß – das war der Pfarrer selber, versteht sich, auch wenn sie sich nichts anmerken ließen –, aber da es nun einmal so war, wie es war, so sollte er doch die Erlaubnis bekommen, weiterzugehen und beim Mesner hineinzuschauen, denn der hätte gewiß noch niemanden, meinte sie.

»Die und niemanden haben?« sagte der Mesner. »Ja, die haben die Stube so voll, daß sie mit Müh und Not noch Platz für sich selber haben; ich komme ja gerade von ihnen«, sagte er, »und die Frau kann doch nicht wollen, daß ich draußen im Freien auf der Erde liege und gar erfriere«, sagte er.

Nein, um Gottes willen, so unchristlich könnte sie wohl nicht sein, aber wenn sie eben keinen Platz für ihn zum Schlafen hatte, da könnte sie wohl auch nichts weiter für ihn tun, sagte sie.

»Aber ganz sicher«, sagte der Mesner. »Könnt Ihr einem

Nachtquartier geben, so könnt Ihr auch zweien Nachtquartier geben, denn ich denke, mein Kamerad hier wird ja nicht etwa gar die Erlaubnis erhalten, im Pfarrerbett zu liegen. – Oder was sagst du?« sagte er und schlug dem Pfarrer auf die Schulter, daß der beinahe kopfüber aus der Herdecke herausgefallen wäre.

»Man muß zufrieden sein auf dieser Welt und für das danken, was man bekommt«, sagte der Pfarrer.

»Da sprichst du ein wahres Wort«, sagte der Mesner, »und für die Frau Pfarrer gilt das auch, wenn sie in der Nacht zwei Männer bekommt statt einen. Denn auf die Art wird's dieses Mal zugehen. Und du und ich, wir werden sein wie zwei Würste in einer Haut«, sagte er.

Die Pfarrerin widersprach so lange wie möglich, denn sie meinte, der Bettler da sei von der Art, daß er wohl einen gefährlichen Kameraden für ihren Mann abgeben würde. Aber der Mesner ging auf keine Bedingung ein, und so mußte sie nachgeben.

Weil der Knecht fort war in der Mühle, sollten die beiden in der Waschkammer liegen, der Pfarrer in einer Schlaftruhe und der Mesner auf dem Truhendeckel.

So sollte es sein – nach der Anordnung der Pfarrerin. Aber der Mesner war mit dieser Regelung gar nicht zufrieden, und als er in die Kammer trat, da war er es, der sich auf die Lagerstatt warf, und der Pfarrer mußte sich mit dem Truhendeckel begnügen.

Auf einmal schlich sich der Mesner hinaus, und als er zurückkam, weckte er den Pfarrer.

»Jetzt habe ich dem geizigen Pfarrer einen schönen Streich gespielt, das kannst du glauben: ich habe ein Loch in die Decke des Schupfens gebohrt, und das ganze Getreide, das er als Zehnten bekommen hat und das auf dem Dachboden liegt, rinnt über die Holzstöße.«

»Oj, oj, oj!« machte der Pfarrer.

»Was fehlt dir denn?« sagte der Mesner.

»Mir tut's so weh, so weh«, sagte der Pfarrer, und dann machte er sich auf den Weg hinaus in den Schupfen.

›Ich denke, du hast jetzt eine Weile zu tun, und da mag ein Schwein hier auf dem verfaulten Stroh liegen, wenn man in des Pfarrers Bett viel besser liegen kann‹, dachte der Mesner und eilte auch schon zur Pfarrersfrau und ahmte den Pfarrer nach, und sie konnte ja nichts anderes denken, als das wäre ihr Mann, der da kam.

»Ich habe so schlecht gelegen, so schlecht«, wimmerte er, »denn der Schurke von einem Bettler hat mich augenblicklich auf den Deckel der Schlaftruhe verdrängt – kann ich mich wohl jetzt eine Weile bei dir ausruhen?« sagte er.

»Mein lieber Herzensmann, das darfst du gewiß«, sagte die Frau. »Aber warum mußt du auch so geizig sein, es ist eine Sünde und Schande und bringt auch kein Glück.«

»Ach nein, damit ist's vorbei«, sagte der Mesner, und er ahmte unentwegt den Pfarrer nach. »Heute nacht habe ich damit ein Ende gemacht, von jetzt an werde ich mich bessern«, sagte er.

»Gott segne dich für dieses Wort!« sagte die Frau und küßte ihn, und dann legte er sich ins Bett.

Inzwischen schuftete der Pfarrer im Holzschupfen wie ein Wilder und steckte viele Male kopfüber zwischen den Holzstößen, bis er das Loch fand und es verstopfen und mit einem Zapfen verschließen konnte, und der Schweiß rann ihm herab. Aber es war auf jeden Fall zu spät, denn das ganze Getreide lag schon im Schupfen.

Nach einer Weile sagte der Mesner: »Nein, jetzt werde ich wohl zu dem Bettler zurückgehen, damit er nicht merkt, wo ich gesteckt habe.« Da machte er sich davon, und er war gerade erst auf seine Lagerstatt gefallen, da kam auch schon der Pfarrer und stöhnte und ächzte wie ein Blasebalg. Aber als er ihn wieder auf dem Truhendeckel sah, mit der Decke über sich, da schlich er sich wieder hinaus.

Als er zurückkam, weckte er den Pfarrer.

»Jetzt habe ich dem Pfarrer noch einen besseren Streich gespielt«, sagte er, »denn als ich hinauskam und in der Ferne die Wölfe von den Hügeln heulen hörte, da bin ich in den Stall gegangen und habe sein ganzes Vieh hinausgetrieben.«

»Oj, oj, oj, oj!« schrie der Pfarrer und fuhr in die Höhe.

»Was fehlt dir denn?« sagte der Mesner.

»Mir tut's so weh, so weh«, sagte der Pfarrer und lief auch schon wieder hinaus.

›Ich denke, du hast jetzt eine schöne Weile was zu tun‹, dachte der Mesner, und so ging er wieder zu der Frau.

»Bist du wieder hier, lieber Mann«, sagte sie.

»Ja, Liebe«, sagte der Mesner – er ahmte immer noch den Pfarrer nach –, »es ist mir gelungen, den Bettler da anzuführen und hinauszuschicken, und mir geht's da auf dem Deckel von der Truhe so erbärmlich schlecht, daß ich mich jetzt wohl eine Weile bei dir ausruhen kann«, sagte er.

»Lieber Herzensmann, das darfst du gewiß«, sagte die Frau, und so legte er sich ins Bett.

Inzwischen rannte der Pfarrer in der Dunkelheit auf allen Hügeln herum und stürzte viele Male zu Boden, als er so lief und die Tiere da lockte und zurücktrieb.

Und er hatte schreckliche Mühe, bis er alles Vieh wieder an seinem Platz im Stalle hatte, und es war ein tüchtiger Marsch, den er da machen mußte.

Nach einer Weile sagte der Mesner: »Nein, jetzt werde ich wohl zu dem Bettler zurückgehen, damit er nicht merkt, wo ich gesteckt habe«, und dann ging er. Aber er hatte noch nicht lange in der Kammer gelegen, da kam der Pfarrer und stöhnte und ächzte so arg, daß es ein Jammer war, ihm zuzuhören, denn er war fast ganz außer Atem.

»Diesmal hast du dir aber lange Zeit gelassen«, sagte der Mesner. »Aber während du weggewesen bist, habe ich dem geizigen Pfarrer noch einen Streich gespielt«, sagte er.

»Wie denn?« sagte der Pfarrer und geriet so außer sich, daß er nicht einmal imstande war, auf seinen Beinen zu stehen.

»Ja«, sagte der Mesner – aber dieses Mal log er –, »ich bin unten im Keller gewesen, und in die äußerste Biertonne habe ich zwei Kannen Jauche gegossen, denn ich dachte, der Pfarrer müßte doch etwas haben, was er dem Mesner zur Weihnachtszeit anbieten kann.«

»Oj, oj, oj, oj, oj, oj!« schrie der Pfarrer.

»Was fehlt dir denn?« sagte der Mesner.

»Mir tut's so weh, so weh!« sagte der Pfarrer.

»Ja, ich kann's direkt hören«, sagte der Mesner, »und du tust mir auch leid, und deshalb sollst du jetzt an meiner Stelle auf dem Sofa liegen, denn es geht gegen Morgen, und da mache ich mich auf den Weg, denke ich, denn ein Frühstück bekomme ich wohl nicht bei dem Geizkragen hier«, sagte er.

»Lebwohl!«, und so ging er.

»Puuuuh!« sagte der Pfarrer, und ihm war, als hätte sich eine ganze Kirchengemeinde auf seinem Rücken herumgetrieben, und der Mesner war noch nicht recht unterwegs, da wankte er auch schon zu seiner Frau.

»Bist du wieder hier, lieber Mann«, sagte sie.

»Wie-ie-ie-ieder?« sagte der Pfarrer und vermochte nur mit Mühe zu sprechen, so erbärmlich müde war er.

»Ja, du bist doch heute nacht schon zweimal hiergewesen«, sagte die Frau.

»Zweimal?« sagte der Pfarrer und stöhnte.

»Ja gewiß«, sagte die Frau.

»Du hast geträumt«, sagte der Pfarrer.

»Ha! Ich träume doch gewöhnlich nicht, wenn ich nicht schlafe«, sagte die Frau, »aber, mein liebster Mann, führ dich nicht noch einmal als ein solcher Popanz auf«, sagte sie.

»Nein!« sagte der Pfarrer. »Da ist es besser, den Armen was zu geben, als solches Elend zu ertragen wie heute nacht«, sagte er, und er brachte die Worte hervor, und dann schlief er.

Plötzlich fuhr er erschrocken hoch.

»Mutter!«

»Vater!« sagte die Frau.

»Die äußerste Biertonne – sollst du – den Mesnerleuten – geben«, sagte er.

»Aber i bewahre, das ist doch viel zuviel«, sagte die Frau.

»Nein, gerade genug«, stöhnte der Pfarrer und schlief wieder ein.

Am anderen Morgen ließ die Frau die Biertonne zum Mesner bringen, und der war froh und dankte für das Geschenk, denn er wußte ja, daß das Bier unverdorben war.

Der Pfarrer hatte wohl eine Menge Arbeit, bis er den Zehntroggen zwischen den Scheiten im Holzschupfen wieder herausgeholt hatte. Aber wie er sich anstrengte und abmühte und siebte und in den Bottich füllte, da war von dem Getreide, das er zwischen den Holzscheiten zusammenscharrte, so viel, daß es mit seinem Verlust nicht so schlimm bestellt war. Aber diese Nacht vergaß er nicht so bald wieder.

Er hatte seinen Geiz gebüßt und war von nun an wie ein anderer Mensch; niemals schlug er einem Armen eine Mahlzeit oder ein Quartier ab, und wenn die Bauern mit dem Zehntgetreide auf den Pferden kamen, da hielt er ein so großes Festessen, daß man allgemein sagte, einen besseren Pfarrer könnten sie sich niemals wünschen.

Einen solchen Mesner zu haben — das war schon eine Tonne Bier wert!

57. Der Pfarrer und der Teufel

Der Pfarrer und der Mesner wohnten jeder auf einer Seite des Friedhofs, und der Weg zwischen ihnen führte an der Kirche vorbei.

Eines Abends hat der Mesner etwas beim Pfarrer zu erledigen und geht den gewöhnlichen Weg.

Und als er an der Kirche vorbeigeht, hört er drinnen einen schrecklichen Lärm und eilt so rasch er kann hinüber zum Pfarrer.

»Lieber Herr Pastor, der Teufel wütet in der Kirche. Das ist ein solcher Radau, als wollte er das ganze Gotteshaus niederreißen.«

»Na, da schleppt er gewiß den Körper des Bezirkskommissars herum, den wir neulich im Herrengrab begraben haben. Oder vielleicht wollen es die anderen Leichen nicht dulden, daß ein nicht adliger Polizeikommissar an ihrer Seite ruht. Wir gehen dorthin und sehen nach, was es ist.«

Der Pfarrer zieht sein volles Priestergewand an und nimmt die Bibel in die Hand. Der Mesner zündet ein Licht in einer Laterne an, und so marschieren sie los.

Aber je näher sie kamen, um so langsamer gingen sie, und als sie den Lärm in der Kirche hörten, sträubten sich ihnen die Haare auf dem Kopf.

»Ich glaube, wir kehren um«, sagte der Mesner.

»Nein«, sagte der Pfarrer, »das geht nicht an. Man würde über uns lachen, wenn wir uns so ängstlich zeigten. Wir gehen in Gottes Namen. Das wäre ein starkes Stück, wenn der Satan es wagen sollte, mich anzurühren und nicht sogleich zu fliehen, wenn ich in meiner Amtstracht gekleidet bin und das Wort Gottes in meiner Hand habe!«

Mit klopfendem Herzen öffnen sie die Kirchentür und marschieren hinein. Aber was geschah? Sie sahen ein großes, schwarzes Ding vom Altar her ungestüm gegen sie laufen und dem Pfarrer zwischen die Beine. In seiner Bestürzung läßt der die Bibel los und beißt vor sich in des Teufels Borsten, um sich festzuhalten.

Gerade als er in der Kirchentür war, ruft er hinter sich:

»Vater Mesner! Grüß meine Frau, mich holt der Teufel!«

Der Mesner eilt hinterher, um das traurige Ereignis zu berichten. Aber wie erstaunt er, als er auf dem Friedhof den Pfarrer halbtot daliegend findet, und neben ihm grunzt eine große schwarze Sau.

Als man die Sache untersuchte, stellte sich heraus, daß sie durch einen Zufall in der Kirche eingesperrt worden war.

Seither wurde es in der Gemeinde zu einer allgemeinen Redensart: »›Mich holt der Teufel‹, sagte der Pfarrer, als er auf der Sau ritt.«

58. Jerusalem und Pilatus

Es war einmal ein Pfarrer, der predigte am Sonntag und sagte: »Wer da den zehnten Teil gibt des Wenigen, das er besitzt, der wird es mit Gottes Segen tausendfältig zurückerhalten.« Der Mesner, der eine einzige Milchkuh hatte, dachte über diese Worte nach und sprach mit seiner Frau darüber, und dann kamen sie überein, daß sie auf des Pfarrers Versprechen von reichem Segen hingehen und dem lieben Herrn Pfarrer ihre einzige Kuh geben wollten. Und so ging der Mesner zum Pfarrer und sagte:

»Ich habe nur wenig, nur eine einzige Kuh, aber nach der schönen Predigt, die der liebe Herr Paster am Sonntag gehalten hat, haben wir beschlossen, ich und meine Frau, dem lieben Herrn Paster unsere einzige Kuh zu geben; ich habe sie auch schon mitgebracht, wenn sie der liebe Herr Paster gut halten will.«

Der Pfarrer lobte den Mesner für seine Gottesfurcht, dankte ihm und nahm die Kuh an, denn er war wohl ein sehr heiliger Mann, aber geizig wie ein Jude.

Als der Pfarrer eines Tages seine Kühe vom Hof hinausließ und auch die, die einst dem Mesner gehört hatte, da ging des Mesners Kuh aus alter Gewohnheit zurück in des Mesners Hof, und alle Kühe des Pfarrers folgten ihr nach. Als des Pfarrers Kuhmagd kam und die Kühe auf dem Hof melken wollte, da waren alle Kühe des Pfarrers weg; sie lief sogleich zum Mesner und fand dort auch alle, aber sie waren schon im Stall des Mesners, und der Mesner hatte ihn auch schon vernagelt. Als nun die Magd das dem Pfarrer erzählte, ging er zum Mesner und sagte:

»Vater Mesner, das sind doch alles meine Kühe, die du da drin bei dir hast – so habe ich es nicht gemeint!« Aber der Mesner antwortete:

»Das mag sein, wie es will, aber die Kühe gehören jetzt mir. Und erst jetzt weiß ich, wie der liebe Herr Paster mit seinem Wort recht hatte: wenn man etwas von dem Wenigen gibt, so wird einem das reichlich vergolten.«

»Ach, gleichviel«, sagte der Pfarrer etwas verdutzt, »der von uns, der morgen ganz früh dem anderen zuerst Guten Morgen wünscht, der soll alle Kühe bekommen.« Und der Pfarrer dachte, er könnte so den Mesner anführen und seine Kühe zurückbekommen.

Aber der Mesner hatte in der Nacht keine Ruhe. Nun war der Pfarrer so geizig, daß er es noch nie über sich gebracht hatte, zu heiraten. Am Abend aber wurde Licht in des Pfarrers Kammerfenster. Da ging der Mesner und stellte sich vor das Fenster des Pfarrers und sah hinein und horchte. Dann legte sich der Pfarrer nieder, aber bald kam auch seine Haushälterin herein, so eine Jungfer, und legte sich zu dem Pfarrer. Als sie lagen, wurde es in der Kammer dunkel, und der Mesner hörte genau zu. Da sprach der Pfarrer zu seiner Jungfer und fragte, wie das denn heiße, was sie da hat.

»Das heißt Jerusalem!« Und dann fragte sie, und jetzt antwortete der Pfarrer:

»Pilatus!« – Als sie nun eine Weile gelegen hatten, fragte der Pfarrer:

»Ob wohl Pilatus die Erlaubnis erhält, nach Jerusalem hineinzureisen?«, und die Jungfer antwortete:

»Warum nicht, lieber Herr Pastor?« – Später schliefen sie. – Aber der Mesner hielt draußen die ganze Nacht über Wache. Als nun am Morgen Licht in des Pfarrers Kammer gemacht wurde, dachte der Mesner: ›Nun heißt es aufpassen!‹ Darauf kletterte er in einen hohen, dichtgewachsenen Laubbaum, der gerade vor des Pfarrers Tür stand.

Na, der Pfarrer zögerte nicht lange am Morgen, denn er

wollte früher draußen sein und den Mesner überraschen; aber der Pfarrer war noch kaum aus der Tür getreten, da grüßte ihn der Mesner aus dem Baum auch schon:

»Guten Morgen, lieber Herr Paster!«

»Was«, sagte der Pfarrer, »bist du heute schon draußen, Vater Mesner?«

»Ja, lieber Herr Paster«, sagte der Mesner, »und sogar noch früher, als Pilatus nach Jerusalem reiste!« – »Sei still«, sagte der Pfarrer, »und behalt deine Kühe!«

59. Der geizige Pfarrer und der Knecht

Da war einmal ein geiziger Pfarrer, denn die Pfarrer sollen es ja an sich haben, geizig zu sein. Er war auch ein wenig dumm, denn Geiz und Dummheit gehen ja gerne miteinander, wie man weiß. Seine Art, Knechte einzustellen, hielt er für schrecklich gescheit. Er versprach, ihnen einen so hohen Lohn zu zahlen, wie sie haben wollten, wenn sie es fertigbrächten, eine Wiese, die er draußen im Walde besaß, an einem Sommertag zu mähen. Wenn sie es aber nicht schafften, sollten sie nur fürs Essen allein dienen müssen. Na ja, am Anfang waren da immer ein paar gewesen, die auf diese Sache spekuliert hatten. Aber als schon ein paar dagewesen waren, die es versucht hatten und denen es nicht gelungen war, da konnte der Pfarrer keinen Knecht mehr bekommen. Schließlich kam aber doch einer und ging auf die Bedingung ein. Ja, als dann der festgesetzte Tag kam, an dem er auf die Wiese hinausgehen sollte, sagte er zu dem Pfarrer:

»Na ja, wenn ich jetzt ganz allein die Wiese an einem Tag mähen soll, da will ich auch wirklich allein sein, und niemand darf hinauskommen und mich dabei stören, mit Ausnahme von dem, der mir das Essen bringt.«

Ja, das deuchte dem Pfarrer recht, und er ging darauf ein.

Frühzeitig am Morgen, noch bevor die Sonne aufging, machte sich der Knecht auf den Weg, mit der Sense auf der Schulter. Aber als dann die Magd mit dem Frühstück zu ihm kam, da lag er unter einem Busch und schlief. Und da sagte die Magd: »Ja, du bist mir ja ein schöner Kerl – will die ganze Wiese in einem Tag mähen und liegt da und schläft!«

Und da sagte er zu ihr:

»Schweig still und tu das, was ich dir sage, dann geht's noch gut aus.«

Und als sie dann zurück zum Pfarrer kam, fragte er sie:

»Na, wie geht's ihm denn so?«

Und da sagte sie, wie er's ihr beigebracht hatte:

»Das ist mir ein richtiger Teufelskerl beim Mähen! Der hat jetzt schon beinahe die halbe Wiese gemäht.«

Und da wurde der Pfarrer schon ein wenig unruhig, wie man sich denken kann, denn er dachte an den Kontrakt, den er abgeschlossen hatte.

Als später die Magd mit dem Mittagessen zu dem Knecht kam, da hatte er sich auf die andere Seite gedreht und schlief. Und da sagte die Magd:

»Ja, hier wird heute wohl nicht viel gemäht, scheint mir!«

Und da sagte der Knecht:

»Sei nur still und tu, was ich dir sage!«

Und als sie zum Pfarrer zurückkam, da war der noch unruhiger und fragte:

»Na, wie geht es?«

»Das ist ein Bursche, ein Mordskerl ist das beim Mähen! Gott weiß, wer ihm dabei hilft, aber jetzt hatte er nur noch ein kleines Stück übrig. Ich glaube beinahe, daß er sie bis zur Nachmittagsvesper fertigmäht.«

Und da erschrak der Pfarrer noch mehr, das kann man glauben.

Na, als es gegen Abend ging, kam der Knecht zurück mit seiner Sense auf der Schulter, und der Pfarrer ging ihm mit Furcht im Gesicht entgegen und sagte:

»Du hast doch nicht etwa die Wiese gemäht?«

»Aber ja«, sagte der Knecht, »mit der bin ich fertig. Aber als ich in die Mitte der Wiese gekommen war – sonst war da nichts Besonderes –, da fand ich einen Beutel voll mit weißen Geldstücken.«

Und damit zog er den Beutel hervor und zeigte ihn.

»Das ist meiner«, sagte der Pfarrer, »den habe ich im letzten Jahr verloren, als ich oben auf der Wiese war.«

»Ja, da bin ich aber nicht sicher«, sagte der Knecht und wollte sich natürlich nicht so leicht damit abfinden.

Ja, aber der Pfarrer beteuerte es bei Moses und den anderen Propheten, daß es wirklich wahr war und der Beutel ihm gehörte. »Ja, das kann ja sein«, sagte der Knecht, »und wenn er dem Herrn Pastor gehört und er ihn verloren hat, so soll er ihn auch wiederbekommen. Aber wenn er nicht dem Herrn Pastor gehört, dann versichere ich, daß sich das ganze Geld in Steine und Holzstückchen und Mistkäfer verwandeln wird, und auf der Wiese wird das Gras wieder Wurzeln schlagen, jeder einzelne Halm.«

Und dabei leerte er seinen Beutel aus, und da waren es bloß Steinchen und Holzstücke und Mistkäfer. Und da wurde es dem Pfarrer angst und bange, und er sattelte seinen alten Gaul und wollte sehen, ob auf der Wiese das Gras wieder stand. Und als er zurückkam, sagte er:

»Ja du lieber Gott, alles war so, auf der ganzen Wiese stand das Gras wieder, nur auf einem kleinen Stück noch nicht, und da fing es auch schon an, sich wieder aufzurichten.«

Das war natürlich dort, wo der Knecht gelegen hatte. Und so mußte der Pfarrer dem Knecht so viel Lohn geben, wie der verlangte, und später verheiratete er sich mit dem Mädchen, das ihm geholfen hatte.

60. Die lebenden Statuen

Da war einmal ein Bildhauer, der hatte eine so wunderschöne Frau, daß der Pfarrer und der Mesner und der Organist ganz verrückt nach ihr waren. Aber sie hielt sie nur zum Narren, und als sie keine Ruhe vor ihnen finden konnte und die drei sie immer anbettelten, sie sollte ihnen erlauben, zu ihr zu kommen, da sagte sie am Ende zu allen dreien ja. Aber einer wußte natürlich nichts vom anderen.

Sie hatte sich mit allen dreien in ihrem Hause an einem Sonntagabend zur gleichen Stunde verabredet, aber immer mit ein paar Minuten Unterschied, und sie sagte zu jedem einzelnen, er solle genau auf die Zeit achtgeben und durch die Kellertür hereingehen und dann durch die Falltür im Fußboden heraufkommen.

Zuerst kam der Pfarrer, er legte ihr hochmütig fünfzehn Dukaten in den Schoß, dann zog er sich aus, legte sich in das Ehebett und wartete auf seines Nächsten Weib. Aber sie beschäftigte sich noch mit dem und dann mit jenem, bis sie hörte, wie der Mesner in den Keller kam. – »Jetzt kommt mein Mann!« sagte sie. »Pfarrer, runter mit dem Hemd, rette dein Leben und stell dich wie eine Statue unter die anderen Statuen meines Mannes in den Saal!«

Der Pfarrer zur Tür hinaus – etwas schneller als gewöhnlich, und dann stellte er sich unter die Figuren, aber mit dem Gesicht zur Wand.

Dann kam der Mesner durch die Kellerluke herauf. Er legte ihr zehn Dukaten in den Schoß, dann zog er sich aus und kroch in das Bett.

Aber er war kaum dort, da stand schon der Organist im Keller, und der Mesner mußte auch Hals über Kopf hinaus zu den Figuren.

Der Organist zog kein Geld heraus, denn er hatte keins, aber seine Kleider zog er aus wie die beiden anderen.

Das war kaum geschehen, da hörte man jemanden im Vorhaus gehen. »Ach, jetzt kommen Leute hierher!« sagte sie. »Hinaus mit dir, und stell dich zwischen die Statuen meines Mannes. Damit man aber nichts merkt, mußt du ebenso nackt sein wie die anderen alle.« Er hinaus in den kohlpechrabenfinsteren Saal, und dort stellte er sich auch hin, sicherheitshalber mit dem Gesicht zur Wand.

Wer nun zur Tür hereinkam, das waren der Bildhauer und einige von seinen Bekannten, die mitgekommen waren, um sich die Figuren anzuschauen. Die Frau hatte natürlich auch diesen Besuch festgelegt. Jetzt gingen alle in den Saal, und die Fremden konnten die Figuren nicht genug rühmen, besonders die drei neuen, die ihnen den Rücken zukehrten. »Aber nein, die sehen aus wie richtige Menschen!« sagten sie. Der Bildhauer trug eine Kerze in der Hand, und damit die Fremden besser sehen könnten, machte er die Kerze auf des Organisten Kehrseite fest, wo es am besten hielt. Aber da bekam die Statue Leben, und hinaus zur Tür, und die beiden anderen neuen hinterher, das ging nur so dahin! Die Kleider hinderten keinen von ihnen, denn die lagen noch in der Stube.

Am nächsten Sonntag konnte keine von den drei lebenden Statuen dieses Ereignis aus ihren Gedanken bringen, und als der Pfarrer Messe lesen sollte, da sang er:

»Grad heute vor acht Ta-a-gen verlor ich meinen Ornat und fünfzehn Du-u-ka-a-ten.«

Der Mesner antwortete und sang:

»Grad heute vor acht Ta-a-gen verlor ich meine Kleider und zeh-en Du-u-ka-a-ten.«

Und der Organist fiel von der Orgel her ein:

»Ti-ti-tillelir, die Kerze stand auf dem Hintern mir!«

61. Der Pfarrer und die kluge Frau

Da war ein armes Bettelweib, die wanderte umher und bettelte. Nun war da ein Student in diese Gemeinde gekommen und wollte mit gebührender Erlaubnis bei den Leuten um Unterstützung für sein Studium bitten. Als er nun mit diesem Weib da zusammentraf, da wollte sie auch ihn anbetteln, aber er sagte zu ihr, es wäre das beste, wenn sie etwas anderes anfinge, da könnte sie das Betteln sein lassen. Na ja, sie wußte aber nicht, was sie sonst anfangen sollte. Ja, meinte der Student, sie sollte doch anfangen zu doktern, da würde sie schon sehen, daß sie das Betteln sein lassen könnte. Ja – aber sie konnte doch nichts. – Aber er – er würde es ihr schon beibringen. Was für eine Krankheit es auch sein möge, sie sollte dem, der krank war, ins Ohr flüstern und sagen: »Ißt du wenig, dann scheißt du wenig.« Das sollte sie dreimal sagen, und das schlüge niemals fehl und sie würden wieder gesund.

Ja, sie fing also wirklich damit an, und es gab viele, die daran glaubten und meinten, daß sie gesund würden. Man sollt's nicht glauben, aber die Frau bekam einen solchen Ruf, wie gut sie zu doktern verstünde, daß alle, die irgendein Gebrechen hatten, nun unbedingt zu ihr hinmußten.

Zehn Jahre später war der Student da Pfarrer geworden, und er mußte doch gerade in der Gemeinde Pfarrer werden, wo die Frau lebte; aber natürlich hatte er das alles miteinander vergessen. Gleichwohl traf es sich nun aber gerade, daß auch er einmal unbedingt einen Doktor brauchte. Eines Tages wollte er frische Fische essen, und da war er wohl so hungrig, daß er ein wenig zu schnell aß, und da brachte er es fertig, eine Gräte zu verschlucken, die ihm nun im Halse steckte. Er wußte sich überhaupt keinen Rat, wie er sie wieder herauskriegen sollte. So fragte er die Leute da, ob sie nicht jemanden wüßten, der da Abhilfe schaffen könnte. – Aber freilich, sagten sie, es gäbe da in der Gemeinde eine alte Frau, und sie heile welche Krankheit auch immer. – Ja, meinte der Pfarrer, es mag kosten, was es will, sie sollten sich nur beeilen und sie herbeiholen. Na ja, man holte sie, und da bat er sie, sie sollte ihm doch in der Sache helfen, denn er war ganz ratlos. Ja, sie packt's an. Da geht sie zu ihm hin und flüstert ihm dieselben Worte ins Ohr, die sie von ihm zehn Jahre vorher gelernt hatte. Erst da kam ihm das alles wieder in den Sinn, und er mußte so unbändig lachen, daß ihm die Gräte aus dem Halse fuhr; und die nahm er, und ihr gab er zehn Kronen und sagte ihr, daß er es war, der sie das da gelehrt hatte, aber er bat sie auch, sie solle mit dem Doktern aufhören – er wolle ihr auch zehn Kronen im Jahr geben, solange sie lebte; und er tat auch alles und half dazu, soviel er konnte, und so hörte sie damit auf.

62. Der Bauer, der Pfarrer wurde

Ja, das war so, da war ein Bauer – das war bestimmt unten in Schonen, denk ich –, der hatte wohl so eine Heilige zur Frau, die ihm immer und immer in den Ohren lag, daß er Pfarrer werden sollte. Und weil sie niemals davon abließ, da dachte er, als einmal alle Arbeit draußen getan und alles besorgt war und er ein wenig frei hatte, er sollte einmal rasch zum Bischof gehen und sich ein wenig erkundigen. Als er nun dorthin kam, wollte er sich zuerst ein bißchen umschauen und sehen, wie es hier war. So schaute er zuerst in die Scheune, und da sah er, daß sie leer war, weder in der Scheune noch auf der Tenne war etwas zu finden. Da verdrehte er ein bißchen, was er gesehen hatte, und sagte: »Tenn' leer is – Scheun' leer is.« Dann ging er weiter und schaute in den Stall, und da gab es vier Boxen für die Kühe, aber die Kühe selber waren draußen, und in einer Box saß ein Kater, und da sagte er: »Kater in Kuhbox is, drei Kuhbox leer da sind.« Dann ging er wieder aus dem Stall heraus, und da sah er die Kühe umherspringen und wie sie einander besprangen, und darunter war auch ein Stier, und da sagte er: »Springwierum, springdarum, nit spring auf Kuh rum.« Dann dachte er, er hätte jetzt genug gesehen, und danach wollte er nun hineingehen.

Da wollte er also hineingehen. Der Bischof aber hatte sich niedergelegt und hielt einen Mittagsschlaf, und es war nur ein Schreiber da – oder was das sonst für einer war, der hier im Zimmer saß. Da fragte also der Bauer nach dem Bischof und sagte, er wolle Pfarrer werden. Ja, meinte der andere, ob er nicht ein wenig warten wolle, bis der Bischof aufwacht – er wage es nicht, hineinzugehen und ihn aufzuwecken. Da erblickte der Bauer eine Bibel, die dort lag, aber die war auf deutsch. »Was habt ihr denn da für Bücher?« sagte er. »Na, in denen kann ich schon lesen«, meinte er und ging hin und schlug die Bibel auf und fing an zu lesen, was er nur konnte: »Tennleris – scheunleris, katerin kuboxis, dreikubox lerdasind, springwirum springdarum, nitspringaufkurum.«[1] »Was ist das für ein Zeug?« meinte er. »Wenn ihr nicht was hier habt, was schwerer zu lesen ist als das da, dann wär das nicht viel.«

Der Schreiber, der hatte jetzt nicht mehr Zeit, länger zu warten, der nahm die Beine in die Hand und hinein zum Bischof und sagte: »Da ist ein Bauer draußen, der sagt, er will Pfarrer werden, und der liest in der deutschen Bibel da drinnen, daß es nur so dröhnt.« Der Bischof, der schoß hoch, jetzt war nicht die Zeit, noch an Schlaf zu denken. Und raus zu ihm! Da sagte der Bauer dem Bischof dasselbe, nicht wahr, daß er Pfarrer werden will. »Ja, kannst du denn in der deutschen Bibel lesen, die da liegt?« meinte der Bischof. »Ja«, sagte der Bauer, »da drin les ich, das geht wie geschmiert.« Und da schlug er sie auf und fing wieder an:

---

[1] Auch im Original zeigt der ebenfalls absichtlich verballhornte schwedische Text kaum Anklänge an das Deutsche: »Lotum-o-latum, o kattikorum o trekorum är tom, ock besa på besa, korintebesa.«

»Tennleris – scheunleris, katerin kuboxis, dreikubox lerda-sind, springwirum springdarum, nitspringaufkurum.«

»Ja, du bist ja ein Mordskerl beim Lesen!« sagte der Bischof. »Du sollst Pfarrer werden.« Und es traf sich gerade, daß seine Gemeinde ohne Pfarrer war – »so brauchst du nur in den Pfarrhof zu ziehen«, meinte der Bischof. »Ja, da dank ich auch schön für«, sagte der andre drauf. Und so ging er mit diesem Bescheid heim, und dann zog er sogleich in den Pfarrhof, so rasch es sich nur machen ließ.

Als es nun Sonntag wurde, ging er hinauf auf die Kanzel, und da sagte er nur: »Frühmesse – Hochamt — Abendmesse. Sing, Mesner!« Und so mußte der Mesner anfangen zu singen. Mehr gab's da nicht.

Aber als die Leute in der Gemeinde das ein paarmal mitgemacht hatten, wurden sie wütend darüber und meinten, damit könnten sie sich nicht zufriedengeben, und so gingen sie zum Bischof und beklagten sich darüber und sagten: »Der Pfarrer predigt immer nur Frühmesse, Hochamt und Abendmesse, und dann sagt er: ›Sing, Mesner!‹« – »Ja«, sagte der Bischof, »predigt er Frühmesse, Hochamt und Abendmesse, da könnt ihr wohl zufrieden sein. Ich predige selber nicht mehr als Hochamt, und ich habe noch niemals eine Klage drüber gehört. Und einen besseren Pfarrer als den«, sagte er, »den könnt ihr gar nicht bekommen. Als er hier war, hat er in der deutschen Bibel gelesen, daß ich's noch niemals kräftiger gehört habe.«

Aber dann wollte er doch einen Sonnabendnachmittag hinausfahren und selber hören, was es damit auf sich hatte, daß die Klagen gar kein Ende nahmen – und an einem Sonnabend fuhr er wirklich. Für den Pfarrer war das natürlich eine kleine Katastrophe, versteht sich. So legte er sich ins Bett und stellte sich schlafend. Da sagte die Alte – die Frau Pfarrer, muß man sagen – zu dem Bischof, daß er niemals seine Predigten niederschreibe, sondern am Sonnabendnachmittag falle er in Schlaf und sei dann gleichsam entrückt, und es sei gar nicht möglich, ihn dann aufzuwecken. »Und dann am Sonntagmorgen, da strömt es richtig aus ihm, was er sagen soll.« Aber er traute der Sache wohl nicht, der Bischof, und da wollte er versuchen, ihn zu wecken. Aber das war unmöglich. Er brannte ihn an den Fußsohlen und zerrte ihm am Bart und versengte ihm das Haar, aber das half alles nichts. Dann fing er an, mit der Pfarrersfrau zu kosen, und er dachte, das würde wirken, und er begann an ihr herumzutätscheln. Er tätschelte ihre Brust und fragte, was das sei. Und da sagte sie, das seien die Glocken des Himmels – und damit war er so weit gegangen, wie er konnte. Aber nichts half. So blieb er da über Nacht bis zum Sonntagmorgen, und da wachte der Pfarrer natürlich auf und entschuldigte sich, daß er geschlafen hatte. Aber darüber hätte er keine Gewalt, sagte er, denn während er da so liege, komme es in ihn, was er am Sonntag predigen solle. Ja, meinte der Bischof, da könnte eben niemand was dagegen tun. Aber er habe gut gegessen und es sei ihm inzwischen so gut gegangen, da mache es nichts.

Aber dann ging er mit in die Kirche, und als der Pfarrer auf die Kanzel stieg, setzte sich der Bischof in der Kirche auf einen Stuhl direkt vor den Pfarrer. Aber der Pfarrer ließ sich nichts anmerken, sondern er ließ sich nieder, und als er die Gebete gelesen hatte, begann er:

»Da kam gestern ein Mann zu mir, der brannte meine Füße, zerrte mich am Bart und versengte mein Haar, und das geschah, als des Himmels Glocken läuteten –«

»Zum Teufel, hör auf!« schrie da der Bischof.

63. Der ungeladene Hochzeitsgast

Da war ein reicher Gastwirt, und der hatte eine Tochter. Und dann war da auch ein Kätnerjunge, der hütete gewöhnlich das Vieh. Und das Mädchen fing an, den Jungen in den Wald zu begleiten, und sie waren richtig gute Freunde. Und einmal machte das Mädchen einen Ring aus einer Wurzel und gab ihn dem Jungen, und der nahm ihn und steckte ihn in die Hosentasche. »Was werde ich dir dafür Gutes tun können«, sagte er zu dem Mädchen, »daß du immer so freundlich zu mir bist?«

Aber dem Gastwirt gefiel es gar nicht, daß sich das Mädchen mit dem Burschen gleichstellte, und da sagte er zu dem Kätner, dem Vater des Burschen: »Du mußt deinen Jungen wegschicken, und ich werde dir dabei helfen, daß er hinaus auf See kommt.«

Und in der Nähe war ein Hafen, und so wurde der Junge auf See geschickt.

Aber mit ihm ging's vorwärts, und nach ein paar Jahren hatte er ein eigenes Schiff. Und einmal kam er zurück und wollte da in das Gasthaus gehen. Aber man sagte ihm, sie hätten keinen Platz, denn sie seien dabei, eine Hochzeit vorzubereiten. Nicht wahr, da sei eine Tochter, und die sollte den Pfarrer heiraten. Aber wie es auch war, er blieb doch dort, und am Abend saß er und unterhielt sich mit dem Pfarrer.

»Das ist merkwürdig«, sagte er, »daß die Pfarrer nicht imstande sind, eine Trauung zu halten, ohne dabei aus ihrem Buch zu lesen«, sagte er.

Aber der Pfarrer meinte darauf, er könne das. Da zog der Seemann eine Rolle Dukaten heraus und legte sie auf den Tisch.

»Wollen wir darum wetten«, sagte er.

»Aber da muß auch ein Mädchen dabeisein«, meinte der Pfarrer. Da mußte das Mädchen hereinkommen.

»Und da brauchen wir wohl auch einen Ring dazu«, sagte der Pfarrer. Da zog der Seemann den Wurzelring hervor, den er von dem Mädchen bekommen hatte, und da erkannte sie ihn sogleich wieder, versteht sich. Und dann sprach der Pfarrer alles, was zu einer Trauung gehört.

»Und jetzt gehört das Gold mir«, sagte er und griff nach den Dukaten.

»Aber jetzt gehört auch das Mädchen mir«, sagte der Seemann. Und da waren sie natürlich miteinander verheiratet.

64. Der Junge und der Bischof

Da war einmal ein Junge, der sollte bei einem Pfarrer Unterricht haben. Der Pfarrer fragte ihn, was Gott den Menschen auf der Welt zuerst verboten hat. »Zu essen«, sagte der Junge. »Um dich kümmere ich mich nicht mehr, du kannst nach Hause gehen«, sagte der Pfarrer. »Das ist mir auch recht, ich kann ja auch zum Propst gehen, du«, sagte der Junge. Als er zum Propst kam, sagte der Propst: »Was hast du mir zu sagen, mein lieber Junge?« – »Ach, ich sollte Unterricht haben, aber wegen meiner Belesenheit mußte ich weg«, sagte der Junge. »Na, was sagte denn der Pfarrer da zu dir?« sagte der Propst. »Ach, er fragte mich, ob ich weiß, was Gott den Menschen auf der Welt zuerst verboten hat.« – »Na, und was hast du da geantwortet?« – »Zu essen.« – »Um dich kümmere ich mich nicht mehr, du kannst nach Hause gehen«, sagte der Propst. »Das ist mir auch recht, ich kann ja auch zum Bischof gehen.« Der Bischof sagte: »Was hast du mir zu sagen, mein lieber Junge?« – »Ach, ich sollte Unterricht haben, aber wegen meiner Belesenheit mußte ich weg«, sagte der Junge. »Na, was sagten die denn?« – »Ach, die fragten mich, ob ich weiß, was Gott den Menschen auf der Welt zuerst verboten hat.« – »Na, und was hast du da geantwortet?« – »Zu essen.« – »Um dich kümmere ich mich nicht mehr, du kannst nach Hause gehen«, sagte der Bischof. »Das ist mir auch recht, ich kann ja auch zum König gehen.« – Der König sagte: »Was hast du mir zu sagen, mein lieber Junge?« – »Ach, ich sollte Unterricht haben, aber wegen meiner Belesenheit mußte ich weg«, sagte der Junge. »Na, was sagten die denn?« sagte der König. »Ach, die fragten mich, ob ich weiß, was Gott den Menschen auf der Welt zuerst verboten hat.« – »Na, was hast du da geantwortet?« – »Zu essen.« – »Na, und wie kannst du das erklären?« sagte der König. »Gott hat den Menschen verboten, von dem verbotenen Baum zu essen«, sagte der Junge. »Bei wem bist du zuletzt gewesen?« sagte der König. »Beim Bischof.« – »Da gehst du zurück zum Bischof«, sagte der König, »und bestellst ihm, er soll morgen um neun Uhr hier sein und mir drei Fragen beantworten, sonst muß er sterben«, sagte der König.

Da fürchtete sich der Bischof, daß er zum König mußte. »Ja«, sagte der Junge, »kann ich an Eurer Stelle gehen?« – »Ja, tu das, so will ich dir auch ein Geschenk geben, so anständig, wie's einer nur vermag. Kleide dich in mein Gewand, und du sollst auch einen Wagen bekommen und hinfahren«, sagte er. – Als der Junge zum König kam, erhob sich der König und sagte: »Na, wie hoch schätzt du mich?« – »Ach«, sagte der Bursche, »so auf 29 Silberstücke, denn für unseren Herrn haben sie dreißig gegeben, und der König muß ein wenig geringer sein.« – »Weißt du, wie weit es ist von Ost nach West?« – »Nicht mehr als eine Tagereise, wenn man mit der Sonne geht.« – »Weißt du auch, wie weit es ist zwischen Glück und Unglück?« sagte der König. – »Vielleicht auch nicht mehr als eine Tagereise«, sagte der Junge, »denn gestern stand ich da in Bettlerkleidern und heute im Bischofsgewand.« – »Ja, wenn du dastehst im Bischofsgewand«, sagte der König, »so sollst du auch Bischof sein und er der Bettler.«

65. Der Bauer und die Ohrfeige

Ein Bauer saß am Tisch des Königs, und zwar dem König zur Linken. Der, der dem Gesalbten des Herrn zur Rechten saß, schlug vor, es sollte einmal in der Runde jeder dem Nächsten eine Ohrfeige geben, und als man dem zustimmte, schlug er seinem Nachbarn zur Rechten eins um die Ohren. Als nun die Reihe an den Bauer gekommen war, der den König nicht schlagen, sich dagegen an dem rächen wollte, der den Vorschlag gemacht hatte, da sagte er:

»Mein Vater war ein Ackersmann, und wenn er mit dem Pflug an den Rain kam, da wendete er und ging den gleichen Weg zurück«; und dabei gab er seinem Nachbarn zur Linken eine tüchtige Ohrfeige. Da mußte der Anstifter beschämt um Gnade bitten, denn er sollte ja den König selber schlagen, und das wagte er nicht um sein Leben.

66. Mann und Frau sind sich einig

Mann und Frau waren gute Freunde; sagte er etwas, so wurde es getan, und sagte sie etwas, wurde es auch getan. Er hieß Gullbrand.

»Hör zu, Gullbrand«, sagte sie, »wir sollten die eine Kuh verkaufen, so haben wir nur eine, die wir über den Winter füttern müssen. So können wir auch Geld in den Kasten kriegen wie andere Leute.«

Am Morgen zog er mit einer von seinen Kühen zur Stadt und stellte sich auf den Markt. Aber er brachte die Kuh nicht los. Als es gegen Nachmittag ging und keiner kam und sie kaufte, sagt er:

»Das ist nicht so schlimm, Gullbrand, denn Platz im Stalle und ein Halseisen für die Kuh haben wir ja zu Hause.«

So nahm er seine Kuh und wollte nach Hause ziehen. Da traf er einen auf dem Wege, der hatte ein Pferd. Da gab er seine Kuh weg und bekam an ihrer Stelle das Pferd. Der Tausch stimmte. Als er mit dem Pferd ein Stück gezogen war, traf er einen, der hatte ein großes Schwein. Da tauschte er das Pferd und erhielt dafür das Schwein. Dann traf er einen, der kam mit einem großen Schaf, und das bekam er für das Schwein. Dann traf er einen, der kam mit einer Ziege. Da gab er sein Schaf weg und bekam dafür eine Ziege. Als er dann ein Stück weitergezogen war, traf er einen, der kam mit einer großen Gans, und da gab er die Ziege weg und bekam die Gans. Als er nun wieder ein Stück gegangen war, traf er einen, der trug einen großen Hahn. Da gab er die Gans weg und bekam den Hahn. Am Ende kam er zu einer Stelle, wo es Eßwaren zu kaufen gab. Da ging er hinein und verkaufte den Hahn für zwölf Schillinge, und dafür kaufte er was zu essen.

Als er nun nach Hause kam, kehrte er erst bei seinem Nachbarn ein.

»Wie ist es dir heute in der Stadt ergangen, Gullbrand?«

»Ach, das ging nicht so ganz gut, aber auch nicht so ganz schlecht.«

Nun erzählte er dem Nachbarn, wie er getauscht und die ganze Sache erledigt hatte. Da sagt der Nachbar: »Ich möchte nicht an deiner Stelle sein, Gullbrand, wenn du zu deiner Alten nach Hause kommst!«

»Sie ist so freundlich. Sie sagt nichts dagegen.«

»Willst du darauf hundert Taler gegen mich wetten?« sagt der Nachbar. Ja, Gullbrand war bereit, mit ihm zu wetten. Na, der Nachbar ging mit ihm, aber er blieb draußen vor der Tür stehen, damit ihn die Frau nicht sehen sollte. Dann ging Gullbrand hinein.

»Wie ist es dir heute in der Stadt ergangen?« sagt die Frau.

»Das ging nicht so ganz gut, aber es ging auch nicht so ganz schlecht. Als ich den ganzen Tag da gestanden hatte, sagte ich: ›Das ist nicht so schlimm, Gullbrand, denn Platz im Stalle und ein Halseisen für die Kuh haben wir zu Hause.‹ Da zog ich mit der Kuh davon. Als ich unterwegs war, traf ich einen, der hatte ein Pferd, und da haben wir getauscht.«

»Das war wirklich gut, Gullbrand! Ich hätte das selber nicht besser gemacht, wenn ich dabeigewesen wäre. Jetzt können wir zur Kirche fahren wie andere Leute. Menschenskind, geh nun und bring das Pferd herein!«

»Ich habe das Pferd nicht«, sagt Gullbrand. »Als ich unterwegs war, traf ich einen, der hatte ein großes Schwein. Da haben wir getauscht.«

»Das war wirklich gut! Was sollen wir mit dem Pferd? Zur Kirche können wir jetzt so gut wie früher zu Fuß gehen, so brauchen die Leute nicht zu sagen, daß es da drüben bei Gullbrand so stolz und großartig zugeht. Ich hätte das selber nicht besser gemacht, wenn ich dabeigewesen wäre. Menschenskind, geh nun und bring das Schwein herein!«

»Ich habe das Schwein nicht. Als ich unterwegs war, traf ich einen, der hatte ein großes Schaf. Da haben wir getauscht.«

»Jetzt können wir etwas für Kleider und Strümpfe bekommen«, und schon zählte sie alles her. »Was sollen wir mit dem Schwein? Da hätten die Leute gesagt, da bei Gullbrand essen sie jetzt jeden Tag Fleisch und Speck. Menschenskind, bring das Schaf herein!«

»Nein, ich habe das Schaf nicht. Als ich unterwegs war, traf ich einen, der führte eine Ziege, und da habe ich mit ihm getauscht.«

»Das war wirklich gut! Jetzt können wir Ziegenmilch bekommen und haben etwas zu kochen. Menschenskind, geh nun und bring die Ziege herein!«

»Ich habe die Ziege nicht. Als ich unterwegs war, traf ich einen mit einer Gans. Da haben wir getauscht.«

»Das war wirklich gut! Ich hätte das selber nicht besser gemacht, wenn ich dabeigewesen wäre. Jetzt kann ich Gänsefleisch bekommen, das ich mir schon so lange gewünscht habe, und Federn in unser kleines Kissen. Was sollen wir mit der Ziege! Da hätte ich jeden Abend über Berg und Tal laufen müssen, bevor ich sie zu Hause gehabt hätte. Menschenskind, geh und bring die Gans herein!«

»Ich habe die Gans nicht. Als ich unterwegs war, habe ich die Gans weggegeben und einen großen Hahn dafür bekommen.«

Da schlug die Frau die Hände zusammen.

»Das war aber richtig gut, Gullbrand!« sagte sie. »Jetzt haben wir eine Achttageuhr bekommen. Jeden Morgen Schlag vier Uhr kräht der Hahn, und da können wir aufstehen wie andere Leute. Menschenskind, geh und bring den Hahn herein!«

»Ich habe den Hahn nicht. Als ich unterwegs war, wurde ich so schrecklich hungrig. Ich habe den Hahn für zwölf Schilling hergegeben, und dann habe ich mir Essen dafür gekauft und es aufgegessen!«

»Das war aber wirklich gut! Ich frage weder nach Kuh oder Pferd oder Schwein oder Schaf oder Ziege oder Gans oder Hahn, wenn ich nur dich wieder zu Hause habe.«

Und Gullbrand, der machte die Tür auf und sagt zu dem Nachbarn:

»Nun sind wohl die hundert Taler mein!«

So bekam er hundert Taler für die Kuh und alles, was er getauscht hatte.

67. Die alte Frau, die die Kuh verkaufte

Ein altes Weib ging in die Stadt und sollte dort eine Kuh verkaufen. Und da kam auch einer und fragte, was sie koste. Das alte Weib sagte ihm, sie solle so und so viel kosten.

»Das will ich dir geben«, sagte der Mann.

Dabei nahm er die Kuh und wollte sich mit ihr davonmachen.

»Ich bekomme aber noch das Geld für die Kuh«, sagte das alte Weib.

»Ja, Mutter, geht nur in das Haus, wo Ihr einen Schornstein auf dem Dach seht. Dort kriegt Ihr dann das Geld.«

Ja, die Alte war in ein paar Häusern und fragte nach dem Geld, aber sie bekam keines. So mußte sie sich auf den Heimweg machen. Als sie heimgekommen war, erzählte sie von dem Mann und daß sie ihm die Kuh verkauft hatte und daß sie das Geld in dem Hause bekommen sollte, wo ein Schornstein auf dem Dache war. Und sie war schon in ein paar Häusern drin gewesen, aber Geld hatte sie keins gekriegt.

»Da muß wohl ich in die Stadt gehen und es herausfinden«, sagte ihr Mann.

Er nahm eine Angelrute und machte eine Schnur daran fest und an der Schnur einen Angelhaken, und so ging er in die Stadt. Er ging zu einer Straßenecke und stellte sich dort hin, wo eine Menge Leute vorübergingen, und den Angelhaken ließ er neben sich im Rinnstein liegen. Da kam auch einer und ging an ihm dort vorbei.

»Hat heute schon einer angebissen, Vater?« sagte er.

»Nein«, antwortete der Mann.

»Ja«, sagte der andere, »Ihr seid geradeso dumm wie das alte Weib, das gestern hier unten war und mir eine Kuh verkaufte. Die sollte gehen und das Geld dort kriegen, wo ein Schornstein auf dem Dache ist!«

Da zog der Alte an seiner Angelrute. »Jetzt hat einer angebissen!« sagte er. So kriegte er das Geld für die Kuh. Und diesmal entwischte ihm der Mann nicht.

Sehr lang war sie nicht, die Geschichte.

68. Wie der Mann ein Pulver aus der Apotheke holte

Da war einmal ein Mann, der saß da und spaltete Schleißholz. Da rutschte ihm das Messer aus, und er schnitt sich. Und da mußte seine Alte so sehr lachen, daß ihr die Kinnlade heraussprang. Da trieb sie ihren Mann an, er solle in die Stadt fahren und ihr aus der Apotheke ein Pulver holen. Und der Mann machte sich auf den Weg in die Stadt, versteht sich, denn etwas anderes, das hätte er sich gar nicht getraut.

Als er dann in die Apotheke kam, da kam der Apotheker und fragte ihn, was er haben wolle.

»Ich brauche ein Pulver«, sagte der Mann, »für meine Frau.«
»Was hat sie denn für eine Krankheit«, fragte der Apotheker.

»Sie hat das Maul zu weit aufgerissen«, sagte der Bauer.

»Ja dann«, sagte der Apotheker, »da gebe ich dir das da für ihre Maulsperre«, sagte er, und dann schmierte er dem Bauern zwei schöne Ohrfeigen aufs Maul. Und mit den Pulvern mußte der Bauer wieder nach Hause fahren.

Und die Alte saß daheim und wartete auf den Mann und konnte nicht sprechen, und der Speichel lief ihr aus dem Mund. Und sie wartete auf den Mann, daß er endlich heimkäme, und als er zur Tür hereinkam, freute sie sich und fragte ihn, was er für ein Pulver bekommen hätte.

»Ich habe die richtigen Pulver bekommen«, antwortete der Bauer. »Das eine sollst du gleich haben«, sagte er und schmierte der Alten eine aufs Maul, und da rutschte der Unterkiefer wieder an die richtige Stelle, und sie war sogleich wieder in Ordnung.

»Ja so, da hat ja schon das eine Pulver gereicht«, sagte der Bauer, »ich habe aber zwei bekommen, da muß ich mit dem anderen zurückfahren«, sagte er. Und darauf fuhr er wieder zurück in die Apotheke.

»Jetzt muß ich mich für das Pulver bedanken, das ich bekommen habe«, sagte er, »das eine hat schon geholfen«, sagte er. »Und jetzt kann der Apotheker das andere wieder zurückhaben.« Und dabei schmalzte er dem Apotheker eine um den Mund.

»Das eine hat schon ausgereicht«, sagte er. »Und schönen Dank auch für die Hilfe! Adieu!«

69. Das verhexte Kalb

Da waren einmal zwei Hausierer, die hatten sich zusammengetan. Wie sie da so gingen und dahinwanderten, da wurden Rock und Stiefel von dem einen immer zerlumpter. Aber der war so fürchterlich geizig, daß er es nicht über sich brachte, sich neue zu kaufen, wie billig er sie auch kriegen konnte; er ging mit den alten weiter, solange es möglich war, und dachte nur darüber nach, wie er sich neue verschaffen könnte.

Wie sie eines Tages so dahingingen, kamen sie zu einem Galgenhügel, und da hing ein Toter am Galgen. Aber der Tote hatte ein Paar neue prächtige Stiefel an, und der Hausierer meinte, die könnten ihm gut passen, und so wollte er sie dem Toten abziehen. Aber das gelang ihm nicht, und da nahm er das Messer und schnitt beide Beine direkt über dem Stiefelschaft ab.

Dann stopfte er sie in seinen Sack, und darauf gingen die beiden Hausierer weiter und wollten sich ein Nachtquartier suchen. Das konnten sie aber nicht an einer Stelle bekommen, sondern der, der die Stiefel hatte, mußte in einer Kate übernachten, aber die Stiefel mit den Beinen darin ließ er niemandem sehen, das wagte er nicht.

Als nun der Kätner nach Hause kam, hatte er einen neuen Rock an, und der glich dem alten des Hausierers ganz genau. Aber der Kätner war ein kleiner Stumpen, und der Hausierer war groß und ungeschlacht, und da lohnte es sich gar nicht daran zu denken, sie zu vertauschen. Später aber, als wohl alle schliefen, da stand der Hausierer verstohlen auf und nahm eine Schere und schnitt ein tüchtiges Stück von dem einen Rock ab und steckte es in die Tasche des anderen. Die Stiefel hatte er aus seinem Sack genommen und sie in eine Ecke gestellt, während er nach der Schere suchte.

Wie es soweit war, wagte es der Hausierer nicht, bis zum Morgen hierzubleiben, sondern als es gegen die Dämmerung ging, nahm er den Sack auf seinen Rücken und machte sich davon. Aber er hatte es so eilig, daß er nicht einmal mehr Zeit hatte, die Stiefel mit den Beinen darin mitzunehmen – die blieben in der Stube.

Nun war es so, daß am Abend vorher die Kätnersfrau ein Kalb in die Stube gebracht hatte, damit es nicht erfror, denn es war Winter und kalt draußen im Stall. Als nun die Kätnersleute gegen Morgen aufwachten, da stand das Kalb in einer Ecke und leckte an den Beinen in den Stiefeln.

»Ja potz Kreuz an unseres Herren Hemd!« schrie die Frau, »du verhextes Vieh, was machst du denn da!«

»Was ist denn jetzt passiert?« sagte der Kätner.

»Ja«, schrie die Alte, »das Kalb, das Miststück, hat den Hausierer aufgefressen, so groß wie er ist, und es ist nichts mehr übriggeblieben als die Beine mit den Stiefeln dran!«

Die Kätnersleute konnten natürlich nichts anderes glauben, als daß das Vieh von einem Kalb verhext war und der Böse in es gefahren war. Da konnte man nichts anderes tun, als Botschaft zu einem Pfarrer zu schicken, daß der käme und den Bösen austriebe.

Das taten sie auch, und der Pfarrer kam und fing an zu lesen, so gut er nur konnte.

»Ich sage dir, du unreiner Geist, fahre hier heraus!« sagte er und schlug ein Kreuz über das Kalb.

»Muää!« sagte das Kalb und machte einen Satz auf den Pfarrer zu.

Da wurde es dem Pfarrer zuviel, und er nahm die Beine unter den Arm und lief davon, so rasch, daß sein Mantel waagrecht hinter ihm herflog.

Aber als nun die beiden Hausierer ein Stück weiter wieder zusammentrafen, da machte sich der andere über den lustig, der die Stiefel von dem Gehängten genommen hatte, weil er jetzt davongelaufen war.

Als sie sich so eine lange Weile geneckt hatten, wurde der eine schließlich mürrisch und sagte:

»Ja, aber ich habe doch wenigstens ein schönes Stück Zeug für meinen Rock zum Ausbessern erwischt!«

»Ja, den Teufel hast du!« sagte sein Kamerad. »Denn das hast du aus deinem eigenen Rock herausgeschnitten, und der ist so schon vom Flicken zerfetzt.«

Da hatte der Hausierer in der Dunkelheit das beste Stück aus seinem eigenen Rock herausgeschnitten und es dem Kätner in seine Tasche gesteckt. Für dieses Mal hatte er somit gar nichts davon, daß er so geizig war.

70. *Der Junge aus Göinge*

Da war einmal in Göinge ein Weib, die hatte einen Sohn. Sie hatte nur den einen, und das war gut, denn er war dumm wie ein Ochse.

Einmal schickte ihn die Mutter mit ihrer Kuh weg, und er sollte sie verkaufen. »Du mußt für sie nehmen, was du kriegst, wenn du nur etwas in der Hand hast und damit nach Hause kommst«, sagte das Weib. Mit dem Bescheid zog der Bursche los.

Als er eine Weile gegangen war, begegnete er einem Mann.

»Wo ziehst du denn hin, mein Junge?« fragte er den Burschen. – »Ich ziehe mit der Kuh und soll sie verkaufen«, antwortete der.

»Wieviel willst du für sie haben?« sagt da der Mann.

»Die Mutter hat gesagt, es wäre gleich wieviel, wenn ich nur etwas bekäme«, antwortete der Göingebursche.

»Ja, was ist etwas?« sagt da der Mann.

»Das weiß ich nicht. Die Mutter hat gesagt, ich müßte etwas in der Hand haben«, antwortet der dumme Bursche.

»Streck die Faust her«, sagt jetzt der Mann, »so will ich dir etwas in die Hand geben.« Und dabei spuckte er einen anständigen großen Klatsch dem Göingeburschen mitten in die Hand, und der Bursche wurde sehr vergnügt darüber, daß er etwas für seiner Mutter Kuh bekommen hatte. Die nahm nun der Mann und zog ab mit ihr, aber der Bursche ging heimwärts mit dem Spuckeklatsch in der Hand, und er gab gut acht, daß er auch dort blieb.

Als er so eine Weile gegangen war, sah er einen Pfarrer daherfahren. Sie kamen zur gleichen Zeit an ein Zaungatter, und der Pfarrer sagte:

»Mach für mich das Gatter auf, Junge, so sollst du einen Kuchen bekommen!«

Der Junge ging zu dem Gatter und machte es auf, aber dabei vergaß er ganz, was er in der Hand hatte, und er schmierte die Spucke an das Zaungatter. Er hatte jedoch kaum den Pfarrer durchgelassen, da bemerkte er es auch schon und fing an zu schreien:

»Warte, warte, Pfarrer! Ich hatte was in der Hand, was mir der Mann für die Kuh gegeben hat. Das hast du genommen, ich will es zurückhaben!«

Der Pfarrer glaubte, es handle sich um Geld, und da sagte er, er habe dem Jungen nichts genommen und wolle ihm auch nichts geben. Aber da wurde der Junge toll unter der Mütze und schrie: »Ja, so will ich dir's geben, der Teufel hol mich!« Dabei riß er einen großen Prügel aus dem Zaun heraus und schlug damit den Pfarrer auf den Schädel, daß er alle viere von sich streckte, und da war's mit ihm vorbei.

Aber der Junge rannte heim und sagte seiner Mutter, was er für die Kuh bekommen hatte und daß es ihm der Pfarrer bestimmt weggenommen hatte. Aber er habe dem Pfarrer mit einem Wacholderprügel eins auf die Rübe verpaßt, und davon sei er draufgegangen.

Der Frau schien das mit der Kuh schon arg genug. Aber daß der Pfarrer ums Leben gekommen war, das war doch noch schlimmer. Sie schlich sich hinaus und steckte den Pfarrer in ein Loch, und dann ging sie heim und schlachtete ihren schwarzen Bock und legte ihn in den Wagen des Pfarrers und sagte ihrem Jungen, er solle mit hingehen und den Pfarrer begraben. Zum Glück war der Junge so dumm, daß er einen Pfarrer nicht von einem Bock unterscheiden konnte, da sie beide schwarz waren. Und die Alte, die wußte das. Als sie wieder nach Hause kamen, mußte sich der Junge in die Küche setzen und Feger binden, oder Besen, wie man sagt; sie selber kochte aber einen Kessel Mehlsuppe, und als sie fertig war, trug sie sie auf das Dach und schüttete sie durch den Schornstein in die Küche hinunter. Dann sagte sie dem Jungen, es hätte auf der ganzen Welt Mehlsuppe geregnet.

Als jetzt aber der Pfarrer reinweg verschwunden war, gab es Nachforschungen in der Gemeinde, und man suchte überall nach ihm, auch an den unmöglichsten Stellen, wie der Mann, der nach seinem Zugtier in der Tischschublade suchte. Zuletzt hörte man, daß ihm der Junge aus Göinge den Garaus gemacht hätte. So kamen sie zu der Frau, um den Burschen zu fragen.

»Ich hab schon einen erschlagen und ihn mit begraben«, sagte der Bursche gleich rundheraus.

»Wie hat er denn ausgesehen?« fragte man ihn.

»Er war schwarz«, sagt der Bursche.

»Hol uns der Teufel, das war der Pfarrer!« schrien die Leute.

»Hatte der Pfarrer Hörner?« fragte jetzt der Bursche.

»Nicht daß wir wüßten«, sagten die Leute.

»Ja, aber der, den wir da verscharrt haben, die Mutter und ich, der hatte welche«, behauptete der Bursche.

»Wann habt ihr denn das gemacht?« fragten die Leute aus der Gemeinde.

»Das war an dem Tag, als es Mehlsuppe auf die ganze Welt regnete«, antwortete der Bursche.

Nun machten sie sich dran und gruben die schwarze Leiche aus, aber da stießen sie auf den Bock, und den wollten sie nicht als ihren Pfarrer anerkennen. So ging der Junge aus Göinge frei aus, denn sie glaubten, er wäre verdreht im Kopf.

Einige Zeit später wollte die Alte den Burschen verheiraten, und es war weiter nicht schwer, ihm eine Braut zu verschaffen, denn er war der einzige Sohn und ein reicher Kerl. Die Alte hatte auch schon die Sache mit einem Mädchen von außerhalb ausgehandelt, und an dem Tag, an dem sie sie holen ging, sagte sie zu dem Burschen:

»Jetzt machst du sauber, aber nicht das ganze Haus, nur so vier, fünf Balken weit in der Stube. Dann nimmst du etwas Grün und ordentlich Kraut aus dem Garten und gibst alles in den Suppentopf, und zuletzt schaust du, daß du selber süß aussiehst und die Federn geputzt hast, so gut's nur geht.«

Der Bursche versprach, alles zu machen, wie sie's gesagt hatte, und dann stiefelte sie los nach dem Mädchen.

Inzwischen trug der Bursche Wasser in die Stube, daß es reichte, denn er meinte, er sollte so viel Wasser einfüllen, daß es vier oder fünf Balken hoch reichte. Aber das gelang ihm nicht, denn es rann aus den Fensteröffnungen wieder heraus, und da hatte er keine Lust mehr, es weiter zu versuchen. Aber im Hof stand das Ferkel, das hatte die Alte grün angemalt, damit es nicht so schnell dreckig aussähe. Das nahm jetzt der Junge und schmiß es in den Suppenkessel. Der Hund, der hieß Kraut, und ordentlich war er auch, meinte der Junge, und deshalb auch mit ihm in den Kessel! Zuletzt schlitzte er ein großes Federkissen auf und beschmierte sich selbst über und über mit Sirup und wälzte sich dann in den Federn. Darauf setzte er sich in der Küche auf einen Holzklotz, bis die Mutter mit dem Mädchen kam.

Da fragte ihn die Alte, wie es denn geschehen konnte, daß er all das mit der Stube und der Suppe und sich selbst getan hatte, und da sagte er, sie hätte doch selbst gesagt, daß er es so machen sollte.

Aber die Alte suchte nach Ausreden vor dem Mädchen und sagte:

»Ja, siehst du, mein Junge ist immer so lustig und voller Späße.«

Das Mädchen dachte wohl so – so über diese Späße. Aber nachdem er reich war, mußte es halt hingehen, und so gab's dann nach einer Zeit die Hochzeit. Aber als die Nacht herankam, konnte es die Braut nicht mehr aushalten, und als sie in die Brautkammer gekommen waren, sagte sie, sie wolle sich noch ein wenig mit dem Vieh beschäftigen, denn das bringe Glück. Aber der Junge wollte sie nicht hinauslassen. »Du läufst fort«, sagte er. »Wenn du das glaubst«, sagte sie, »dann nimm doch das Seil da und binde es mir um den Leib, so kannst du mich zu dir ziehen, wenn du willst.« Das machte der Bursche. Aber sie ging hinaus in das Sommerhaus und nahm seinen Geldbeutel, und dann ging sie hinaus in den Stall und nahm eine Ziege und band das Seil um sie, und sie selbst nahm die Beine unter den Arm und rannte so weit, daß man sie niemals wieder gesehen hat.

Na, der Junge zog an dem Seil, und da erwischte er die Ziege am Kopf.

»Mutter«, schrie er, »die Braut ist zottlig und hat Hörner!«

»Sei still, Junge, du machst immer solche Späße! Das sind nur ihre kleinen Zöpfe«, antwortete die Alte.

Da zog der Bursche die Ziege zu sich in das Bett. Aber da schrie er:

»Mutter, die Braut läßt Bohnen fallen!«

»Du bist ein schrecklich verrückter Kerl!« sagte die Mutter, »jetzt sollst du still sein und schlafen!«

Das tat er auch. Aber als er am Morgen sah, daß er sich mit einer Ziege verheiratet hatte, da zündete er sich zuerst selber an, und dann rannte er in den Fluß hinein, um das Feuer zu löschen. Und dort ist er sicher geblieben – falls er nicht wieder herausgekommen ist.

71. Zwei aus Västergötland treffen sich

Einmal waren da zwei Männer aus Västergötland, die waren lange Zeit nicht zusammengekommen und trafen sich nun, und da erzählte einer dem anderen seine Erlebnisse. Der

eine sagte: »Und wie ist es dir ergangen?« – Da antwortete
der andere: »Ach ja, ich hab mich verheiratet, aber meine
Frau ist gestorben.« – »Das war aber schlimm!« – »So
schlimm war's nicht. Ich hatte mit meiner Frau einen Hof
bekommen.« Da sagte der andere: »Da war's ja gut.« Der
erste: »So gut war's nicht. Der Hof ist mir abgebrannt.« – Da
sagte der andere: »Das war aber schlimm.« – »So schlimm
war's wieder nicht. Ich bekam große Rüben auf dem Grund-
stück.« – »Ach, das war aber gut.« – »Na ja, so gut war's wieder nicht. Die Schweine haben mir die Rüben aufgefressen,
bevor sie richtig ausgewachsen waren.« – »Das war aber
schlimm.« – »So schlimm war's wieder nicht. Davon hab ich
ein paar fette Schweine bekommen.« – »Das war aber gut.«
– »So gut war's wieder nicht. Die Wölfe haben mir die
Schweine aufgefressen.« – »Das war aber schlimm.« – »So
schlimm war's wieder nicht. Ich konnte die Wölfe erschießen.« – »Das war aber gut.« – »So gut war's wieder nicht.
Ich hab mir die eine Hand abgeschossen.« – »Das war aber
schlimm.« – Da antwortete der Erzähler: »So schlimm war's
wieder nicht, denn wenn sich die anderen zwei Handschuhe
kaufen müssen, da brauche ich mir nur einen zu kaufen.« Da
antwortete der Frager endlich: »Das war aber gut.«

72. Die beiden Västergöten, die nichts erschrecken konnte

Einmal waren da zwei Västergöten unterwegs und wanderten dahin. Beide fürchteten sie sich in der Dunkelheit, aber
das wollte keiner eingestehen. Eines Abends gingen sie so dahin und unterhielten sich. »Wir sind schon ein Paar wackere
Kerle«, sagte der eine. »Ja, wir erschrecken nicht so leicht
vor etwas«, meinte der andere.
Das hörte aber ein Schmied, der gerade in der Tür seiner
Schmiede am Weg stand, als sie vorübergingen. ›Na ja‹,
dachte er, ›das wollen wir ausprobieren.‹ Er nahm ein Teer-

faß und zündete es an und ließ es hinter ihnen los. Das rollte immer schneller und schneller, denn der Weg senkte sich von der Schmiede her. Als sie das brennende Ungetüm hinter sich herkommen sahen, erschraken sie sehr, aber keiner wollte sich's anmerken lassen, wie er sich fürchtete, und sie gingen weiter, aber sie sahen sich alle Nasen lang um. Als das Faß immer näher und näher kam, sagte der eine: »Bruder, der kommt und packt uns, was sollen wir machen?« – »Ja, wir wollen singen«, sagte der andere. Da stimmten sie mit aller Kraft an: »Eine feste Burg ist unser Gott.« Aber weiter kamen sie nicht, da war ihnen das Faß schon auf den Fersen. Da schrie der eine: »Und mag die Burg so fest auch sein, ich renn jetzt in den Wald hinein!«

73. Die Dalekarlier

Da waren einmal sechs Männer aus Dalarna, die wollten hinaus in den Almwald und Holz für Zaunlatten schlagen. Aber es war weit bis dorthin, und da wurden sie unterwegs hungrig und wollten versuchen, sich etwas zu essen zu verschaffen. Da erblickten sie ein Eichhörnchen oben auf einer Kiefer, und einer von ihnen kletterte hinauf und wollte es ergreifen und sich so eine Zuspeise besorgen. Aber das Eichhörnchen, das sprang natürlich weg auf eine andere Kiefer. Da sagte der Dalekarlier: »Wenn du dich traust, wo du viel kleiner bist, da werde ich mich auch trauen, wo ich viel größer bin«, und dabei sprang er und landete auf dem Boden, und da erschlug er sich.

Nun wußten sie dort von einer Bärenhöhle, und so wollten sie den Bären fangen – der würde auch mehr ausgeben –, und deshalb kroch einer von den Dalekarliern hinein, und einer stand draußen mit der Schlinge und gab acht. Das Ende der Schlinge band er sich um den Leib, und als der Bär in die Schlinge lief, da zog er den Dalekarlier mit sich. Da riefen die anderen: »Stemm dich gegen die Kiefern, da hast du Halt!« – »Wie soll ich mich gegen die Kiefern stemmen, wenn ich nur bei jedem neunzehnten Sprung einmal auf den Boden komme?« Und so brachte der Bär den armen Kerl ums Leben. Dann gingen sie zu einer Frau ins Haus, die hatte gerade Mehlsuppe gekocht und den Topf auf den Fußboden gestellt, und als sie hereinkamen, da brodelte es noch in dem Topf, und da glaubten sie, daß der Topf ohne Feuer koche, und gaben keine Ruh, bis die Frau ihnen den Topf verkaufte. Dann gingen sie hinunter zu einem See und schlugen ein Loch ins Eis und taten Wasser in den Topf und warteten darauf, daß es anfinge zu kochen. Aber da kochte gar nichts, natürlich nicht. Da machten sie ein großes Feuer unter dem Topf an, und von der Wärme schmolz das Eis, und der Topf sank auf den Grund, und dabei brodelte es. Da sagten sie: »Schaut nur, jetzt kocht er!« Einer von den Dalekarliern nahm eine Schöpfkelle und sprang dem Topf nach, und dann sprang noch einer hinein, um zu sehen, wie's seinem Kameraden ging. Der letzte kam noch einmal an die Wasseroberfläche zurück und streckte die Hand aus und wollte, daß sie ihm hülfen. Aber sie dachten, er möchte einen Löffel, und so steckten sie ihm einen in die Faust, und sofort versank er. Da hatten die letzten Angst, daß die anderen den Topf leeressen würden, und so sprangen sie schließlich auch ins Wasser und ertranken. Und auf die Weise gingen sie alle zusammen drauf.

74. Die Dalekarlier auf Bärenjagd

Drei Dalekarlier waren einmal draußen auf Bärenjagd. Als sie eine Bärenhöhle gefunden hatten, machten sie aus, daß der eine hineinkriechen und den Bären packen sollte, und wenn er mit den Füßen strampelte, so sollten die anderen das als Zeichen nehmen, ihn an den Beinen packen und ihn herausziehen, und mit ihm den Bären. Aber als Mats hineingekrochen war, packte ihn der Bär und biß ihm den Kopf ab. Da strampelte er mit den Beinen, und deshalb zogen ihn die anderen heraus. Aber als der eine sah, daß er ohne Kopf war, sagte er zu seinem Kameraden: »Du, Oll, sag du, ob der Mats 'nen Kopp gehabt hat, als er reingekrochen is.« Olle antwortete: »Das kann ich nich genau sagen, aber am Abend hat er 'n Kopp gehabt, wie er Grütze gegessen hat, denn da hab ich gesehn, wie er mit sei'm Bart gewackelt hat.«

75. Der Grasfresser auf Öland

Da war einmal ein Småländer, der war mit einem Pferd hinüber nach Öland gekommen und wollte es dort auf einem Markt verkaufen. Damit er es kostenlos füttern konnte, hatte er eine Handsichel mitgenommen, und da war er auf einer Wiese gewesen und hatte Gras geschnitten und die Sichel dort vergessen.

Am Morgen darauf kam ein Öländer und sah, daß ein Stück von der Wiese abgegrast war. Und mitten auf diesem Stück – oder wo es nun war – lag da ein Ding, das nichts anderes sein konnte als irgendein Tier, weil es doch Gras fressen konnte. Und der Öländer gleich in den nächsten Hof, und dort erzählte er, daß da ein gefährliches Tier sei, ein Grasfresser, der in ihr Land gekommen war. Und die Leute liefen mit Stöcken und langen Stangen hin. Und die am dreistesten waren, die schlugen auf den Grasfresser, und da hüpfte er in die Höhe. Aber sie wurden immer dreister und dreister, und schließlich gab einer dem Grasfresser einen solchen Schlag, daß der hoch hinaufsprang und dem Öländer um den Hals hängenblieb. Da erschrak er so sehr, daß er nicht wagte, sich zu bewegen. Aber ein anderer war da, der wollte richtig tapfer sein und wollte ihn aus der Gefahr erretten, und da springt er vor und reißt am Griff, so heftig, daß dem anderen der Kopf abging. Da ergriffen alle Öländer die Flucht. Und keiner wagte sich mehr an diese Stelle, bis sich der Småländer wieder auf den Rückweg machte. Da bemerkte er seine Sichel und nahm sie mit sich nach Småland.

76. Wie die Öländer Holz holen wollten

Da war einmal ein Haufen Leute aus Öland, die fuhren hinüber nach Småland und wollten dort Holz holen. Ein jeder hatte seine Axt mit. Aber als sie mitten auf dem Wasser waren, da ließ der Schultheiß, der als erster fuhr, seine Axt fallen. Und als der nächste sah, daß der Schultheiß seine Axt hier hingelegt hatte, da legte er seine Axt daneben. Und so machten es alle anderen.

Als sie nun in den Wald kamen, da sagte der Schultheiß, er habe seine Axt fallen lassen. Und da sagten die anderen alle, sie hätten ihre Äxte an dieselbe Stelle gelegt wie der Schultheiß. Nun wußten sie nicht, wie sie die Bäume zu Boden kriegen sollten. Da war einer, der sagte, er hätte gehört, daß man Bäume auch niederbrennen könnte. Aber da fragten sie sich, wo sie Feuer herbekommen sollten. Da sagte einer, er hätte gehört, man könnte in ledernen Hosen Feuer reiben. Und alle, die lederne Hosen anhatten, fingen an, hin und her zu rutschen – aber Feuer gab's dadurch nicht. Da gab ein andrer zu bedenken: wenn man sich den Kopf anschlage, so gebe es Funken. Da wollten sie es auf die Weise versuchen. Einer nahm einen Pfahl und schlug ihn einem anderen auf den Kopf. »Hast du ein paar Funken gesehen?« fragten sie ihn. »Ich hab ein paar gesehen«, sagte der, der den Hieb eingesteckt hatte, »aber schlag noch einmal ein bißchen fester zu, da werden's sicher mehr werden!« Und da drosch ihn der andere auf den Schädel, so fest er nur konnte, und da starb der auf der Stelle.

Da gaben die Öländer alle Versuche auf, einen Baum zu Boden zu kriegen, und reisten unverrichteterdinge wieder heim.

77. Der Finne in Seenot

Ein Finne, der in Seenot geraten war, fing an, heftig zu rufen: »Herr, khilf! Herr, khilf!«[1] Aber als der Herr mit der Hilfe zögerte, sagte der Ertrinkende: »Khilf du mir, Perkel[2], dann sollst du mich auch kriegen!« Der Böse stellte sich auch ein und half dem Finnen ans Ufer, aber er erinnerte ihn sogleich an sein Versprechen. Aber das wollte der Finne nicht zugeben, sondern er sagte: »Bist du so alt und merkst noch nicht einmal, wenn man Spaß macht!« Der Böse stieß ihn wieder ins Wasser und verschwand dann. Da fing der Finne wieder an zu rufen: »Herr, khilf! Herr, khilf!« Nun kam auch der Herr mit seiner Hilfe, und der Finne konnte einen Zweig ergreifen und kam so wieder heraus. Aber jetzt meinte er sogleich, er hätte sich selber geholfen, und sagte: »Guter Mann khilft sich selber!«

78. Der taube Bauer

Ein tauber Bauer stand einmal neben seiner Hütte und wollte einen Beilschaft machen, und weil er taub war, überlegte er oft bei sich selber, was er antworten sollte, wenn jemand mit ihm redete, denn er wollte nicht merken lassen, daß er mit diesem Gebrechen behaftet war.
Wie er nun gerade an seinem Schaft herumwerkelte, bemerkte er in weiter Entfernung ein paar Herren, die sich der Hütte näherten.
»Sieh«, sagte er zu sich selber, »da kommen ein paar Herren, vermutlich hierher. Ach, wenn ich nur vorauswissen könnte, was sie zu mir sagen werden, da könnte ich ihnen auf ihre Fragen antworten!«

[1] Das fehlerhafte Schwedisch der in Schweden angesiedelten Finnen ist öfter Anlaß zu Scherzgeschichten.
[2] Finnische volkstümliche Bezeichnung des Teufels.

»Paß auf«, sagte er, »ich glaube, ich weiß schon, was sie sagen werden. Zuerst fragen sie mich natürlich, was das ist, woran ich gerade arbeite, oder was das werden soll, und da werde ich antworten, wie's ja auch wahr ist, daß das ein Beilschaft werden soll. Dann sagen sie vermutlich, daß er zu lang ist, und da werde ich antworten, daß ich ihn bei dem Knorren da abschneiden werde. Danach werden sie wohl mein Boot ausleihen und damit über den Fluß rudern wollen. Aber ich werde antworten, wie es wahr ist, daß das zu alt ist und nicht dichthält, weil es gesprungen ist. Dann fragen sie wohl nach meiner Stute. Aber da muß ich ihnen antworten, wie es die Wahrheit ist, daß die Reiter sie verdorben haben, als das Treffen war.« Kaum war er mit dieser Überlegung zu Ende gekommen, da waren die Herren auch schon da.

»Guten Tag, Bauer«, sagte einer von ihnen.

»Beilschaft, lieber Herr.«

»Bist du verrückt, Bauer?«

»Ja, hinter dem Knorren, mein Herr.«

»Ist dein Weib zu Hause?«

»Ach nein, meine Herren, das taugt nicht mehr, denn es ist zu alt, und außerdem ist es gesprungen und hält nicht dicht.«

»Ist dann deine Tochter zu Hause?«

»Ach nein, meine Herren, die ist auch unbrauchbar, denn die Reiter haben ihr den Rücken aufgeritten bei dem Treffen.«

»Bist du verrückt, Bauer?« sagte einer von den Herren wiederum.

»Ach ja«, antwortete der Bauer, »das geschieht sehr oft, wenn das Wetter schön ist.«

Die Herren entfernten sich unter schallendem Gelächter.

Weit fort im Kirchspiel Kornmangel, beinahe am Rande vom Walde Endlos, lag ein kleiner Weiler, und da wohnte ein altes Weib mit einem Burschen, der nicht gerade übermäßig schlau war.

Einmal im Herbst, als die Alte Roggen auf ihr kleines Feld säen wollte, hatte sie kein Korn, und deshalb schickte sie den Jungen aus, er sollte ein wenig Saatgetreide ausleihen. Nun wußte sie, daß der Bursche nicht gerade viel Merks hatte, und deshalb ermahnte sie ihn, er solle ihren Auftrag vor sich hersagen, während er dahinging: »Einen halben Scheffel Roggen, einen halben Scheffel Roggen.«

Ja, der Bursche ging und leierte immer vor sich hin: »Einen halben Scheffel Roggen, einen halben Scheffel Roggen.« Nach einer Weile kam er zu einem großen, großen Hof, und da war ein Bauer auf dem Feld und säte. Der Bauer kehrte gerade am Wegrand um, als der Bursche vorbeikam mit seinem ewigen »Einen halben Scheffel Roggen, einen halben Scheffel Roggen!«

Das gefiel dem Bauern nicht.

»Was sagst du, Bürschchen? Einen halben Scheffel Roggen? Du sollst sagen: ›Tausendfach in einem Jahr!‹«

»Danke, das sage ich das nächste Mal«, sagte der Junge, und so fing er an mit der neuen Lektion.

Ein Stück weiter stand ein Mann vor seiner Hütte und kämmte sich die Haare, und die kleinen grauen Tierchen fielen in Mengen von ihm ab.

»Tausendfach in einem Jahr, tausendfach in einem Jahr«, grüßte ihn der Bursche.

»So darfst du doch nicht sagen, du Teufelsnarr«, sagte der Mann, »du mußt sagen: ›Zur Hölle mit einem solchen Haufen!‹«

»Danke, das sage ich das nächste Mal«, meinte der Bursche und ging weiter.

Dann kam er zu einem Hof, da war Hochzeit, und er traf den Hochzeitszug gerade auf dem Weg zum Hof.

»Zur Hölle mit einem solchen Haufen!« sagte er.

»Was ist das für ein dummer Tropf?« schrie der Brautvater. »Du mußt doch sagen: ›Wollte Gott, es stände so in jedem Hof.‹«

»Danke, das sage ich das nächste Mal«, sagte der Junge und ging weiter.

Im nächsten Hof war gerade ein Feuer ausgebrochen, und die Leute liefen ganz verzweifelt herum. Sie wurden direkt rasend, als der Bursche sagte:

»Wollte Gott, es stände so in jedem Hof!«

»So darfst du doch nicht sagen, du Schurke! Du mußt sagen: ›Gott bewahre uns vor einem solchen Gast!‹«

»Danke, das sage ich das nächste Mal«, sagte der Bursche, und damit ging er weiter.

Da begegnete er dem König, der umherritt und sich sein Reich besah.

»Gott bewahre uns vor einem solchen Gast!« sagte der Bursche.

»Höre, du . . .«, sagte der König, »so darfst du nicht sagen. Du mußt deine Mütze abnehmen und sagen: ›Reitet in Landesfrieden, Euer Majestät!‹«

»Danke, das sage ich das nächste Mal«, sagte der Junge und ging weiter.

Ja, und da kam er an einer Stelle vorbei, da hatte es ein Eber gerade mit einer Sau. Da nahm der Bursche die Mütze ab und sagte:

»Reitet in Gottes Frieden, Euer Majestät!«

80. Mann und Frau tauschen ihre Arbeit

Da war ein Mann, der meinte immer, daß seine Frau den Sommer über zuwenig Käse und Butter zusammenbrachte. So einigten sie sich darüber, daß sie ihre Arbeit tauschten: die Frau sollte hinausgehen auf die Moorwiesen, und der Mann sollte zu Hause bleiben.

An dem Tage wollte er zuerst Käse machen. Als er das Lab in die Milch gegossen hatte und die geronnen war, nahm er sogleich den Kessel vom Feuer und schüttete alles zusammen auf das Regalbrett, auf das die Käse hinkamen, und meinte, so würde er einen besonders großen Käse bekommen. Aber es lief alles zusammen auf den Boden. – Da machte er sich dann ans Buttern, und hierbei wollte er jetzt vorsichtig sein. Er ging nicht vom Butterfaß weg, sondern er nahm es in einem Traggestell auf den Rücken und trug es mit sich, als er zum Bach um Wasser gehen mußte. Als er sich niederbeugte und das Wasser einschöpfte, da lief ihm der ganze Rahm vorn über den Kopf und hinunter in den Bach.

Da erschrak er. Nun ging er nach Hause und wollte backen. Als er dann das erste Brot gebacken hatte, dachte er: ›Ich will in die Speisekammer laufen und mir ein Stück Fleisch nehmen und es mit dem Brot hier aufessen.‹ Als er das Fleischstück heruntergenommen hatte, legte er es auf die Schwelle und nahm sich einen Krug und wollte ein wenig Bier abzapfen und es mit hineinnehmen. Während das Bier noch in den Krug lief, kam ein Hund, schnappte sich das Stück Fleisch von der Schwelle und war mit einem Satz davon. Der Mann ihm nach, und der Hund vornweg! Als sie nun eine Weile gerannt waren, wurde der Mann müde, und da fiel ihm ein, daß der Hahn am Bierfaß offen war. Als er dorthin kam, war das Faß ganz ausgelaufen.

Da war er ratlos, weil er einen so großen Schaden dabei hatte. Da fiel ihm ein, daß er eine Kuh draußen auf der Weide hatte, und da dachte er: ›Ich muß sie holen und hier auf sie achtgeben, sonst könnte ihr auch ein Unglück zustoßen.‹ Er holte sie und schob sie hinauf auf das Dach der Hütte, nahm dann ein paar Stricke und band sie der Kuh um den Hals; dann steckte er das Seil durch den Schornstein, ging dann hinein und band sich das Seil um das Bein. Jetzt war er sicher, meinte er. So werkelte er dann weiter bis zum Abend. Als die Frau nach Hause kam, da sah das die Kuh, sprang herunter vom Hüttendach und wollte der Frau entgegenlaufen, und dabei zog sie den Mann in den Schornstein. Und da hing er nun, als die Frau nach Hause kam.

81. Salomos Katze

Da war einmal ein König, der hieß Salomo, und er wohnte in der Stadt Jerusalem. Und dann war da noch'n andrer König, der hieß Hiram, und der wohnte in Tyrus. Und diese beiden Könige da, die waren gute Freunde und besuchten einander oft.

Und einmal, da war Hiram bei Salomo in Jerusalem, und die alten Kerle spielten Karten und tranken Kaffee und hatten nichts anderes als ein paar elende Talglichter zum Leuchten, und da sagte Hiram zu Salomo:

»Das is aber 'n Scheißlicht, dasde da hast«, sagte er.

»Ah, ich hab schon auch bessere«, sagte Salomo.

Und so ging er hinaus zu den Mädchen in der Küche nach ein paar Lichtern, und die waren so dick, daß er sie einfach nicht in einen von den Kerzenhaltern reinbrachte.

»Was wirste denn jetzt machen?« sagte Hiram.

»Ach, das wirste schon sehn«, sagte Salomo.

Und da machte er die Tür auf und brüllte aus vollem Hals, so laut er nur konnte:

»Stussbas! Stussbas!«

Und da kam so eine unchristlich große Katze rein, sprang auf den Tisch rauf und setzte sich auf ihren Hintern und nahm in jede Vorderpfote ein Licht. Und da saß sie so still wie ein Ölgötze und bewegte nicht einmal das Weiße im Auge.

»Das is aber schon wirklich eine besondere Katze, diede da hast, mein lieber Salomo«, sagte Hiram.

»Ja, das kann man schon sagen«, sagte Salomo.

»Ja, aber ich kannse doch reinlegen und sie dazu bringen, daß sie die Lichter losläßt«, sagte Hiram.

»Einen Scheißdreck kannste«, sagte Salomo.

»Willste wetten, um eine Kanne Branntwein?« sagte Hiram.

»Na gut, also meinetwegen«, sagte Salomo.

Und so wetteten sie. Und wie sie da spielten und sich miteinander unterhielten, da fuhr Hiram mit der Hand in seinen Hosensack und holte eine Maus heraus und ließ sie los – grade der Katze vor der Nase. Aber dieses Schandvieh da, die Katze, stell dir vor, die nahm die Maus nicht. Stell dir vor, die schob sie nur ein wenig zur Seite, und dann saß sie wieder da auf dem Tisch, genauso unbeweglich wie vorher. Und da lachte Salomo, daß ihm der Bauch wackelte, und da sagte er: »Das war recht, Stussbas, bleib nur standhaft!«

Und so spielen sie weiter. Und wieder nach einer Weile, da fuhr Hiram noch einmal mit der Hand in seinen Hosensack und zog zwei Mäuse heraus und setzte sie gerade der Katze vor die Nase. Und da war die wirklich schon ganz nahe dran, die Lichter gleich loszulassen, und es kribbelte direkt schon in ihr. Aber das war ein solches Schandvieh, dieses Luder von einer Katze, daß sie die Augen zumachte, damit sie da nichts Schlimmes anstellt. Aber da geriet Hiram direkt außer sich vor Wut und grapschte mit beiden Händen in den Hosentaschen und zog einen ganzen Haufen Mäuse heraus und schmiß sie gerade auf die Katze. Und da konnte sie sich wirklich nicht mehr halten und schleuderte die Lichter von sich und sprang den Mäusen nach.

Und so gewann Hiram den Branntwein und trank ihn aus – das hättet ihr wohl auch gemacht!

82. Bellman-Geschichten

a) Bellman und Eulenspiegel

Bellman und Eulenspiegel, die waren einmal unterwegs auf einer Reise. Da kamen sie zu einem Wirtshaus, und da wollten sie hineingehen und einen Schnaps trinken. Bellman ging zuerst hinein, und inzwischen sollte Eulenspiegel auf die Pferde aufpassen. Aber als eine Weile vergangen war, da meinte er, er bliebe gar zu lange drinnen, und da schnitt er Bellmans Pferd beide Ohren ab und ging dann hinein und sagte:

»Weißt du, Bellman, draußen ist ein Windstoß gekommen und hat deinem Pferd beide Ohren weggeblasen.«

Da ging Bellman hinaus, und Eulenspiegel blieb drinnen. Als Bellman lange Zeit nichts von ihm hörte, schnitt er Eulenspiegels Pferd die Mundwinkel auf und ging hinein und sagte:

»Weißt du, Eulenspiegel, dein Pferd hat so viel über meines gelacht, daß ihm beide Mundwinkel bis zu den Ohren aufgerissen sind.«

b) Bellmans Abschied

So machte es Bellman, als er Abschied von der Königin nehmen mußte. Er war des Landes verwiesen worden, und er hatte von ihr Zeug für ein Paar Hosen bekommen. Und da ließ er sich das Vorderteil einer Hose machen, aber ohne Hinterteil. Und als er gegangen war, sagte die Königin: »Es ist aber doch sehr schade um Bellman!« Die Hoffräulein jedoch fingen an zu fauchen und zu wettern und sagten, es sei doch eine große Schande gewesen, wie er ausgesehen hätte. Denn es war ja der blanke Hintern, ja! Die Königin freilich hatte nicht gesehen, wie er hinten aussah, während er dastand und sich verbeugte, aber die Hoffräulein, die sahen nichts anderes als das blanke Hinterloch. Und darauf schickte die Königin wieder nach ihm, und da wurde er begnadigt.

c) Wer wirft den ersten Stein?

Ein anderes Mal war Bellman unflätig gegenüber einigen Damen am Hofe gewesen, und es erging darauf vom König das Urteil, daß sie Bellman mit Steinen zu Tode werfen durften. Als aber Bellman dort stand, und die Frauen schon die Steine hatten und anfangen sollten, da fragte ihn der König, ob Bellman etwas hätte, was er sich besonders wünschte. Und da antwortete er, er wünsche sich, daß die größte Hure den ersten Stein werfen sollte. Und da lachte der König und sagte, das solle ihm gewährt sein. Aber es versteht sich, daß nun keine Frau da war, die zugeben wollte, daß sie die größte Hure war, und auf diese Weise kam Bellman diesmal mit dem Leben davon.

d) Wie Bellman in einer Pferdehaut lag

Einmal war Bellman beim König in große Ungnade gefallen, und der König befahl ihm, sein Land innerhalb von drei Tagen zu verlassen. Aber Bellman war schlau und wußte, daß der König an einer bestimmten Stelle auf der Landstraße vorbeifahren mußte. Deshalb ging er zu einem Abdecker und kaufte eine Pferdehaut von ihm, legte sie an den Rand der Straße, die der König fahren mußte, und kroch so in die Pferdehaut, daß nur noch sein Kopf zu sehen war. Und als der König vorbeigefahren kam, sah er das und erkannte Bellman. Und da wurde der König zornig und sagte: »Lebst du denn immer noch in meinem Reiche?« Aber da antwortete Bellman: »Gott bewahre, Eure königliche Majestät!

Wenn das Euer Reich ist, so will ich gleich herauskriechen, so daß Eure königliche Majestät in Ihr Reich einziehen kann!« Und das dünkte den König so gut geantwortet, daß er zu Bellman sagte: »Du hast wieder meine Gnade.«

e) Bellman und die Smittin

Da war ein Kronvogt Smitt, der war gestorben, und seine Witwe lebte in schrecklicher Armut. Und obgleich sie schon viele Male darum angesucht hatte, bekam sie niemals irgendeine Pension nach dem Tode ihres Mannes. Endlich erhielt sie den Rat, mit dem König selber zu sprechen, das sollte wohl helfen. Aber sie dachte, es sei in jedem Fall das beste, ein schriftliches Gesuch zu haben, und deshalb ging sie zu einem hochgelehrten Mann, den sie kannte, und bat ihn, für sie ein Ansuchen zu schreiben; sie selber konnte nämlich weder schreiben noch lesen. Danach fuhr sie nach Stockholm und ging zum königlichen Schloß, um dort vor den König vorgelassen zu werden. Und als sie in das Schloß gekommen war, begegnete sie, wie sie glaubte, einem Hofherrn, und so sagte sie zu ihm, sie wolle zum König. Da fragte der Herr, was sie wolle; als sie es ihm erzählt hatte, bat er sie, ihr Gesuch sehen zu dürfen. Als er es gelesen hatte, riß er es entzwei und sagte, es tauge nichts. Da wurde die Witwe traurig und wischte sich die Augen. Aber da sagte er zu ihr: »Weint nicht, Mutter!« sagte er. »Ich will Euch ein viel besseres Gesuch schreiben als dies, das wird helfen«, sagte er. Und dann schrieb er ein paar Zeilen auf ein Papier und gab es der Witwe. Als dann die Witwe zum König kam, zog sie das Papier hervor, das ihr der Hofherr geschrieben hatte, und da las der König laut vor:

> »Smitt ist gestorben,
> hat wenig erworben,
> war meine Stütze in jeglicher Not;

hier steht jetzt die Smittin,
hat nichts in der Tasch' drin
und bittet um Brot.«
»Da ist Bellman am Werke gewesen«, sagte der König, und
er gewährte ihr eine ordentliche und ausreichende Pension.

f) Bellmans Hinrichtung

Einmal hatte er etwas getan, daß er hingerichtet werden
sollte. Und da wurde er zu einem See geführt. Aber da
bat er, daß er noch das Bild des Schiffes zeichnen dürfe, ehe
er sterben müßte. Und das erlaubte man ihm. Da zeichnete
er ein Schiff in den Sand, und dann sagte er zu seinem Bruder,
der auch hier dabei war und zusah, er solle in das Schiffs-
bild hineinsteigen. Und als der das getan hatte, da trat Bellman selbst hinein und sagte: »Hier will ich hinauf, und hinab
in Wittenberg!« Und da verschwand er vor ihnen. – Mit dem
war nicht gut streiten, mit Bellman.

83. Wie Hante zum Schneider mit einem Mantelstoff ging

Hante auf Piggen ging zum Schneider mit einem Stück
Tuch und wollte sich einen Mantel nähen lassen.
»Wann kann ich ihn denn haben?« fragte Hante, als ihm der
Schneider Maß genommen hatte.
»Am Sonntag«, sagte der Schneider.
»Was kostet er denn?« fragte Hante.
»Ach papperlapapp, das sehn wir dann schon.«
Am Sonntag kam Hante und fragte nach dem Mantel.
»Das wird kein Mantel, das werden ein Paar Hosen«, sagte
der Schneider.
»Wann kann ich sie denn haben?« fragte Hante.
»Am Sonntag«, sagte der Schneider.

»Was kosten sie denn?« fragte Hante.

»Ach papperlapapp, das sehn wir dann schon«, sagte der Schneider.

Am Sonntag kam Hante und fragte nach den Hosen.

»Das werden keine Hosen, das wird eine Weste«, sagte der Schneider.

»Wann kann ich sie denn haben?« fragte Hante.

»Am Sonntag«, sagte der Schneider.

»Was kostet sie denn?« fragte Hante.

»Ach papperlapapp, das sehn wir dann schon«, sagte der Schneider.

Am Sonntag kam Hante und fragte nach der Weste.

»Das wird keine Weste, das wird eine Mütze«, sagte der Schneider.

»Wann kann ich sie denn haben?« fragte Hante.

»Am Sonntag«, sagte der Schneider.

»Was kostet sie denn?« fragte Hante.

»Ach papperlapapp, das sehn wir dann schon«, sagte der Schneider.

Am Sonntag traf Hante den Schneider draußen vor der Haustür und fragte ihn nach seiner Mütze.

»Das wird keine Mütze, das wird gar nichts«, sagte der Schneider und ging hinein und machte die Tür hinter sich zu.

84. Jetzt lügst du!

Da war einmal ein armer Bursche, der machte sich auf und wollte um eine Prinzessin freien. Als er darüber gesprochen hat, was er will, sagt da der König: »Wenn du imstande bist, sie dazu zu bringen, daß sie sagt: ›Du lügst‹, so sollst du sie bekommen.« – »Ich will's probieren«, sagte der Bursche.

»Bei uns zu Hause haben wir einen so großen Viehstall, wenn da eine Kuh an dem einen Ende des Stalles von einem Stier besprungen wurde und dann lief, so schnell sie nur konnte, da kalbte sie, ehe sie zum anderen Ende kam; und wenn eine Henne im Fenster saß und ein Ei fallen ließ, so wurde ein Küken draus, ehe das Ei niederfiel. Und das Rindvieh war da so groß, wenn auf jedem Horn von einem Stück Vieh ein Hüterjunge saß, und sie auf Trompeten bliesen, da hörten sie einander nicht. Und da gab's so viel Milch und so viel Sahne, und wenn man buttern wollte, da mußte man das in einem ausgetrockneten Teich machen. Und als sie im Teich Käse machen wollten, da stellten sie eine Stute hinein und banden ihr das Lab an den Schwanz, aber da warf die Stute ein Fohlen, und als sie den Käse zerschnitten, da schnitten sie dem Fohlen ins Bein, und da wieherte das Fohlen, denn da war es drei Jahre alt. Und dieses Fohlen war so groß und kräftig, daß ich mit ihm zum Mond ritt, und als ich halbwegs dorthin gekommen war, da brach dem Fohlen der Rücken entzwei, und da nahm ich eine Fichte und ästete sie aus und band sie dem Fohlen drauf und ritt weiter. Da gab es dann so große Leute, und die kochten Grütze in einem so großen Topf und machten ein so großes Loch für die Butter hinein, daß sie auf die Grütze hinaufgehen mußten, sobald sie essen wollten, und dort eintauchen mußten, und wenn dann einer in das Butterloch hinunterkullerte, mußte ihn ein anderer auf den Löffel nehmen und ihn herauswerfen, weil er sonst ertrunken wäre. Als ich dann von dort wieder wegreiten wollte, da war mir das Fohlen weggelaufen; da sah ich einen Haufen Rattenschwänze in einer Ecke, die nahm ich und knüpfte sie zusammen und ließ mich daran herab, und ich nahm immer etwas von oben weg und stückelte es unten an, immer nach und nach. Und als ich schon weit herunter gekommen war, erreichte ich die Erde doch noch nicht, und da ließ ich los, und da fiel ich in ein nasses Moor und fiel sieben Ellen tief hinein; und da saßen deine Mutter und meine Mutter und butterten und hatten einen Fuchsarsch als Butterfaß.«

»Jetzt lügst du!« sagte die Prinzessin. Und da bekam er sie, und da gab's eine Hochzeit, und da saufen sie und essen und trinken noch heute, und leben tut der, der zuletzt davon erzählt hat.

NACHWORT

I.

Ansätze zur Sammlung von Volkserzählungen finden sich in Schweden schon im 17. Jahrhundert, aber das antiquarische Interesse an historischen Denkmälern und Zeugnissen der Vorgeschichte – insbesondere an den Runensteinen – stand noch lange im Vordergrund. Im Jahre 1630 erließ König Gustav Adolf ein Memorial mit Instruktionen über die Sammelarbeit, und hierin wurde ausdrücklich festgehalten, daß auch Volkserzählungen und Lieder aufgezeichnet werden sollten. Die Beschäftigung mit der Geschichte und der Vorgeschichte des Landes weitete sich daraufhin zwar aus, es entstanden auch einige Beschreibungen schwedischer Landschaften, die wertvolles volkskundliches Material enthalten, die Niederschrift von Märchen, Schwänken und Sagen aus der Volksüberlieferung blieb aber immer noch eine Ausnahme. Die ältesten Aufzeichnungen, die nicht der Literatur entnommen sind, dürften der ersten Hälfte des 17. Jahrhunderts angehören. In der königlichen Bibliothek in Stockholm findet sich eine Handschrift, die in das Jahr 1702 datiert wird (vgl. unten Anmerkung zu Nr. 9) und vier Märchen enthält; drei davon sind wohl fremder Herkunft, was allein schon die französischen Namen nahelegen, die vierte dagegen trägt die Kennzeichen einheimischer mündlicher Erzählweise. Diese Geschichte wurde als Beispiel für eine sehr frühe schwedische Aufzeichnung in die vorliegende Auswahl aufgenommen (Nr. 9 »Eine lustige Historie vom starken Knees«). Eine systematische Sammelarbeit setzte aber auch in Schweden erst mit der Romantik ein, und auch hier wie in vielen anderen Ländern stand sie anfangs unter dem Eindruck der Märchenarbeit der Brüder Grimm.

Natürlich muß es in Schweden schon lange vorher Märchen, Schwänke und andere Volkserzählungen gegeben haben. Verschiedene Quellen wie Legendensammlungen, historische Schriften, literarische Werke, aber auch Illustrationen in Büchern oder Wandmalereien in Kirchen beweisen spätestens seit dem 13. Jahrhundert die Existenz von Geschichten oder zumindest einzelnen Motiven, die wir in ähnlicher Form aus der späteren Überlieferung kennen. Um nur ein paar Beispiele aus verschiedenen Zeiten zu geben: In einem Exemplar eines Rechtsbuches aus dem 15. Jahrhundert findet man als Vignette eine Szene aus dem Tiermärchen AT 60 (Nr. 47 »Wie der Kranich und der Fuchs einander bewirteten«), den Schwank vom selbstkochenden Topf (eine Episode in Nr. 73 »Die Dalekarlier«) erzählt Olaus Magnus (1490–1557) in seinem Geschichtswerk »Historia de gentibus septentrionalibus« (1555) und schreibt ihn den Cimbern und Jüten zu. Der Schwank »Salomos Katze« (Nr. 81) geht letztlich auf das im Mittelalter in weiten Teilen des Abendlandes verbreitete Buch von Salomon und Marcolph (Morolf) zurück, das in schwedischer Übersetzung um 1630 als Volksbuch erschienen ist. In der Anekdotensammlung »Måål-Roo eller Roo-Måål« (1676–1678) von Samuel Columbus (1642–1679), die eine Fülle von Schwänken enthält, begegnet man zum ersten Mal einer der dann in Schweden so beliebten Pfarrergeschichten, und zwar vom Typ AT 1735 »Zehnfältig zurück«, vgl. Nr. 58 »Jerusalem und Pilatus«.

Bei der Frage nach dem Fundus an schwedischen Volkserzählungen in früher Zeit muß man auch einige nichtschwedische Quellen in Betracht ziehen, in erster Linie Werke der isländischen Sagaliteratur, vor allem die sogenannten Vorzeitsagas (Fornaldarsögur), sowie das um 1200 entstandene Geschichtswerk »Gesta Danorum« des dänischen Historikers Saxo Grammaticus. Sowohl in diesen Sagas wie bei Saxo findet man Märchen- und Schwankstoffe, die zumindest zu einem Teil der mündlichen Überlieferung des Volkes entnommen sein müssen und nicht nur literarischer Tradition angehören. Manche dieser Stoffe sind in Gebieten des heutigen Schwedens – vor allem in Schonen – lokalisiert oder werden damit in Verbindung gebracht, und einige der aus der jetzigen schwedischen Überlieferung bekannten Typen scheinen mit diesen alten Überlieferungen in Zusammenhang zu stehen. So

etwa wird oft die Geschichte von der »Prinzessin in der Erdhöhle« (Nr. 2) zu einer bei Saxo überlieferten Sage in Bezie-
hung gesetzt, ein derb endender Schlagfertigkeitswettbewerb
wie in Nr. 41 »Die Prinzessin, die niemals heiraten wollte«
findet sich ebenfalls bei Saxo, und eine Hans-im-Glück-Geschichte, zum Teil vergleichbar der Nr. 66 »Mann und Frau
sind sich einig«, bildet den Inhalt der sogenannten Refs saga,
eines Teiles der Gautreks saga.

Man kann nun aber nicht einfach eine geradlinige Entwicklung schwedischer Märchen und Schwänke von den Zeugnissen des 13. und 14. Jahrhunderts bis zu den Aufzeichnungen
des 19. und 20. Jahrhunderts erschließen, und zwar aus zwei
Gründen. Erstens sind die Zeugnisse für die Existenz solcher
Geschichten in früher Zeit in der Regel literarischer Art, und
es ist in vielen Fällen ungewiß, ob sie auch im Volk erzählt
wurden oder ob sie nur auf dem Wege literarischer Übernahme – etwa aus ausländischen Quellen – den Weg nach
Schweden gefunden hatten. Zweitens aber unterscheidet sich
ein guter Teil jener Geschichten aus älterer Zeit, auch die
märchen- und schwankähnlichen Darstellungen bei Saxo und
in den Sagas, oft in wesentlichen Punkten von den Texten aus
späteren Jahrhunderten. Hierfür ein Beispiel: Die genannte
Hans-im-Glück-Geschichte in der Refs saga (und ähnlich bei
Saxo) endet – vergleichbar der bekannten Grimmschen Fassung – zunächst damit, daß der Held nur einen Stein übrig
hat. Die neueren schwedischen Versionen erzählen aber fast
alle wie unsere Geschichte Nr. 66, daß der Schaden durch eine
Wette reichlich aufgewogen wird. Das kann keine spätere
weiterführende Zutat sein, denn der »Wett«-Typ ist auch
außerhalb Skandinaviens gut bezeugt. Diese Fassung muß
also entweder später auf literarischem Wege oder durch
mündliche Tradition nach Schweden gelangt sein, oder sie exi-
stierte schon um 1200 neben dem »Stein«-Typ, ohne jedoch
irgendwo aufs Pergament oder aufs Papier zu kommen und
somit für uns greifbar zu werden. Eine solche Unsicherheit
liegt in den Quellen begründet und muß in Kauf genommen
werden.

Nun darf man dies nicht so verstehen, als ob die literarische
Tradition von Volkserzählstoffen und die mündliche Erzäh-

lung im Volk zwei voneinander völlig unabhängige Über-
lieferungsstränge darstellten. Beide stehen in Wechselwir-
kung, auch wenn sich diese meist nur in den Texten etwa vom
17. Jahrhundert an nachweisen läßt. Von da an gibt es un-
bezweifelbare Spuren volkstümlicher Stoffe in der Literatur
und poetische oder sogar dramatische Bearbeitungen von im
Volk überlieferten Märchen und Schwänken. Anderseits kann
man gerade im 19. Jahrhundert beobachten, wie eine Fülle
fremder Stoffe durch billige Schillingdrucke verbreitet wurde
und in die lebendige Volksüberlieferung eindrang; ähnliche
Einflüsse muß man auch für frühere Zeiten annehmen. Nicht
selten waren die gleichen Erzähltypen bereits vorhanden, er-
hielten aber nun eine etwas andere Färbung. Seit 1824 erschienen in wenigen Jahren nicht weniger als 28 Grimmsche Märchen in schwedischen Schillingdrucken, lange bevor die erste
eigentliche Übersetzung der Kinder- und Hausmärchen in
Schweden vorlag, und sie wirkten auf die mündliche Überlieferung zurück.

II.

Von einigen kleineren Arbeiten abgesehen, beginnt eine systematische Sammlung und Aufzeichnung von Volkserzählungen in Schweden mit der Tätigkeit von Gunnar Olof Hyltén-
Cavallius (1818–1889). Er schrieb gemeinsam mit seinem englischen Freund George Stephens (1813–1895) zahlreiche Geschichten aus dem Volksmund nieder und veranlaßte andere
Sammler, ihm entsprechende Texte zu schicken. Auf diese
Weise kam eine umfangreiche handschriftliche Sammlung zustande, die in der Königlichen Bibliothek in Stockholm verwahrt ist und bis heute nur zu einem Teil veröffentlicht
wurde. Hyltén-Cavallius und Stephens brachten 1844 und
1849 zwei Bände mit 22 Märchen und einer Fülle von Varianten heraus, die aber keinen großen Erfolg hatten. Gegen
den Rat von Freunden hatte Hyltén-Cavallius nicht den einfachen Stil mündlicher Erzählweise beibehalten, sondern die
Texte sprachlich stark bearbeitet, so daß sie heute oft schwer-
fällig-altertümelnd oder allzu geglättet erscheinen. Die
»Rohfassungen« in seiner Sammlung wirken meist viel leben-

diger und unmittelbarer als die Stücke in seiner gedruckten Ausgabe (vgl. etwa Nr. 57 »Der Pfarrer und der Teufel« und Nr. 78 »Der taube Bauer«). – Von einer nachträglichen Bearbeitung im wesentlichen freigeblieben ist eine Sammlung, die von den vierziger Jahren des 19. Jahrhunderts an der stark sprachwissenschaftlich interessierte Per Arvid Säve auf der Insel Gotland zustandebrachte. Diese Texte wurden erst von 1952 an publiziert. Vergleicht man die Geschichten verschiedener Gewährsleute in Säves Sammlung, so zeigt es sich, daß viele Erzähler ihren persönlichen Stil bewahrt haben – ein Zeichen dafür, daß Säve die individuellen Unterschiede seiner Erzähler nicht verwischt hat. Da Gotland überdies wegen seiner geographischen Lage und der weitgespannten Handelsbeziehungen in früherer Zeit ein für das schwedische Märchen überaus wichtiges Gebiet darstellt und sich hier auch viele Zaubermärchen besonders gut erhalten haben, ist Säves Sammlung eine der wertvollsten schwedischen überhaupt. – In der Landschaft Närke in Mittelschweden sammelte von den sechziger Jahren an der Freiherr Gabriel Djurklou (1829 bis 1904), der als »Altertumsbeauftragter« 1865 eine Sammlung von Märchen und Sagen in der Schriftsprache an die Akademie der Wissenschaften eingesandt hatte, die allerdings erst 1943 im Druck herauskamen. Einen Teil dieser Geschichten findet man jedoch in einer 1883 gedruckten Ausgabe, in der die Texte in Mundart wiedergegeben und meist hervorragend erzählt sind. Die genauere Untersuchung hat freilich ergeben, daß Djurklou seine Texte selbst in die Mundart rückübersetzt und sie dabei sprachlich und teilweise auch inhaltlich stark bearbeitet hat – in hervorragender Weise freilich, denn er hat den mündlichen Erzählstil zu einem hochstehenden Kunststil weiterentwickelt. Man vergleiche etwa Nr. 56 »Der Pfarrer und der Mesner« aus der gedruckten Ausgabe mit Nr. 4 »Lasse mein Knecht« aus der handschriftlichen Sammlung von 1865. Klara Stroebe hatte in ihren »Nordischen Volksmärchen«, Bd. 1, Jena 1915 (Die Märchen der Weltliteratur) die Geschichte von »Lasse mein Knecht« nach der gedruckten Version übersetzt; ein Vergleich der beiden Fassungen zeigt, wie stark, aber auch wie gut Djurklou bearbeitet hat.

In den siebziger und achtziger Jahren wurde die genaue Aufzeichnung des Erzählten immer mehr zur Regel. Eva Wigström sammelte auf diese Weise in Schonen, der Arzt und Schriftsteller August Bondeson in Halland und Dalsland. In seiner Sammlung aus Dalsland gibt er wortgetreu (wie er selbst betont) die Geschichten von vier Erzählern wieder und stellt seine Gewährsleute in eingehenden Beschreibungen ihres Schicksals und ihrer Lebensumstände anschaulich vor.

In diesen Jahrzehnten hatte sich in Schweden ein lebhaftes Interesse an Volksüberlieferungen und vor allem an den Dialekten herausgebildet, das in erster Linie von Philologen und Sprachwissenschaftlern getragen wurde. 1878 wurde eine eigene Zeitschrift für schwedische Dialekte und schwedisches Volksleben (Svenska Landsmål och Svenskt Folkliv) gegründet, man entwickelte ein eigenes kompliziertes Alphabet, um die Dialekte mit allen lautlichen Feinheiten wiedergeben zu können. Die zahlreichen Volkserzählungen, die auf diese Weise aufgezeichnet wurden, konnten bis heute noch nicht vollständig publiziert werden, vieles liegt noch in den Archiven und Instituten. Ein erheblicher Teil der Texte im vorliegenden Band ist solchen Mundartaufzeichnungen entnommen; einige Bellman-Geschichten aus dem Bestand des Dialektarchivs in Uppsala (ULMA) sind auch in Schweden noch nicht veröffentlicht worden und werden hier zum ersten Mal gedruckt.

Im 20. Jahrhundert nahm die Zahl neuaufgezeichneter Volkserzählungen rasch ab, vor allem die Märchen rückten bald in den Hintergrund, wogegen Schwänke noch lange weitererzählt wurden. Es gibt jedoch auch in unserem Jahrhundert einige Erzähler, die Zaubermärchen und novellistische Märchen gut zu erzählen wußten. Einer von ihnen ist der Lehrer Olof Petter Pettersson (1859–1944) aus Lappland, der schon vor der Jahrhundertwende zahlreiche Geschichten niedergeschrieben und an die Zeitschrift »Svenska Landsmål« geschickt hatte, wo das Manuskript verlorenging. Mehr als vier Jahrzehnte danach erzählte er seine Märchen und Schwänke aufs neue, und als wenig später das verlorene Manuskript wieder auftauchte, stellte es sich heraus, daß Pettersson beim zweiten Mal auf lange Strecken die Geschichten wörtlich oder fast wörtlich wiedergab. – Ein zweiter bemerkenswerter Sammler und Erzähler ist Nils Müntzing in Närke; er hat seine Geschichten seit 1935 aus der Erinnerung niedergeschrieben oder sie erzählt. Pettersson wie Müntzing haben ihre Märchen und Schwänke noch im 19. Jahrhundert gelernt, als die mündliche Volkserzählung eine – wohl die letzte – Blütezeit erlebte, und sie haben sie in unsere Zeit herüber bewahrt. – Ein dritter wichtiger Erzähler unseres Jahrhunderts ist der Fischer August Jakobsson aus dem Kirchspiel Tanum in Bohuslän, dem Landstrich an der Küste nördlich von Göteborg. Von ihm zeichnete David Arill im Winter 1919/1920 eine ganze Anzahl von Geschichten auf, darunter unerwartet viele Zaubermärchen. Einige davon – wie etwa »Mann und Frau sind sich einig« (Nr. 66) oder große Teile von »Von einigen, die eine große Erbschaft holten« (Nr. 15) sind sehr gut erzählt, andere, wie etwa »Prinz Vilius« (Nr. 8), sind lockerer geformt und durch fremde Motive ausgeweitet, wie man es oft beobachten kann, wenn die mündliche Überlieferung an Kraft und Lebensfähigkeit einbüßt.

In den Jahren 1925 und 1926 startete Waldemar Liungman mit Hilfe vieler Zeitungen in Schweden noch einmal eine Einsammlung von Volkserzählungen, durch die nicht weniger als 700 Geschichten zutagekamen, darunter auch eine Anzahl wenig bekannter und gut erzählter. Vereinzelt wurden auch nachher immer wieder Märchen und vor allem Schwänke aufgezeichnet, bis in unsere Gegenwart herein.

Die Sammlung, Ordnung, Verwahrung und Auswertung der vorhandenen Schätze an Volkserzählungen ist auf verschiedene Archive und Institute verteilt. Zu nennen sind vor allem: Dialekt- och Folkminnesarkivet (früher: Landsmåls- och Folkminnesarkivet) in Uppsala, Nordiska Museet in Stockholm, Landsmålsarkivet in Lund und Västsvenska Folkminnesarkivet in Göteborg. Im Jahre 1932 wurde eine Akademie für die Erforschung des Volkslebens (Gustav Adolfs akademien för folklivsforskning) gegründet, die unter anderem auch eine Reihe mit Märchen und Sagen herausgibt, »Svenska sagor och sägner«, in der zunächst systematisch die großen handschriftlichen Sammlungen des 19. Jahrhunderts (Hyltén-Cavallius, Säve, Djurklou) und einige des 20. Jahrhunderts (Pettersson und Müntzing) gedruckt wurden. – Aufgrund seines 1925/26 gesammelten Materials und unter Verwendung weiterer Texte veröffentlichte Waldemar Liungman 1949 zwei Bände mit Märchen und Schwänken, in denen alle in Schweden vorkommenden Typen durch eine Fassung repräsentiert waren. Im Anschluß daran schrieb er eine auch außerhalb Schwedens vielbeachtete Untersuchung über die Herkunft der schwedischen Märchen, »Varifrån kommer våra sagor?«, deutsch: »Die schwedischen Volksmärchen. Herkunft und Geschichte«.

III.

Der Fundus an schwedischen Märchen und Schwänken zeigt ein reiches und buntes Bild, obwohl er etwa dem finnischen Schatz an Volkserzählungen an Zahl und Vielfalt nachsteht. Der Typenindex von Aarne und Thompson aus dem Jahre 1961, der im wesentlichen alle bis dahin erfaßten und in den Archiven und Sammlungen greifbaren Erzählungen verzeichnet, nennt für Schweden insgesamt etwa 640 verschiedene Typen mit zusammen ungefähr 9700 Aufzeichnungen, und zwar: Tiermärchen (AT 1–299) ca. 70 Typen mit rd. 800 Aufzeichnungen; eigentliche Märchen (AT 300–1199) ca. 300 Typen mit mehr als 5600 Aufzeichnungen (darunter wiederum über 130 Typen Zaubermärchen, AT 300–749, mit mehr als 2100 Aufzeichnungen, und über 40 Typen novellistische Märchen, AT 850–999, mit etwa 680 Aufzeichnungen); Schwänke (AT 1200–1999) ungefähr 250 Typen mit rd. 3000 Aufzeichnungen; Tiraden und dergleichen (AT 2000–2199) etwa 20 Typen mit rd. 340 Aufzeichnungen.

Der jetzige schwedische Märchenbestand ist das Ergebnis einer lange andauernden komplizierten Entwicklung, durch die Eigenes und Fremdes verbunden wurden. In einigen Bereichen kann man wenigstens noch in Umrissen ältere Schichtungen und Überlagerungen erkennen. – Ein Teil des schwedischen Bestandes gehört allen skandinavischen Ländern an. Es kann sich dabei um Geschichten handeln, die in Skandinavien selbst entstanden sind, wie man es beispielsweise für die »Prinzessin in der Erdhöhle« (Nr. 2) angenommen hat, aber auch um Erzählungen fremder Prägung, die Dänemark, Norwegen und Schweden in gleicher Weise erreicht haben. Sieht man von den Geschichten ab, die sich vor allem auf literarischem Wege ausgebreitet zu haben scheinen, so zeigen solche gemeinskandinavischen Geschichten oft Verbindungen zu norddeutschen und zuweilen auch niederländischen und flandrischen Versionen. Wahrscheinlich ist in vielen Fällen eine Beeinflussung von Norddeutschland ausgegangen, das durch vielfältige wirtschaftliche, politische und kulturelle Beziehungen durch Jahrhunderte hindurch für eine derartige Mittlerrolle besonders günstige Voraussetzungen bot.

Eine weitere Gruppe schwedischer Volkserzählungen scheint jedoch in einem anderen geographischen Rahmen zu stehen. Es gibt viele Geschichten, die neben Schweden vor allem in Finnland und den baltischen Ländern, zuweilen auch in Rußland und anderen slawischen Gebieten auftreten. Ich nenne als Beispiele nur AT 815 (vgl. Nr. 25 »Die Pfarrersfrau in Sproge«), AT 821 A (vgl. Nr. 22 »Der Bauer und der Böse«) und AT 1382 (vgl. Nr. 67 »Die alte Frau, die die Kuh verkaufte«). Schweden war viel stärker als die anderen skandinavischen Länder dem Osten zugewandt. Man braucht nicht bis in die Wikingerzeit zurückzugehen, zu der lebhafte Handelsbeziehungen zwischen Schweden einerseits, Rußland, Byzanz und Arabien anderseits bestanden; welche Rolle die nordgermanisch – vor allem schwedisch – bestimmten Siedlungen in Rußland, etwa um Nowgorod und Kiew, für die frühe russische Geschichte und die Herausbildung des Reiches der Rus spielten, ist bekannt. Noch lange Zeit nachher war vor allem Gotland, das zeitweise unter dänischer Herrschaft stand, das wichtigste Zentrum für den Handel mit dem Osten. Der Aufschwung Schwedens vom 16. Jahrhundert an öffnete das Land immer weiter dem Osten; der größte Teil des heutigen Finnland war schon lange ein Teil des schwedischen Reiches, dann aber kamen Ingermanland (die Gegend um das spätere Petersburg), Estland und Livland zu Schweden. Sowohl in Finnland wie in Estland – etwa auf der Insel Ösel – gab es bis in unser Jahrhundert starke schwedische Bevölkerungsgruppen, in Finnland spielen sie noch heute eine Rolle. Estnische und finnische Dienstboten waren in Schweden keine

Seltenheit; in einzelnen Landschaften Mittelschwedens, etwa Värmland und Västmanland, entstanden Ansiedlungen finnischer Einwanderer. Unser Schwank Nr. 77 (»Der Finne in Seenot«), der sich über die Sprachschwierigkeiten der Finnen lustig macht, wurde von einem Mann erzählt, dessen Vorfahren selbst finnischer Herkunft waren. Bezeichnend ist es auch, daß in Nr. 25 »Die Pfarrersfrau in Sproge« ein finnischer Handwerker den Kampf mit dem Bösen aufnimmt; seit altersher galten im Norden die Finnen als besonders zauberkräftig.

Fragt man nach den charakteristischen Eigenschaften schwedischer Märchen und Schwänke, so kann man nur eine unzureichende Antwort geben. Vergleichende Untersuchungen solcher Art fehlen, und man muß sich damit begnügen, persönliche Eindrücke zu skizzieren. Auffallend ist eine Neigung zu einer realistischen Darstellung; Bilder und Szenen werden selten bunt ausgemalt, sondern scheinbar nüchtern dargestellt. Der Witz liegt oft gerade in einer leichten Untertreibung oder einer ironischen Verfremdung. Der Teufel, der für den Soldaten wirbt (oben S. 109), redet »so herzenswarm über die glückliche Zukunft des jungen Paares« und verspricht, wie ein Vater zu den beiden zu sein. Über die Unzulänglichkeiten dieser Welt sind sich die Erzähler völlig im klaren; der Soldat, der zum König gehen und sich über den schlechten Proviant beschweren will, nimmt gleich ein paar Birkhühner und einen Auerhahn für den König mit, denn »Schmieren hilft!« (oben S. 164). – Hoch entwickelt ist die Replikkunst in vielen Märchen und Schwänken, ja manche Geschichten bestehen überhaupt fast nur aus Dialogen, so etwa Nr. 64 »Der Junge und der Bischof«, wo der Dialog fast schon formelhaften Charakter angenommen hat und die Wirkung durch eine stereotype Wiederholung der immer gleichen Rede erzielt wird. Häufig ist eine ausgesprochene Freude an einer drastischen Darstellung oder an einer besonders pfiffigen Formulierung. Das kann sogar auf Kosten des Inhalts einer Geschichte gehen, wie in Nr. 79 »Das sage ich das nächste Mal«, wo der sonst übliche Schluß fehlt, offenbar wegen der derben Sentenz, die jetzt das Ende der Geschichte bildet. – Einflüsse von Volkssagen sind öfter zu beobachten; an die Stelle des Teufels in AT 461 (vgl. Nr. 29 »Jäppa in Norrland«) tritt ein Riese, auch in AT 592 (vgl. Nr. 38 »Der geizige Pfarrer und die drei Kupferlinge«) werden Trolle in etwas auffallender Weise eingefügt, und in Nr. 40 »Der Junge, der die Königstochter zum Lachen brachte«, tritt ein typisch schwedischer Waldgeist auf. Von den Eigenheiten schwedischer Landschaften und den davon abhängigen Wirtschaftsformen sind vor allem einige Schwänke beeinflußt; die abgelegenen Waldwiesen (vgl. oben S. 208) spielen eine Rolle wie die Jagd auf Bären. – Merkwürdig ist die ungewöhnlich große Zahl von Pfarrer-Schwänken in der schwedischen Überlieferung, wobei die Pfarrer in der Regel als dumm und vor allem geizig gelten.

Es mag landschaftliche Besonderheiten nicht nur in der Wahl der Themen, sondern auch in der Art der Darstellung und der sprachlichen Gestaltung einer Geschichte geben, doch ist es kaum möglich, sie genauer zu erfassen. Vielleicht sind die Erzählungen aus Västergötland noch etwas realistischer, die gotländischen ein wenig phantastischer und bunter als die übrigen schwedischen. Wieweit hier aber die Individualität der Erzähler mit hineinspielt und das Bild beeinflußt, kann man nicht abschätzen, solange solche Fragen nicht eingehend untersucht wurden. Als sicher kann gelten, daß die Märchen aus Schonen den dänischen Überlieferungen ziemlich nahestehen. – Die Aufnahme finnlandschwedischer Texte hätte den Rahmen des Bandes gesprengt. Diese Überlieferungen stehen zwar in engem Zusammenhang mit den schwedischen, die starken Eigentümlichkeiten in Stoffwahl und Darstellungsart weisen ihnen aber eine Sonderstellung zu.

Volksüberlieferungen sind immer wieder in die Literatur aufgenommen und weiterverarbeitet worden. Diese Zusammenhänge auch nur anzudeuten, würde hier zu weit führen; es sei nur als Beispiel auf Selma Lagerlöf verwiesen, die immer wieder Volkserzählungen – freilich viel öfter Sagen als Märchen – als Stoffgrundlage benutzt hat.[1]

---

[1] Hans Ritte: Untersuchungen über die Behandlung von Volksdichtungsstoffen im Werk Selma Lagerlöfs. In: Arv 1967, S. 1–94, und 1968, S. 1–90.

IV.

Eine Anthologie wie die vorliegende sollte den schwedischen Bestand an Tiergeschichten, eigentlichen Märchen und Schwänken einigermaßen repräsentativ widerspiegeln. Was aber ist repräsentativ für die Volkserzählungen eines Landes? Es sollten die beliebtesten Geschichten aufgenommen werden, das heißt die, die am häufigsten aufgezeichnet wurden, ferner solche, die ausschließlich oder vorwiegend in Schweden nachzuweisen sind, weiters Geschichten mit typisch schwedischen Eigenheiten. Außerdem sollten die schwedischen Landschaften einigermaßen ausgewogen vertreten sein, ebenso wie die bedeutenden Sammler und Erzähler. Und grundsätzlich wurde angestrebt, unbearbeitete, aber lebendig erzählte Texte zu verwenden. Es ist selbstverständlich, daß ein solches Ziel nicht erreicht werden kann und man zu Kompromissen gezwungen ist. Es wurden vor allem solche Geschichten bevorzugt, die die lebendige Erzählweise treu widerspiegeln. Ungefähr ein Drittel der Texte entstammt deshalb Aufzeichnungen des 20. Jahrhunderts, weit über dreißig Texte sind Aufzeichnungen in verschiedenen schwedischen Dialekten entnommen. Bei der Übersetzung wurden alle sprachlichen oder stilistischen Eigenheiten – Wiederholungen, Umständlichkeiten im Satzbau, Unregelmäßigkeiten im Tempusgebrauch, Füllwörter, Zwischenbemerkungen usw. – bewahrt, soweit es sich mit der Lesbarkeit des deutschen Textes vereinen ließ. Bei einigen Stücken mußte eine mehr oder minder stark abgeschliffene Umgangssprache verwendet werden. Ausnahmen von diesen Grundsätzen wurden in den Anmerkungen erwähnt; das gilt vor allem für Nr. 56 »Der Pfarrer und der Mesner«; diese Geschichte soll als Beispiel dafür stehen, wie ein hochbegabter Erzähler die mündliche Erzählweise bewußt aufnehmen und zu einem Kunststil ausbilden konnte (vgl. oben S. 257).

»Der Alte Erik in der Mühle« (Nr. 55) ist eher eine Sage als ein Märchen; sie wurde aber aufgenommen, um die Spannweite der schwedischen Teufelsvorstellungen zu veranschaulichen. Unter Nr. 82 wurden einige Bellman-Geschichten zusammengestellt, die zum Großteil den handschriftlichen Beständen von Dialekt- och Folkminnesarkivet in Uppsala entstammen. Über Bellman gibt es in der Volksüberlieferung zahllose Anekdoten; auf einen 1941 von Carl-Herman Tillhagen über das Nordische Museum in Stockholm verteilten Fragebogen liefen etwa 600 Aufzeichnungen von Bellmangeschichten ein, die 85 verschiedene Typen repräsentieren. Viele international bekannte Schwänke wurden in Schweden mit dem Dichter in Verbindung gebracht; Eulenspiegeltraditionen haben sicher auf die Bellmanüberlieferungen eingewirkt, zumal schon 1661 eine schwedische Übersetzung einer deutschen Sammlung von Eulenspiegelschwänken erschienen war. – Eine umfassende Edition der schwedischen Bellmananekdoten steht noch aus; immerhin wurden in der 1958 in Stockholm von C.-H. Tillhagen, L. Bødker und S. Solheim herausgegebenen Anthologie »Skämtsamma historier« 27 Bellmangeschichten veröffentlicht. – Ich danke Dr. Hans Ritte, München, für den ersten Hinweis auf diese Geschichten und dem Dialektarkiv in Uppsala sowie Frau Åsa Nyman, Uppsala, für freundliche Bereitstellung der handschriftlichen Texte.

Kurt Schier

ANHANG

Abkürzungen und Literaturverzeichnis

1. Quellen

Ahlström	Axel Ahlström: Om folksagorna. Stockholm 1895. (SLm. XI. 1.)
Arill	David Arill: Ur den västsvenska folksagodiktningen. In: D. Arill u. a.: Folksägen och folkdiktning i västra Sverige. Göteborg 1923. (= Skrifter utg. till Göteborgs stads trehundraårsjubileum. XVI.) S. 157 bis 176.
Arill, Tanum	David Arill: Folksagor från Tanum. In: FoF 10. 1923. S. 65–101.
Bergström/Nordlander	Sagor, sägner ock visor. Meddelade af Richard Bergström ock Johan Nordlander. Stockholm 1885. (SLm. V. 2.)
Bondeson, Dal	August Bondeson: Historiegubbar på Dal. Stockholm 1940. (= August Bondesons Samlade skrifter. Tredje delen.) – [Erste Auflage 1886.]
Djurklou	Sagor och sägner. Upptecknade av Gabriel Djurklou. Utgivna av Jöran Sahlgren. II. Uppsala 1953. (SSS 6.) – [Erste Auflage 1883 unter dem Titel: Sagor och äfventyr berättade på svenska landsmål.]
Djurklou 1865	Sagor och sägner. Upptecknade av Gabriel Djurklou. Utgivna av Jöran Sahlgren. I. Stockholm 1943. (SSS 5.) – [Wiedergabe einer 1865 entstandenen, vorher als Ganzes nicht veröffentlichten handschriftlichen Sammlung.]
FoF	Folkminnen och Folktankar. Populär-vetenskaplig tidskrift, redigerad av C. W. von Sydow. Utgiven av Folkminnesför-

267

	eningen i Lund och Västsvenska Folkminnesföreningen. 1.–31. 1914–1944.
Götlind	Saga, sägen och folkliv i Västergötland. Urval och studier av Johan Götlind. Uppsala 1926. (Västergötland B:4.)
Hyltén-Cavallius samlingar	Sagor ur G. O. Hyltén-Cavallius och George Stephens samlingar. Utgivna av Jöran Sahlgren och Sven Liljeblad. Stockholm 1942. (SSS 4.)
Jirlow	En västmanländsk bergsmans uppteckningar från mitten av 1800-talet. Utgivna av Ragnar Jirlow. In: FoF 9, 1922. S. 1–44.
Kallstenius	Från Värmlands bärgslag. Historier på folkmål. Upptecknade av Gottfrid Kallstenius. Uppsala 1936. (SLm. XXI. 3.)
Kläckeberga I, II	Folkminnen från Kläckeberga och Dörby, upptecknade av Hilda [Lundell] och Elise [Zetterqvist, utgivna under medverkan av J. A. Lundell.] I. Stockholm 1889–1936. (SLm. IX. 1.) – II. Efterskörd. Stockholm 1937. (SLm. IX. 2.)
LAL	Landsmålsarkivet i Lund.
LVLF	Västgöta landsmålsförening i Lund.
Müntzing	Sagor från Närke. Berättade av Nils Müntzing. Utgivna av Maja Forsslund. I. Stockholm 1943. (SSS 8.)
Nordlander	Svenska barnvisor ock barnrim. Samlade ock ordnade af Johan Nordlander. Text. Stockholm 1886. (SLm. V. 5.)
ÖBFA	Örebro läns allmänna bildningsförbunds folkminnesarkiv.
Ohlson	Sagor från Ångermanland. Upptecknade av Ella Ohlson. In: SLm. 1931. S. 5–53.
Pettersson	Sagor från Åsele Lappmark. Upptecknade av Olof Petter Pettersson. Utgivna av Herman Geijer, Sven Liljeblad och Karl-Hampus Dahlstedt. Stockholm 1945. (SSS 9.)
Rothman	Östgötska folkminnen. Samlade av Sven Rothman. Uppsala 1941. (Skrifter utgivna av Kungl. Gustav Adolfs Akademien för folklivsforskning. 8.)
Sagor på landsmål 1, 2, 3	Sagor, sägner, legender, äventyr och skildringar av folkets levnadssätt på lands-

mål, huvudsakligen ur landsmålsföreningarnas samlingar. Utgivna av J. A. Lundell, Manne Eriksson, Gunnar Hedström m. fl. – 1. Texter från svenskt språkområde utom Skåne. Stockholm 1881–1946. (SLm. III. 2.) – 2. Texter från Skåne. Utgivna av Ingemar Ingers. Stockholm 1945. (SLm. III. 3.) – 3. Efterskrift, sak- och personregister av Manne Eriksson. Stockholm 1945. (SLm. III. 4.)

Sahlström   Fryksdalsmål. Uppteckningar från Fryksände socken i Värmland. Av E. G. Sahlström. Stockholm 1915. (SLm. B. 14.)

Säve I, II   Gotländska sagor. Upptecknade av P. A. Säve. Utgivna av Herbert Gustavson. I. Uppsala 1952. – II. Uppsala 1955. (SSS 10.) – [Abdruck einer großen, vorher unveröffentlichten Sammlung von Volkserzählungen aus Gotland aus der Mitte des 19. Jahrhunderts.]

Sederström   Sven Sederströms sagor. Utgivna av Jöran Sahlgren och Sven Liljeblad. Stockholm 1938. (SSS 2.)

SLm.   Svenska Landsmål och Svenskt Folkliv (Älterer Titel: Nyare bidrag till kännedom om de svenska landsmålen ock svenskt folklif). Stockholm 1878 ff.

Småland   Sagor från Småland. Upptecknade av prosten Carl Fredrik Cavallius och andra. Utgivna av Jöran Sahlgren och Sven Liljeblad. Stockholm 1939. (SSS 3.)

Söderlund   Uppteckningar från Otterstad i Kållands härad, av J. Söderlund. In: SLm. 1923. S. 5–41.

SSS   Kungl. Gustav Adolfs Akademien: Svenska sagor och sägner. Bd. 1 ff. Stockholm [später Uppsala] 1937 ff.

Stroebe   Schweden. In: Nordische Volksmärchen. I. Teil Dänemark/Schweden. Übersetzt von Klara Stroebe. (Die Märchen der Weltliteratur.) Jena 1915. S. 175–318 und 325–330.

Svensén   Sagor från Emådalen. Stockholm 1882. (SLm. II. 7.)

ULMA	Landsmåls- [später: Dialekt-] och folkminnesarkivet i Uppsala.
VFF (Liu.)	Västsvenska Folkminnesföreningen i Göteborg.
VFF Liu.	Västsvenska Folkminnesföreningen i Göteborg, Liungman-Sammlung.
Waltman	Lidmål. Ordspråk ock talesätt, smårim, gåtor, äventyr, sägner, seder ock tänkesätt. Upptecknade i Frostviken av K. H. Waltman. Stockholm 1894. (SLm. XIII. 1.)
Waltman, Ny saml.	Lidmål. Sagor, sägner ock historier, seder ock bruk. Upptecknade i Frostviken, Jämtland, av K. H. Waltman. Ny samling, utgiven ... av D. O. Zetterholm. Stockholm 1939. (SLm. B. 39.)
Wigström	Sagor ock äfventyr. Upptecknade i Skåne af Eva Wigström (Ave). Stockholm 1884. (SLm. V. 1.)

2. Weitere Literatur

AT	Antti Aarne [and] Stith Thompson: The types of the folktale. A classification and bibliography. Second revision. Helsinki 1961. (FFC 184.)
Bäckström	P. O. Bäckström: Svenska folkböcker. Sagor, legender och äfventyr, efter äldre upplagor och andra källor utgifne, jemte öfversigt af svensk folkläsning. I.–II. Stockholm 1845. 1848.
Bäckström, Öfversigt	Öfversigt af svenska folk-litteraturen. [Anhang zu Bäckström II, mit eigener Paginierung.]
Bødker	Dänische Volksmärchen. Herausgegeben von Laurits Bødker. Düsseldorf–Köln 1964. (MdW.)
BP	Johannes Bolte und Georg Polívka: Anmerkungen zu den Kinder- und Hausmärchen der Brüder Grimm. I.–V. Leipzig 1913–1931.
FFC	FF Communications. Edited for the Folklore Fellows. Helsinki 1910 ff.

Hyltén-Cavallius	Gunnar Olof Hyltén-Cavallius och George Stephens: Svenska folk-sagor ock äfventyr. Stockholm 1844. 1849.
KHM	Kinder- und Hausmärchen, gesammelt durch die Brüder Grimm [jeweils mit Nummer des Märchens].
Liungman	Waldemar Liungman: Varifrån kommer våra sagor? Utkast till de svenska folksagornas uppkomst- och utbredningshistoria. Djursholm 1952. [Mit einer Übersichtstabelle über alle Varianten in schwedischen Archiven und Drucken.] (=Liungman, SSF III.) – Deutsche Ausgabe (ohne Übersichtstabelle):
Liungman, Schw. Vm.	Waldemar Liungman: Die schwedischen Volksmärchen. Herkunft und Geschichte. Berlin 1961.
Liungman, SSF	Waldemar Liungman: Sveriges samtliga folksagor i ord och bild. I.–III. Djursholm 1949–1952.
Liungman, Weißbär	Weißbär am See. Schwedische Volksmärchen von Bohuslän bis Gotland. Hrsg. von Waldemar Liungman. Kassel 1965.
Liungman, Alter	Das wahrscheinliche Alter des Volksmärchens in Schweden. Helsinki 1955. (FFC 156.)
MdW	Die Märchen der Weltliteratur. Hrsg. von Friedrich von der Leyen [ab 1967: von Kurt Schier und Felix Karlinger]. Jena 1912 ff. [ab 1952: Düsseldorf/Köln.]
Mot.	Stith Thompson: Motif-Index of folk-literature. I.–VI. Copenhagen ^{2}1955–1958.
Saxo	Saxonis Gesta Danorum. Recogn. et edid. J. Olrik et H. Ræder. Tom. I, Textum continens. Hauniæ 1931.
Stroebe/Christiansen	Norwegische Volksmärchen. Hrsg. und übertragen von Klara Stroebe und Reidar Th. Christiansen. Düsseldorf/Köln 1967. (MdW.)

Anmerkungen

Für die Typenbestimmung danken Herausgeber und Verlag Herrn Dr. Fritz Harkort von der »Enzyklopädie des Märchens«, Göttingen.

Vorbemerkung: Um auch dem Nichtfachmann den Vergleich verschiedener Versionen eines Märchens zu erleichtern, wird – außer auf die Kinder- und Hausmärchen der Brüder Grimm – bei jedem Stück auf die entsprechenden Texte in den Dänischen Volksmärchen von Laurits Bødker und in den Norwegischen Volksmärchen von Klara Stroebe und Reidar Th. Christiansen (beide Bände »Märchen der Weltliteratur«) verwiesen, sowie auf Waldemar Liungman: Weißbär am See, Kassel 1965. – Für die meisten Texte unserer Sammlung findet man bei Liungman (Varifrån kommer våra sagor, deutsch: Die schwedischen Volksmärchen) reiche Hinweise; ich führe sie jedoch nur dann gesondert an, wenn sich die Liungman-Nummern nicht mit den AT-Nummern decken.

1 Der große und starke Bauernsohn Bären-Öra (Säve I, Nr. 39, S. 116 bis 121). – Aufgezeichnet von P. A. Säve, erzählt von Jacob Wallin (1799–1861), Seemann und Bauer in Martebo (Gotland). Wallin war einer von Säves besten Erzählern, er hat von ihm rd. 30 Texte aufgezeichnet (vgl. in unserer Auswahl noch Nr. 22, 25, 38 und 58). – AT 301 B; BP II, S. 297–318 (zu KHM 91 »Dat Erdmänneken«). – Vgl. Bødker Nr. 17 »Der starke Hans« und Liungman, Weißbär S. 47–51 »Die verschwundenen Prinzessinnen«. – Die älteste Fassung des Märchens findet sich in einer Stockholmer Handschrift, die auf 1702 datiert ist (vgl. unten Anm. zu Nr. 9). In unserer Version deuten der Ausdruck »Reich Arabien« und einige weitere Einzelheiten auf den Einfluß eines Schillingdruckes, der erstmals 1785 erschien und häufig nachgedruckt wurde, vgl. Bäckström II, S. 271 bis 289.

2 Die Prinzessin in der Erdhöhle (Bondeson, Dal, S.30–34). Aufgezeichnet 1884 von August Bondeson, erzählt von Anders Backman in Äsneby (Holms socken, Nordals härad), Dalsland (Westschweden). Backman, 1826 als Sohn eines Taglöhners geboren, hatte u. a. als Knecht auf Bauernhöfen, in einem Eisenwerk und als Seemann auf dem Vänersee gearbeitet; Schreiben und Lesen hatte er sich selbst beigebracht. Seine Geschichten stammten entweder aus Schillingdrucken oder – wie auch die »Prinzessin in der Erdhöhle« – aus mündlicher Überlieferung. – AT 870; BP III, S. 443–450 (KHM 198 »Jungfrau Maleen«); vgl. vor allem Waldemar Liungman: En traditionsstudie över prinsessan i jordkulan. Göteborg 1925. – Dä-

nische Varianten bei Bødker Nr. 4 »Die Prinzessin auf der Insel«
und Nr. 52 »Die Prinzessin im Hügel« (Übersetzung einer Sage in
den »Gesta Danorum« des dänischen Historikers Saxo Grammaticus); eine schwedische bei Liungman, Weißbär, S. 101–104 »Die
Prinzessin in der Erdhöhle«. Nach Liungman ist das Märchen um
1300 in Jütland entstanden, aufbauend auf einer bei Saxo Grammaticus (Saxo VI, ix, 3.5) überlieferten Sage. Danach soll der Nor-
wegerkönig Regnaldus seine Tochter Drota aus Furcht vor dem
Schwedenkönig Gunnarus in einer Erdhöhle untergebracht haben.
Vgl. auch Edith Marold: Die Königstochter im Erdhügel. In: Fest-
schrift für Otto Höfler. Wien 1968. Bd. II. S. 351–361.

3 Der weiße Bär (Arill, Tanum, S. 67–72). Aufgezeichnet von David
Arill im Winter 1919/20 im Kirchspiel Tanum, Bohuslän, erzählt
von dem Fischer August Jakobsson (geb. 1844). Jakobsson ist einer
der besten schwedischen Erzähler in unserem Jahrhundert, er besaß
ein reiches Repertoire an Märchen und einigen Schwänken, auch als
Liedersänger hatte er einen Namen. Er ist einer der wenigen schwedischen Erzähler im 20. Jahrhundert, der auch noch Zaubermärchen
gut zu erzählen wußte, obwohl manchmal seine Geschichten Merk-
male eines späten Stadiums der Überlieferung zeigen und durch
Zusätze und Übernahme fremder Motive ausgeweitet worden sind.
Arill hat die Texte wortgetreu im Dialekt (mit gelegentlichen hoch-
sprachlichen Einflüssen und einmal mit norwegischem Einschlag)
aufgezeichnet und sie unter Beibehaltung aller wesentlichen sprachlichen Eigenheiten in der Schriftsprache veröffentlicht. Jakobsson
erzählte lebendig und anschaulich, fast ohne Gesten und ohne mi-
mische Bewegung, jedoch mit sehr lebhaftem Ausdruck der Augen.
Vgl. unsere Texte Nr. 6, 8, 10, 11, 15, 19, 26, 66, 67. – AT 934 B. –
Aus Schweden ist nur noch eine weitere Variante des Typs bekannt
(deutsch bei Liungman, Weißbär, S. 11–19 »Weißbär am See«).

4 Lasse mein Knecht oder Herzog Meves von Sevelin (Djurklou 1865,
Nr. 1, S. 119–127). Eine ebenfalls auf Djurklou zurückgehende und
viel lebendiger erzählte Fassung des Märchens findet man bei
Stroebe, S. 182–196. Ihr Text entstammt einer 1883 im Druck er-
schienenen Sammlung, in der Djurklou Texte in Mundart geboten
hatte. Seine handschriftliche Sammlung aus dem Jahre 1865, die erst
1943 gedruckt wurde, enthält z. T. dieselben Märchen, aber in der
Schriftsprache. Djurklou, der zunächst die Märchenausgabe von Hyltén-Cavallius als stilistisches Vorbild benutzte, hat einen Teil seiner
Aufzeichnungen nachträglich in Mundart übertragen und dabei erheblich verändert. Sie sind dadurch kleine Kunstwerke geworden,
aber doch weithin Djurklous eigenes Produkt. Unsere Version steht
trotz ihrer romantisierenden Sprache dem erzählten Original näher

als die spätere Fassung. Die Aufzeichnung stammt aus der Landschaft Närke, die Erzählerin war Eva Helena Norberg. – AT 562; BP II, S. 535–549 (KHM 116 »Das blaue Licht«). – Vgl. Liungman, Weißbär S. 127 f. »Der Feuerstahl«.

5 Der Goldköniginberg (Stroebe Nr. 14, S. 258–261). Aus Södermanland; aus den handschriftlichen Sammlungen des Metallarbeiters Gustav Eriksson. Die große Sammlung ist bisher in Schweden noch nicht im Druck erschienen; die Übersetzung des Textes stammt von Klara Stroebe. – Selbständige Geschichte, nicht in AT, höchstens einige Anklänge an AT 400 IV–VI.

6 Die tüchtige Katze (Arill, Tanum, S. 74–76). Aufgezeichnet von David Arill 1919/20, erzählt von August Jakobsson (s. oben zu Nr. 3). – AT 545 B + AT 704 + Mot. F 531.6.12.2.; BP III, S. 487 und BP I, S. 325–334 (KHM 214 bzw. 33a »Der gestiefelte Kater«), BP III, S. 330–332 (KHM 182a »Die Erbsenprobe«) S. 151–153. – Vgl. Stroebe/Christiansen Nr. 42 »Helge-Hal im blauen Berg«. – Der Typ AT 545 »Die Katze als Helfer« ist in Schweden sehr häufig, auch sonst in Skandinavien reich belegt. Bereits 1786 ist die Geschichte von der Meisterkatze in Schweden als Volksbuch erschienen und danach öfter nachgedruckt worden, vgl. Bäckström II, S. 237–242 und Bäckström, Öfversigt, S. 142, Nr. 7. – Die Vorstellung, daß der Unhold beim Anblick der Sonne zerspringt, ist aus dem Volksglauben vieler Länder bezeugt und in Skandinavien zuerst belegt in den Alvíssmál, einem ziemlich jungen (um 1200 entstanden?) Lied der Edda. – Die Verbindung des Stoffes mit AT 704 »Prinzessin auf der Erbse« läßt sich besonders in Schweden und Norwegen nachweisen, jedoch kaum in Dänemark, trotz Andersens bekanntem Märchen.

7 Der Schütze Bryte (Wigström, S. 55–58). Aufgezeichnet von Eva Wigström vor 1884 in Skanörs ljung (Rengs socken, Skytts härad) in Schonen, Erzähler ungenannt. – AT 553 + vgl. AT 329; BP III, S. 365–369 (KHM 191 »Das Meerhäschen«). – Der Typ AT 553 »Rabe als Helfer« ist zwar in Schweden gut bezeugt, aber die Geschichte geht wohl auf ein dänisches Volksbuch zurück, das 1831 in schwedischer Übersetzung erschienen ist, vgl. Bäckström, Öfversigt, S. 141 f., Nr. 6. – Dagegen scheint AT 329 »Sich vor dem Bösen verstecken« nur in unserem Text aufzutauchen, es fehlt in Norwegen und ist auch in Dänemark nur in wenigen Varianten bezeugt. Dennoch muß dieser Zug schon früh in Skandinavien bekannt gewesen sein, da es sich in einem wohl aus dem späten Mittelalter stammenden färingischen Tanzlied, dem Lokka táttur, findet, wo als Helfer der aus der altnordischen Mythologie bekannte Gott Loki auftritt.

8 Prinz Vilius (Arill, S. 158–164). Aufgezeichnet 1919/20 von David Arill, erzählt von August Jakobsson in Tanum, Bohuslän (s. oben

zu Nr. 3). – AT 425 B (nach Jan-Öjvind Swahn: The tale of Cupid and Psyche, Lund 1955, S. 118), dazu auch Liungman Schw. Vm., S. 95–97; BP II, S. 229–273 (KHM 88 »Das singende springende Löweneckerchen«) und BP III, S. 37–43 (KHM 127 »Der Eisenofen«). – Vgl. dänische und norwegische Versionen bei Bødker Nr. 10 »Der Hirschprinz«, auch Nr. 51 »Syritha und Othar« (Sage bei Saxo Grammaticus mit verwandten Zügen), Stroebe/Christiansen Nr. 25 »Sorge und Leid«, Nr. 29 »Der weiße Bär König Valemon« und Nr. 31 »Östlich von der Sonne und westlich vom Mond«. – Der weit verbreitete Typ AT 425 mit seinen verschiedenen Untergruppen ist auch in Schweden häufig. Die vorliegende Fassung, eine der jüngsten schwedischen Aufzeichnungen des Typs, zeigt zwar noch alle für dieses Märchen charakteristischen Eigenheiten, ist aber durch andere Motive (z. B. aus AT 461, vgl. unten Nr. 29 »Jäppa in Norrland«) ausgeweitet worden. – Vgl. auch die (nach Swahn) dem gleichen Typ angehörende Geschichte »Königssohn Weiße Schlange« (Nr. 34).

9 Eine lustige Historie vom starken Knees (Ahlström, S. 117–121, vgl. auch bes. S. 71 f.). – Der Text wurde als Beispiel für eine der ältesten schwedischen Märchenaufzeichnungen aufgenommen; er findet sich mit drei anderen Märchen in einer in der Königl. Bibliothek in Stockholm verwahrten Handschrift, die das Datum des 24. Februar 1702 und den Namen Hindrick Norijn trägt. In der Lebendigkeit der Erzählung hebt sich diese Geschichte von den drei anderen der Sammlung ab, allerdings fehlt der Schluß des Märchens. Als Gegenstück wird deshalb in dem folgenden Stück »Hundsracker« eine sehr junge vollständige Version wiedergegeben. – AT 650 A; BP II, S. 285–297 (KHM 90 »Der junge Riese«). – Dänische und norwegische Versionen bei Bødker Nr. 17 »Der starke Hans«, Stroebe/Christiansen Nr. 8 »Espenklotz« und Nr. 37 »Murmel Gänseei«. – In Skandinavien ist das Märchen überaus häufig, in Finnland finden sich z. B. mehr als 270, in Schweden über 70 Aufzeichnungen.

10 Hundsracker (Arill, S. 169–170; schwed. Titel: Kanaljeskälm). Aufgezeichnet von David Arill 1919/20 in Tanum, Bohuslän, erzählt von August Jakobsson (s. oben zu Nr. 3). – AT 650 A. Vgl. die voranstehende Anmerkung.

11 Das Mädchen, das den Riesen anführte (Arill, Tanum, S. 72–74). Aufgezeichnet von David Arill 1919/20 in Tanum, Bohuslän, erzählt von August Jakobsson (vgl. Anm. zu Nr. 3). – AT 311; BP I, S. 398–412 (KHM 46 »Fitchers Vogel«). – Eine dänische Version bei Bødker Nr. 25 »Das Schwein«. Das sonst übliche Verbot, ein bestimmtes Zimmer zu betreten, fehlt in unserer Fassung.

12 Die Geschichte von dem Bischof, der zum Papst reiste (Säve II, Nr. 202, S. 149–151). Für P. A. Säve am 29. 9. 1879 aufgezeichnet von dem Volksschullehrer C. N. Carlson (1822–1885) in Lärbro (Gotland). – AT 513 A; BP II, S. 79–96 (KHM 71 »Sechse kommen durch die ganze Welt«), III, S. 84 f. (KHM 134 »Die sechs Diener«) und III, S. 556–558 (KHM 224 »Der Horcher, der Läufer, der Bläser und der Starke«). – Das Märchen ist in Skandinavien und besonders in Schweden häufig. Auffallend an unserer Fassung ist die Verbindung mit Bischof und Papst; schon der Aufzeichner suchte das zu erklären und bemerkte hierzu: »Wahrscheinlich hat das Volk in der goldenen katholischen Zeit versucht, das Zustandekommen von seines Bischofs Reichtum auf diese wunderbare Weise zu erklären.« Wahrscheinlich dürfte sich darin aber eine nachreformatorische antikatholische Stimmung niederschlagen. – Der Stoff erscheint 1788 in einem schwedischen Schillingdruck nach einer Übersetzung aus dem Deutschen, vgl. Bäckström, Öfversigt, S. 142 f., Nr. 8.

13 Die Salzmühle (Pettersson, Nr. 57, S. 118–120). Aufzeichnet von Olof Petter Pettersson (1859–1944), geb. in Lövnäs (Vilhelmina sokken) im südlichen Lappland, war Lehrer an einer Lappenschule, einer der besten Kenner der schwedischen und lappischen Überlieferungen. Er hatte schon in den neunziger Jahren des 19. Jahrhunderts eine Sammlung von Märchen und Sagen niedergeschrieben, die verlorenging, 1936 aber wieder auftauchte. Inzwischen hatte er von 1936 an die ihm bekannten Geschichten wieder erzählt, die von Sven Liljeblad aufgezeichnet wurden. Ein Vergleich zwischen den neuen Niederschriften und der alten Sammlung zeigt oft auf längere Strecken fast wörtliche Übereinstimmung. Ein großer Teil der Texte steht im Dialekt. – AT 565; BP II, S. 438–440 (KHM 103 »Vom süßen Brei«). – Eine dänische Version bei Bødker Nr. 21 »Die Mühle auf dem Meeresgrund«. Das Märchen ist in Skandinavien reichlich vertreten. Die Geschichte von der wunderbaren Mühle, durch die am Ende das Meer salzig wird, findet man schon in der (Prosa-)Edda des Isländers Snorri Sturluson (1179–1241), der dabei ein älteres Lied zitiert, den Grottasǫngr.

14 Die beiden Schreine (Sagor på landsmål 1, Nr. 181, S. 319–321; ULMA 91 : 24, S. 37–40). Aufgezeichnet im Dialekt von Gustaf Fredrik Sundhammar (1848–1893) in Ydre, Östergötland. – AT 480; BP I, S. 207–227 (KHM 24 »Frau Holle«); W. E. Roberts: The tale of the kind and the unkind girls. Berlin 1958. – Eine weitere schwedische Variante bei Liungman, Weißbär, S. 94–95 »Goldhaar und Laushaar«. – Die vorliegende schwedische Variante spiegelt die mündliche Form des Märchens gut wieder (die Schreine gehören ihr an); ein schwedisches Volksbuch (ohne Schreine) von 1798

geht wohl auf eine französische Quelle zurück, vgl. Bäckström, Öfversigt, S. 16 f., Nr. 16, es hat die mündliche Tradition nicht beeinflußt. Die bekannte Fassung des Stoffes bei Hyltén-Cavallius »Die beiden Schreine« hat den Stoff ausgeweitet, auf die mündliche Tradition in Schweden aber wenig Einfluß gehabt.

15 Von einigen, die eine große Erbschaft holten (Arill, Tanum, S. 76 bis 79, auch bei Liungman, SSF II, S. 59–61). Aufgezeichnet von David Arill 1919/20 in Tanum, Bohuslän, erzählt von August Jakobsson (vgl. oben zu Nr. 3). – AT 304; BP II, S. 503–506 (KHM 111 »Der gelernte Jäger«). – Von diesem weit verbreiteten Märchen findet man in Schweden sieben Varianten, am reichsten ist es in Ost- und Südosteuropa bezeugt. Ein schwedisches Volksbuch von 1824 geht wohl auf das Grimmsche Märchen zurück, vgl. Bäckström, Öfversigt, S. 144 f., Nr. 14. Unsere Fassung muß aber unabhängig sein; die Frau, die ihren Sohn immer daran hindern will, seine Lebensgeschichte zu erzählen (oben S. 73 f.), hat bei Grimm keine Entsprechung, findet sich aber in anderen Varianten, z. B. bis in Einzelheiten genau in einem tschechischen Märchen »Wie der Schneider die Prinzessin bekam« (Tschechische Volksmärchen, hrsg. von Oldřich Sirovátka, Düsseldorf/Köln 1969, Nr. 1, bes. S. 10 f.).

16 Der schlaue Diebsschlingel und der Riese (Pettersson, Nr. 50, S. 91 bis 93). Aufgezeichnet von Olof Petter Pettersson, Äsele (südl. Lappland), aus eigener Erinnerung (vgl. oben zu Nr. 13). – AT 328. – Eine dänische Version bei Bødker Nr. 6 »Ederland, die Hühnermagd«. – Unsere Fassung dürfte zwar von dem entsprechenden Text bei Hyltén-Cavallius nicht unabhängig sein, ist aber viel unmittelbarer erzählt.

17 Der Gockel, die Mühle und die Knüppel (Säve I, Nr. 72, S. 206 bis 209). Aufgezeichnet von P. A. Säve, erzählt von dem Dienstmädchen Lona Bingström (geb. 1812) in Boge auf Gotland. – AT 563; BP I, S. 346–361 (KHM 36 »Tischchen deck dich, Goldesel und Knüppel aus dem Sack«). – Das Märchen ist in Schweden ziemlich häufig und auch durch Schillingdrucke, die seit 1824 nachweisbar sind, verbreitet worden, vgl. Bäckström II, S. 243–258 und Öfversigt, S. 147, Nr. 20. Unsere Fassung dürfte jedoch von den Schillingdrucken im wesentlichen unbeeinflußt geblieben sein.

18 Rumpeldipumpel (Säve I, Nr. 84, S. 240–241; schwed. Titel: Hympä-gympä). Aufgezeichnet von P. A. Säve, erzählt von Anders Södertal (1827–1869), geboren in Rute, später Schullehrer in Alskog (Gotland). – AT 571 B; BP II, S. 39–44 (zu KHM 64 »Die goldene Gans«). – Die Einzelheiten unserer Fassung sind auffallend; viele Versionen zeigen eine Neigung zur Obszönität, die sozialkritische Färbung ist jedoch nicht oft so stark ausgeprägt wie hier.

19 Das böse Mädchen (Arill, Tanum, S. 84–86). Aufgezeichnet von David Arill 1919/20, erzählt von August Jakobsson (s. oben zu Nr. 3). – AT 901. – Eine verwandte Geschichte bei Bødker Nr. 26 »Die drei guten Ratschläge«, eine weitere schwedische Variante bei Liungman, Weißbär, S. 109–111 »Der Weidenring«.

20 Das Mädchen und die Schlange (Stroebe Nr. 8, S. 215–216, Übersetzung von Klara Stroebe). Aus der noch unpublizierten Sammlung des Metallarbeiters Gustav Eriksson, aus Södermanland. (Vgl. oben zu Nr. 5.) – AT 433 A. Das Märchen ist eng verwandt mit AT 433 B »König Lindwurm«, das sich vorwiegend in Süd- und Westschweden unter dänischem Einfluß gehalten hat, während AT 433 A weiter verbreitet ist. Dänische Varianten bei Bødker Nr. 2 »König Lindwurm« (AT 433 B) und Nr. 16 »Die Schlange und das kleine Mädchen« (AT 433A), eine weitere schwedische bei Liungman, Weißbär, S. 75–76 »König Weiß-Schlange«.

21 Das Glück (Säve I, Nr. 95, S. 263–265). Aufgezeichnet von P. A. Säve, erzählt von Anders Söderdal (vgl. oben zu Nr. 18). Liungman Nr. 745, vgl. AT 745 A.

22 Der Bauer und der Böse (Säve I, Nr. 52, S. 157–159). Aufgezeichnet von P. A. Säve, erzählt von Jacob Wallin (s. oben zu Nr. 1) aus Gotland. – AT 821 A. – Diese aus Schweden in vier Aufzeichnungen bekannte Geschichte ist besonders häufig in Finnland und Estland; wahrscheinlich ist sie von hier nach Schweden gelangt.

23 Die Pfarrersfrau ohne Schatten (Ohlson, Nr. 33, S. 26 f.). Im Dialekt aufgezeichnet 1928 von Ella Ohlson im Kirchspiel Junsele, Ångermanland, Erzählerin: Kätnersfrau Anna Bergkvist, geb. 1887; ihre Geschichten hatte sie in ihrer Jugend von ihrer Mutter gehört. – AT 755. – Dieses Legendenmärchen ist in Skandinavien besonders oft bezeugt, die größte Zahl von Varianten (58) findet sich in Schweden. – Eine dänische Fassung bei Bødker Nr. 37 »Die Pfarrersfrau«.

24 Der Mann mit dem grünen Bart (Sagor på landsmål 1, Nr. 260, S. 456–457; LAL 561). Dialektaufzeichnung aus dem Kirchspiel Kyrkhult (Listers härad), Blekinge, aufgezeichnet von Sven Thomasson (geb. 1856), vor 1886. – Vgl. AT 363. – Die Geschichte ist vor allem in Skandinavien, den Ostseeländern und Rußland bekannt, in Schweden verhältnismäßig häufig.

25 Die Pfarrersfrau in Sproge (Säve I, Nr. 86, S. 243–245). Aufgezeichnet von P. A. Säve, erzählt von Jacob Wallin (s. oben zu Nr. 1). – Vgl. AT 815. – Die Geschichte ist besonders häufig in Finnland, aber auch in Schweden gut vertreten, ferner u. a. in Estland, Polen, Rußland, Ungarn usw. Trotz der lokalen Bindung handelt es sich hier nicht um eine Volkssage.

26 Der Koch, der im Türkenland war (Arill, Tanum, S. 79–84). Aufgezeichnet von David Arill 1919/20 in Tanum, Bohuslän, erzählt von August Jakobsson (s. oben zu Nr. 3). – Nicht in AT und bei Liungman.

27 Der Böse und der Soldat (Götlind, Nr. 14, S. 18–19; ULMA 18). Aus Karaby (Åse härad), Västergötland. Aufgezeichnet 1909/10 von M. Carlberg nach Aug. Häggström. Teilweise im Dialekt. – AT 1157 + AT 361; BP II, S. 530 Anm. 2, BP II, S. 427–435 (KHM 101 »Der Bärenhäuter«). Eine dänische Version bei Bødker Nr. 9 »Der Bärenmann«. Besonders reizvoll an unserer Fassung ist die Darstellung des Teufels; in der Regel freit der Bursche selbst um das Mädchen. Ausgefeilte Repliken und eine Neigung zu leiser Ironie kennzeichnen auch sonst Volkserzählungen aus Västergötland.

28 Der Hoberg-Alte (Söderlund, S. 11; schwed. ohne Titel). Aufgezeichnet von dem Schneider J. Söderlund (1841–1903) im Kirchspiel Otterstad (auf Kallandsö, einer Insel im Väner-See), Västergötland. Söderlund hat Zeit seines Lebens seine kleine Heimatinsel niemals verlassen; er war sehr wißbegierig und lesehungrig. – AT 1165. – Die Geschichte ist in Schweden sehr häufig (rd. 160 Aufzeichnungen), daneben findet sie sich vor allem in Norwegen, Dänemark und Litauen. Seit dem Anfang des 18. Jahrhunderts ist sie in Schillingdrucken verbreitet, die oft nachgedruckt wurden, vgl. Bäckström II, S. 290–295. Der Stoff wurde auch dramatisiert und 1836 als Vaudeville im Königlichen Theater in Stockholm aufgeführt. – Thor gilt schon in der altnordischen Mythologie als der Hauptwidersacher der Riesen.

29 Jäppa in Norrland (Wigström, S. 17–21). Aufgezeichnet von Eva Wigström vor 1884 im Kirchspiel Hjärnarp (Bjäre härad), Schonen. Erzähler ungenannt. – AT 461; BP I, S. 276–293 (KHM 29 »Der Teufel mit den drei goldenen Haaren«). Eine norwegische Version bei Stroebe/Christiansen Nr. 10 »Der reiche Peter Krämer«, eine weitere schwedische bei Liungman, Weißbär, S. 35–40 »Die drei goldenen Haare des Riesen Groß-Schopf«. – Das Märchen ist in Schweden – wie in ganz Skandinavien – sehr verbreitet, doch ist nicht selten der auch aus der Grimmschen Fassung bekannte erste Teil – Prophezeiung, eines reichen Mannes Schwiegersohn zu werden – weggefallen oder stark reduziert. Verwandte Motive – Fahrt zu einem riesenhaften Wesen weit im Norden, wobei Antwort auf bestimmte Fragen geholt und auch ein Barthaar des Riesen mitgebracht werden – finden sich schon bei Saxo Grammaticus in dessen Sage von der Fahrt des Thorkillus zu Ugarthilocus (Saxo VIII, xv, 1–9). In Schweden gab es verschiedene Schillingdrucke des Mär-

chens nach verschiedenen Quellen, vgl. Bäckström, Öfversigt S. 39
bis 41, Nr. 39.
30 Die Prinzessin mit dem goldenen Haar (Müntzing, S. 219–223). Im
Dialekt 1938 von Nils Müntzing aus eigener Erinnerung aufgezeichnet, er hatte das Märchen 1896 von der damals fast hundert
Jahre alten Stina im Pfarrhof von Ödeby, Närke (Mittelschweden)
gehört. Nils Müntzing, geb. 1867, der aus einem um 1730 nach
Schweden gekommenen württembergischen Geschlecht stammt, ist
im Kirchspiel Ekeby (Sköllersta härad) in Närke aufgewachsen, in
unmittelbarer Nähe der Gegend, in der Gabriel Djurklou (vgl.
Nr. 4 und 56) seit den sechziger Jahren des 19. Jahrhunderts zahlreiche Märchen und Sagen aufgezeichnet hatte. Müntzing berichtet
ausführlich über die Erzähler, von denen er die Märchen in seiner
Jugend gehört hatte – außer den Eltern vor allem Dienstmädchen
und Knechte. Seine Geschichten hat er seit 1935 selbst im Dialekt
niedergeschrieben oder diktiert. Vgl. auch Nr. 40. Zuweilen – so
auch in diesem Märchen – läßt sich eine Neigung zu etwas gefühl-
voller Ausdeutung beobachten. – Nicht bei AT, Liungman setzt die
Geschichte in die Nähe von AT 302 »Riese ohne Herz«.
31 Der Junge und der Riese (Sagor på landsmål 2, Nr. 11, S. 25–31;
LAL 1285). Dialektaufzeichnung mit hochsprachlicher Übertragung,
1884 von Anders Malm (1853–1936) aus dem Kirchspiel Örsjö
(Vemmenhögs härad) in Schonen. – AT 1060 + 1031 + 1049 + 1005
+ 1006 + 1004 + 1115 + 1085 + 1088; BP I, S. 148–165 (KHM 20
»Das tapfere Schneiderlein«), auch BP II, S. 285–297 (KHM 90
»Der junge Riese«), BP III, S. 333–335 (KHM 183 »Der Riese und
der Schneider«) und BP III, S. 392 Anm. 1 und 2 (KHM 192 »Der
Meisterdieb«). Die Geschichte vom Jungen und dem Riesen ist in
Schweden sehr verbreitet, wobei die einzelnen Taten des Helden
wechseln; einige der Motive sind überhaupt nur oder vorzugsweise
in Schweden nachgewiesen.
32 Der Spanklauber (Bondeson, Dal, S. 388–394). Im Dialekt aufgezeichnet von August Bondeson 1885, erzählt von dem Kätner Johannes Andersson in Backamyren, Kirchspiel Gunnarsnäs, Dåls-
land. Andersson, geb. 1828, erzählte oft im Dialekt, seine Geschichten hatte er von seinen Eltern und anderen Personen gehört, nicht
gelesen; er hatte sie nach eigener Angabe in seiner Jugend wort-
wörtlich auswendig gelernt und behielt auch später bei allen Wiederholungen ihren Wortlaut bei. – AT 537 I–III + AT 300 IV–VII;
Kurt Ranke: Die zwei Brüder. Helsinki 1934. (FFC 114). – Die
Geschichte vom Drachentöter ist in Schweden nicht so verbreitet wie
in den anderen skandinavischen Ländern (Schweden 37, Finnland
168, Norwegen 44, Dänemark 129 Aufzeichnungen). Ungewöhnlich

ist die Verbindung mit AT 537, der Episode mit dem Vogel, mit dem der Held durch die Luft reist. Diese letztlich bis in das alte Sumer zurückreichende Geschichte findet sich in der schwedischen Überlieferung sonst nicht, die Verbindung mit der Drachenkämpfergeschichte ist auch anderswo kaum belegt. – Vgl. eine dänische Fassung des Drachenkämpfermärchens bei Bødker Nr. 5 »Hans mit den Wasserstiefeln«.

33 Stoppelpelz (Sagor på landsmål 1, Nr. 172, S. 276–279; ULMA 1112:5, S. 116–120; schwed. Titel: Pälserubba). Aufgezeichnet im Dialekt in den siebziger Jahren des 19. Jahrhunderts von dem Sprachwissenschaftler Adolf Noreen in Östra Ämtervik, Värmland. – AT 510 B; BP II, S. 45–56 (KHM 65 »Allerleirauh«). – Vgl. eine dänische und eine norwegische Version bei Bødker Nr. 18 »Mette Holzkäppchen« und bei Stroebe/Christiansen Nr. 27 »Kari Holzrock«. In unserer Fassung ist besonders die Einleitungsepisode mit ihrer stark formelhaften Dialogwiederholung auffallend, im weiteren Verlauf sind einige Einzelheiten verlorengegangen. Die Übertragung einer Geschichte in Dialogform findet sich öfter bei den von Noreen in Värmland aufgezeichneten Geschichten, vgl. etwa unsere Nr. 64 »Der Junge und der Bischof«.

34 Königssohn Weiße Schlange (Bondeson, Dal, S. 117–120). Aufgezeichnet 1884 von August Bondeson, erzählt von Jakob Glader, geb. 1823, Schieferhauer in Hagemossen (Nordals härad), Dalsland. – AT 425 B (nach Jan-Öjvind Swahn: The tale of Cupid and Psyche, Lund 1955). Liungman, S. 125–127 (unter AT 433 A), Liungman, Schw. Vm., S. 100–102.

35 Der Wacholderbusch (Bondeson, Dal, S. 330–339). Dialektaufzeichnung von August Bondeson, 1884, Erzähler: der pensionierte Soldat Johannes Glader (geb. 1812) im Kirchspiel Ör (Nordals härad), Dalsland. – AT 402; BP II, S. 30–38 (KHM 63 »Die drei Federn«) und BP II, S. 466–468 (KHM 106 »Der arme Müllerbursch und das Kätzchen«). Vgl. eine norwegische Version bei Stroebe/Christiansen Nr. 53 »Der Bursche, der um die Tochter der Mutter im Winkel freien wollte« sowie zwei weitere schwedische bei Liungman, Weißbär, S. 80–83 »Das erlöste Schweinchen« und S. 83–87 »Die Mäusebraut«.

36 Pelle Koch (Säve I, Nr. 76, S. 217–221). Aufgezeichnet von P. A. Säve, erzählt von dem Seemann und Fischer Johan Cederlund, geb. 1780 auf Öland, seit etwa 1802 auf Gotland, gest. 1860 in Visby. – AT 506 B. – Das Märchen ist vor allem in Skandinavien verbreitet, vereinzelt auch in Holland, Rußland und der Tschechoslowakei. Nach Liungman ist es im 17. Jahrhundert in Dänemark entstanden, seit 1824 erscheint es auch als Schillingdruck, vgl. Bäckström II,

S. 144–156. Eine weitere schwedische Version bei Liungman, Weißbär, S. 52 f. »Bootsmann Pelle«.

37 Der Zaubertopf (Hyltén-Cavallius samlingar, Nr. 57, S. 164–165).
Aus Hyltén-Cavallius' und Stephens' handschriftlicher Märchen-
sammlung; nach einer Anmerkung von Stephens stammt unser Text
aus Uppland, der Aufzeichner ist unbekannt. – AT 591. Das Märchen ist besonders in Dänemark und Schweden zu finden, einige Varianten zeigen zuweilen ungewöhnliche sozialkritische Schärfe. Vgl.
eine dänische Version bei Bødker Nr. 20 »Der Topf« sowie eine
weitere schwedische bei Liungman, Weißbär, S. 122–124 »Der steh-
lende Kessel«.

38 Der geizige Pfarrer und die drei Kupferlinge (Säve I, Nr. 77, S. 221
bis 223). Aufgezeichnet von P. A. Säve, erzählt von Jacob Wallin
(vgl. oben zu Nr. 1). – AT 592; BP II, S. 490–503 (KHM 110 »Der
Jud im Dorn«). – Eine weitere schwedische Variante bei Liungman,
Weißbär S. 121 f. »Der Lehnsmann im Dornenstrauch«.

39 Der König und der Soldat (Sagor på landsmål, Nr. 233, S. 394–398;
ULMA 92:44, S. 27). Dialektaufzeichnung von Per Gustav Wi-
strand (1852–1912) aus dem Kirchspiel Skirö (Östra härad) in Småland, 1874. – AT 952; BP III, S. 450–455 (KHM 199 »Der Stiefel
von Büffelleder«). – Unsere Fassung entspricht nicht in allen Einzelheiten dem Typus, ist aber ungewöhnlich lebendig erzählt und hat –
was in den schwedischen Aufzeichnungen selten ist – vollständige,
aus der Erzählsituation verständliche Anfangs- und Schlußformeln
bewahrt. – Vgl. eine dänische Version bei Bødker Nr. 47 »König
Ludwig XVIII. und die Räuber«.

40 Der Junge, der die Königstochter zum Lachen brachte (Müntzing,
S. 43–46; ÖBFA 1345). 1938 im Dialekt aufgezeichnet von Maja
Forsslund, erzählt von Nils Müntzing (vgl. oben zu Nr. 30). Aus
Ekeby oder Hovsta, Närke. – AT 675; BP I, S. 485–489 (KHM
54a. »Hans Dumm«). – Eine dänische Version bei Bødker Nr. 41
»Der faule Lars«. Das Märchen ist in Schweden ziemlich häufig; un-
sere Fassung unterscheidet sich in einigen Punkten von den üblichen
Versionen. Daß dem Jungen ein Wunsch von einem Waldgeist
(skogsrå) erfüllt wird, ist ein den Volkssagen eigentümlicher Zug.

41 Die Prinzessin, die niemals heiraten wollte (Götlind, Nr. 26, S. 33 f.;
VFF (Liu.) 352; Text auch bei Liungman SSF I, S. 338–340, deutsch
bei Liungman, Weißbär, S. 139–142 »Wettstreit in Schlagfertig-
keit«). Aufgezeichnet 1925 von der Lehrerin Lisa Nilsson nach
einem Erzähler in Västerbitterna (Laske härad), Västergötland. –
AT 853. – Ein Wortstreit, der ebenfalls sehr derb ist und damit endet, daß die Fragende am Ende unfähig ist zu sprechen, findet sich
schon bei Saxo (Saxo V, iii, 16–18).

42 Der Hahn (Bondeson, Dal, S. 386–388). Im Dialekt aufgezeichnet 1885 von August Bondeson, erzählt von Johannes Andersson (vgl. oben zu Nr. 32). – AT 715.

43 Die Tiere, die die Trolle verscheuchten (Götlind, Nr. 3, S. 3 f.; ULMA 111:237b). Von Sven Lampa 1897 in Längjum (Laske härad), Västergötland, im Dialekt aufgezeichnet. – AT 130; BP I, S. 237–259 (KHM 27 »Die Bremer Stadtmusikanten«). – Vgl. eine weitere schwedische Variante bei Liungman, Weißbär, S. 151–153, »Die Tiere im Nachtquartier«.

44 Wie der Bär zu seinem kurzen Schwanz kam (Bergström/Nordlander, Nr. 6, S. 17 f.). Aus Ångermanland. – AT 1 + AT 2; BP II, S. 108–117 (KHM 73 »Der Wolf und der Fuchs«). – Eine weitere schwedische Variante bei Liungman, Weißbär, S. 155 f. »Fuchs und Hase betrügen sich«.

45 Der hungrige Fuchs (Götlind, Nr. 2, S. 2 f.; ULMA 25:69, 2). Von G. A. Alström vor 1883 in der Gegend von Od (Gäsene härad), Västergötland, im Dialekt aufgezeichnet. – AT 122 A; BP II, S. 206–210 (KHM 86 »Der Fuchs und die Gänse«). – Häufiger wird die Geschichte vom Wolf erzählt, sie ist in Schweden gut bezeugt.

46 Wie der Fuchs aus dem Brunnen heraufkam (Ohlson, Nr. 3, S. 7 f.; ULMA 2064:7). Aufgezeichnet von Ella Ohlson 1928 im Dialekt im Kirchspiel Junsele, Ångermanland, Erzähler: Otto Nilsson (geb. 1861), der sich vor allem an Tiergeschichten erinnerte. – AT 32.

47 Wie der Kranich und der Fuchs einander bewirteten (Pettersson, Nr. 10, S. 51 f.). Aufgezeichnet von Olof Petter Pettersson in Lappland (vgl. oben zu Nr. 13). – AT 60. – Die weitverbreitete Geschichte ist in Skandinavien ziemlich häufig; in Schweden zeigt schon eine Vignette in einem Rechtstext von 1440 diese Szene.

48 Warum der Hase kein Haus hat (Pettersson, Nr. 3, S. 47). Dialektaufzeichnung von O. P. Pettersson (vgl. oben zu Nr. 13). – AT 81. Vor allem aus Schweden bekannt.

49 Der Hahn, der Kuckuck und das Eichhörnchen (Sagor på landsmål 1, Nr. 258, S. 451 f.; LAL 563, 7). Im Dialekt aufgezeichnet von Sven Thomasson, vor 1886, aus dem Kirchspiel Kyrkhult (Listers härad), Blekinge. Vgl. oben Nr. 24. – Vgl. AT 120. In Skandinavien – vor allem in Schweden und Finnland – häufig. Die lautnachahmenden Tierrufe heißen im Schwedischen: *Tackat vare Gud, kon ä min* (Hahn); *Go ko* (Kuckuck); *Käraste vänner o bröder, dajlen den dajl som rätt ä* (Eichhörnchen).

50 Hahn und Henne (Nordlander, Nr. 263 A, S. 150 f.). Aus Småland nach einem Manuskript von Hyltén-Cavallius. – AT 2021 A; BP II, S. 146–149 (KHM 80 »Der Tod des Hühnchens«). – Eine weitere schwedische Variante bei Liungman, Weißbär, S. 158 f. »Hahn und

Huhn«. In vielen Varianten schließt daran noch der Leichenzug des toten Hähnchens.

51 Der Riese, der sieben Fuder Grütze und sieben Fuder Milch gegessen hatte (Götlind, Nr. 9, S. 10 f.; ULMA 25:69. 2). Vor 1883 im Dialekt aufgezeichnet von G. A. Alström im Gebiet von Od (Gäsene härad), Västergötland (vgl. oben Nr. 45). – AT 2027 oder 2028. – Vgl. eine norwegische Version bei Stroebe/Christiansen Nr. 30 »Die Katze, die so viel fressen konnte«, sowie zwei weitere schwedische bei Liungman, Weißbär, S. 167 f. »Das eßlustige Weib« und S. 168–170 »Die freßlustige Katze«.

52 Da ging ich zu meinem Bruder (Nordlander, Nr. 260 B, S. 145 f.). Aus der Sammlung von Stephens und Hyltén-Cavallius, aus Småland. – AT 2010 A; Liungman, S. 416, Liungman, Schw. Vm., S. 350 (unter GS 2041). – Die Tirade ist nach Liungman nur in Dänemark und Schweden (hier 30 Aufzeichnungen) belegt, doch gibt es sie u. a. auch in einem englischen Lied sowie in französischen Überlieferungen, vgl. Iona and Peter Opie: The Oxford dictionary of nursery rhymes. Oxford 1958. Nr. 100, S. 119–124. – Eine weitere schwedische Version bei Liungman, Weißbär, S. 164 »Vom ersten bis zum neunten Weihnachtstag«.

53 Der Bauer, der Hausierer und der Böse (Säve II, Nr. 113, S. 22–24). An Säve durch die Lehrerin Elisabeth Bolin (1828–1866) in Visby, Gotland, von der Säve allein 66 Geschichten erhalten hat. – AT 812; BP III, S. 12–17, besonders S. 15, Anm. 1 (KHM 125 »Der Teufel und seine Großmutter«); Liungman, S. 266 f. und 414 f. (zu GS 2036), Liungman, Schw. Vm., S. 219 und 349.

54 Der Teufel und Kitta Grau (Bondeson, Dal, S. 122–124). Aufgezeichnet von August Bondeson 1884, erzählt von Jakob Glader (vgl. oben zu Nr. 34). – AT 1074 + AT 1170; BP III, S. 339–355 (KHM 187 »Der Hase und der Igel«). AT 1074, das neben AT 255 (Wettlauf zwischen Fuchs und Krebs) zu stellen ist, ist in Schweden sehr häufig und viel öfter belegt als die Tierform der Geschichte. Auch AT 1170 (Das böse Weib im Glasschrank) findet sich vor allem in Skandinavien und hier am reichlichsten in Schweden. Der Schwank erscheint auch in einem Schillingdruck von 1826, vgl. Bäckström, Öfversigt, S. 145 f., Nr. 16.

55 Der Alte Erik in der Mühle (Sagor på landsmål, Nr. 72, S. 126–129; ULMA 90:41:7). Dialektaufzeichnung mit hochsprachlicher Übertragung, aufgezeichnet in den siebzig Jahren des 19. Jahrhunderts von K. Karlsson in Rättvik, Dalarna. Diese Teufelsgeschichte hat bereits stark sagenhaften Charakter.

56 Der Pfarrer und der Mesner (Djurklou, S. 100–104). Dialekttext, nach Djurklou teils in Gåsborn in Värmland, teils in Sköllersta

und in Norrbyås in Närke aufgezeichnet; als Erzähler werden die Mesner Vesterdahl und A. Bovall genannt. Die vorliegende Fassung ist somit eine Kontamination aus verschiedenen Aufzeichnungen, sie findet sich nicht in Djurklous handschriftlicher Sammlung von 1865 (vgl. oben zu Nr. 4). Der Stoff ist in Schweden in etwa einem Dutzend Varianten bezeugt, diese Version wurde ausgewählt, um Djurklous Darstellungsweise zu veranschaulichen. – Nicht bei AT; GS 1793 (Liungman, S. 402, Liungman, Schw. Vm., S. 337).

57 Der Pfarrer und der Teufel (Småland, Nr. 102, S. 271 f.). Aufgezeichnet von dem Propst Carl Fredrik Cavallius (dem Vater von G. O. Hyltén-Cavallius), wahrscheinlich vor 1840. – AT 1838. – In Schweden ziemlich verbreitet.

58 Jerusalem und Pilatus (Säve I, Nr. 53, S. 159 f.). Aufgezeichnet von P. A. Säve, erzählt von Jacob Wallin (vgl. oben zu Nr. 1). – AT 1735. – Der weit verbreitete Schwank ist in Finnland und Schweden besonders häufig und hier schon in der Schwanksammlung »Måål-Roo eller Roo-Måål« (1676–78) von Samuel Columbus (1642–1679) bezeugt.

59 Der geizige Pfarrer und der Knecht (Götlind, Nr. 49, S. 53 f.; ULMA 111:237b). 1897 in Längjum (Laske härad), Västergötland, von Sven Lampa im Dialekt aufgezeichnet (vgl. oben Nr. 43). – AT 1736. – Vgl. eine dänische Version bei Bødker Nr. 42 »Eine lustige Geschichte«.

60 Die lebenden Statuen (Wigström, S. 103 f.). Aufgezeichnet von Eva Wigström vor 1884 im Kirchspiel Ousby (Östra Göinge härad), Schonen. – AT 1730 + AT 1829.

61 Der Pfarrer und die kluge Frau (Waltman, Ny saml., S. 28–31). In den Jahren nach 1890 von K. H. Waltman im Kirchspiel Frostviken (im nördlichen Jämtland) im Dialekt aufgezeichnet und in die Hochsprache übertragen. Erzähler: Jonas Larsson, Schullehrer, geb. 1855. Die Einwohner dieser Gegend sind in der Mitte des 18. Jahrhunderts aus Norwegen eingewandert, der Dialekt unterscheidet sich von benachbarten jämtländischen. – AT 1845.

62 Der Bauer, der Pfarrer wurde (Kläckeberga I, Nr. 446, S. 534–539; schwed. ohne Titel). Im Dialekt von Elise Zetterqvist in den achtziger Jahren des 19. Jahrhunderts in Kläckeberga oder Dörby (N. Möre härad), Småland, aufgezeichnet. – AT 1641 C + AT 1825 A; Liungman, S. 379 (zu GS 1629) und S. 402, Liungman, Schw. Vm., S. 317 f. und S. 338. Die Geschichte findet sich in Schweden recht häufig, sie ist 1833 auch in einem Schillingdruck bezeugt, vgl. Bäckström, Öfversigt, S. 84, Nr. 49.

63 Der ungeladene Hochzeitsgast (Rothman, Nr. 331, S. 82 f.). Dia-

lektaufzeichnung von Sven Rothman, 1911/12; Erzähler: Andersson (geb. 1836) in Göl, Hällestad, Östergötland. – AT 885.

64 Der Junge und der Bischof (Sagor på landsmål, Nr. 168, S. 268 f.; ULMA 1112:5, S. 130). Im Dialekt aufgezeichnet Anfang der siebziger Jahre des 19. Jahrhunderts von Adolf Noreen in Östra Ämtervik, Värmland. – AT 922; dazu vor allem Walter Anderson: Kaiser und Abt. Helsinki 1923 (FFC 42). – Die vorliegende Version ist auffallend durch die fast völlige Umgestaltung in Dialogform, vgl. dazu oben Nr. 33. – Eine dänische und norwegische Version bei Bødker Nr. 46 »Der Pfarrer und der König« und Stroebe/Christiansen Nr. 48 »Der Pfarrer und der Küster«. – Ein schwedischer Schillingdruck nach einer deutschen Vorlage ist für 1829 bezeugt, vgl. Bäckström, Öfversigt, S. 82, Nr. 40.

65 Der Bauer und die Ohrfeige (Säve II, Nr. 211, S. 160 f.). Aufgezeichnet von P. A. Säve, erzählt von dem Bauer Lars Olsson (1799–1874) in Kalbjärga, Fårö (nördlich Gotland). In Schweden recht häufig; manchmal tritt der Dichter Bellman (vgl. unten zu Nr. 82) an die Stelle des Bauern. – AT 1557; Liungman, S. 371 (zu GS 1543), Liungman, Schw. Vm., S. 310.

66 Mann und Frau sind sich einig (Arill, Tanum, S. 95–97). Aufgezeichnet 1919/20 von David Arill in Tanum, Bohuslän, erzählt von August Jakobsson (vgl. oben zu Nr. 3). – AT 1415; BP II, S. 199 bis 203 (KHM 83 »Hans im Glück«). Eine ähnliche Überlieferung findet sich in der altnordischen sogenannten Refs saga in der Gautreks saga, in Spuren auch bei Saxo Grammaticus. Ob ein unmittelbarer Zusammenhang besteht, ist ungewiß.

67 Die alte Frau, die die Kuh verkaufte (Arill, Tanum, S. 100 f.). Aufgezeichnet 1919/20 von David Arill in Tanum, Bohuslän, erzählt von August Jakobsson (vgl. oben zu Nr. 3). – AT 1382. – In Skandinavien und den baltischen Ländern bekannt, besonders häufig in Finnland und Schweden.

68 Wie der Mann ein Pulver aus der Apotheke holte (Götlind, Nr. 38, S. 44 f.; ULMA 111:462). 1903 von S. Johansson in Äsled (Vartofta härad), Västergötland, im Dialekt aufgezeichnet. – AT 1372.

69 Das verhexte Kalb (Svensén, Nr. 11, S. 26 f.). Stark mundartlich gefärbte Aufzeichnung von Emil Svensén in Erinnerung an seine Kinderzeit (1863–1867), Emådal in Kalmars län, Småland. – AT 1281 A + vgl. AT 1574 B; Liungman, S. 339 (zu Nr. 1281*) und S. 409 (zu Nr. 2005*), Liungman, Schw. Vm., S. 281 und S. 345. – AT 1574 B ist nur in Schweden bezeugt; gewöhnlich schneidet ein Schneider aus Geiz ein Stück von seinem eigenen Rock ab.

70 Der Junge aus Göinge (Wigström, S. 123–126). Von Eva Wigström vor 1884 im Kirchspiel Risebärga (Norre Åsbo härad), Schonen,

aufgezeichnet. – AT 1381 B + AT 1685; BP I, S. 311–322 (KHM 32 »Der gescheite Hans«). – Über die Bewohner von Göinge gibt es eine ganze Reihe von Spottgeschichten.

71 Zwei aus Västergötland treffen sich (Jirlow, S. 35 f.). Aufgezeichnet von dem Bergmann Anders Gustaf Andersson (geb. 1843), wahrscheinlich bald nach 1859 im Kirchspiel Hjulsjö, Västmanland. – AT 2014. – Bewohner von Västergötland zogen als Hausierer durchs Land, über sie gibt es zahlreiche Anekdoten und Schwänke, in denen sie oft nur als *knalle* »Hausierer« bezeichnet werden, vgl. z. B. oben Nr. 53.

72 Die beiden Västergöten, die nichts erschrecken konnte (Sagor på landsmål Nr. 191, S. 333 f.; ULMA 92:43). Dialektaufzeichnung 1876 von Anders Gustaf Svensson (1852–1933) aus S. Vedbo härad (Eksjö landsförsamling), Småland. – AT 1833 A*; Liungman, S. 343 (zu GS 1342), Liungman, Schw. Vm., S. 285. Bisher nur in Schweden und Dänemark bezeugt.

73 Die Dalekarlier (Sahlström, S. 22–25). Dialektaufzeichnung mit hochsprachlicher Übertragung von E. G. Sahlström in den achtziger Jahren des 19. Jahrhunderts, aus dem Kirchspiel Fryksände in Värmland. – Vgl. AT 1227 + Liungman GS 1224 + AT 1260. – AT 1227 (Eichhörnchen nachklettern) ist besonders häufig in Finnland und Schweden, GS 1224 (Festhalten des Bären) wurde bisher nur in Schweden aufgezeichnet, AT 1260 (Selbstkochender Topf) ist weit verbreitet; vgl. dazu Kurt Ranke: Der Schwank vom Schmaus der Einfältigkeit. Helsinki 1955 (FFC 159). – Die Bewohner von Dalarna werden vor allem in den Nachbarlandschaften wegen ihres rauhen Wesens verspottet.

74 Die Dalekarlier auf Bärenjagd (Jirlow, S. 36). Erzählt von Anders Gustaf Andersson (vgl. oben zu Nr. 71). – AT 1225.

75 Der Grasfresser auf Öland (Kläckeberga, Nr. 447, S. 538–541). Dialektaufzeichnung mit hochsprachlicher Übertragung aus den achtziger Jahren des 19. Jahrhunderts, aus Kläckeberga oder Dörby (N. Möra härad, Kalmars län), Småland. Vgl. oben zu Nr. 62. – AT 1203. – Besonders in Westschweden verbreitet.

76 Wie die Öländer Holz holen wollten (Kläckeberga, Nr. 448, S. 540 bis 543; schwed. ohne Titel). Dialektaufzeichnung mit hochsprachlicher Übertragung (wie Nr. 75). – AT 1246 + AT 1344; Liungman, S. 336 und S. 343 (zu GS 1343), Liungman, Schw. Vm., S. 279 und S. 285. Beide Typen (Axt wegwerfen und Feuer durch Ohrfeige oder dergl.) sind in Schweden am häufigsten bezeugt.

77 Der Finne in Seenot (Jirlow, S. 37). Erzählt von Anders Gustaf Andersson (vgl. oben zu Nr. 71) im Kirchspiel Hjulsjö, Västmanland. – Nicht bei AT, nicht Mot. – Der Erzähler stammt nach eige-

ner Angabe selbst von Finnen ab, die in Västmanland eingewandert waren. Finnensiedlungen existierten bis in unsere Zeit, es gibt eine ganze Anzahl von Geschichten, in denen man sich über das unvollkommene Schwedisch der Finnen lustig machte.

78 Der taube Bauer (Sederström, Nr. 27, S. 159 f.). Aufgezeichnet von Sven Sederström, geb. 1810 in Långasjönäs, Kirchspiel Asarum, Blekinge; seine Geschichten stammen aus Blekinge oder Småland und gingen dann in die Sammlung von Hyltén-Cavallius und Stephens ein. – AT 1698 J; BP III, S. 149. Vor allem in Schweden verbreitet, hier sehr häufig.

79 Das sage ich das nächste Mal (Götlind, Nr. 48, S. 52 f.; VFF [Liu.] 430). Aufgezeichnet 1925 von R. Johansson in Västerbitterna (Laske härad), Västergötland. – AT 1696; BP III, S. 145–151 (KHM 143 »Up Reisen gohn«). – Eine dänische Variante bei Bødker Nr. 32 »Der Gang in die Mühle«. Häufig muß am Ende der Bursche den ganzen Vorgang wieder zurückverfolgen, so daß er sich zuletzt doch an seinen Auftrag erinnert (wie in der Fassung bei Bødker). In unserer Version ist das verlorengegangen, wodurch die derbe Schlußformel zum Höhepunkt wird.

80 Mann und Frau tauschen ihre Arbeit (Waltman, S. 40–43). Dialektaufzeichnung mit schwed. Übertragung 1889/90 aus Jorm in Frostviken, Jämtland. (Vgl. oben zu Nr. 61). Erzähler: Per Bengtsson, geb. 1844; er war ein ausgezeichneter Erzähler, von ihm stammen die meisten Geschichten aus dem ersten Teil von Waltmans Sammlung. – AT 1408.

81 Salomos Katze (Götlind, Nr. 58, S. 59 f.; auch Liungman, SSF II, S. 47 f.; LVLF 3 a 39). Dialektaufzeichnung aus den achtziger Jahren des 19. Jahrhunderts von A. Wingstrand, aus den Bezirken Valle und Kinne, Västergötland. – AT 217. – Der Schwank geht auf die Geschichte von Salomon und Marcolph zurück, die spätestens seit 1646 in Schweden in Schillingdrucken verbreitet war, vgl. Bäckström Öfversigt S. 63–65, Nr. 2. Daneben gab es aber auch eine schwedische mündliche Tradition, der unsere Version angehören dürfte.

82 Bellman-Geschichten. Der in Schweden außerordentlich populäre Dichter Carl Michael Bellman (4. 2. 1740–11. 2. 1795) hat in der Volksüberlieferung Schwedens einen wichtigen Platz: an ihn haben sich zahlreiche Anekdoten und Schwänke angelagert. Sein Wirken als Dichter spiegelt sich nur ausnahmsweise in diesen Geschichten; vgl. dazu o. S. 265.

a) Bellman und Eulenspiegel (Götlind, Nr. 59, S. 61; ULMA 111:406). Dialektaufzeichnung von J. Möller, um 1900, aus Korsberga (Vartofta härad), Västergötland.

b) Bellmans Abschied (Kallstenius, Nr. 148, S. 99; schwed. ohne Titel). Dialektaufzeichnung von Gottfrid Kallstenius, 1900, erzählt von Har-Jon, etwa 60 Jahre alt, aus Kroppa, Värmland.

c) Wer wirft den ersten Stein? (Manuskript in ULMA 4299, S. 121 f.). Dialektaufzeichnung von Bertil Nygren am 3. 5. 1932 in Norsjö, Västerbotten.

d) Wie Bellman in einer Pferdehaut lag (Manuskript in ULMA 8828, S. 79–82). Dialektaufzeichnung von Erik Sandberg, 1935, nach Hugo Nilsson in Äsle, Västergötland.

e) Bellman und die Smittin (Manuskript in ULMA 8828, S. 83–88). Dialektaufzeichnung in Lautschrift von Erik Sandberg, 1935, erzählt von Hugo Nilsson in Äsle, Västergötland.

f) Bellmans Hinrichtung (Manuskript in ULMA 2668:5, S. 47). Aufgezeichnet 1929 von Ella Ohlson im Kirchspiel Ramsele, Ängermanland.

(Die Texte c) und e) wurden bereits veröffentlicht in: Wo der rote Pfeffer wächst. Geschichten aus Abend- und Morgenland, Düsseldorf/Köln 1970, S. 262–264, wo man auch eine Variante zu a) und eine weitere Bellman-Geschichte findet.)

83 Wie Hante zum Schneider mit einem Mantelstoff ging (Götlind, Nr. 60, S. 61 f.; ULMA 111:406). Dialektaufzeichnung von J. Möller, um 1900, aus Korsberga (Vartofta härad), Västergötland. – Liungman GS 2043; BP II, S. 203 (zu KHM 83 »Hans im Glück«).

84 Jetzt lügst du! (Sagor på landsmål, Nr. 145, S. 242 f.; ULMA 42: 9, S. 197 f.). Dialektaufzeichnung in den siebziger Jahren des 19. Jahrhunderts von Jan Magnusson in Granbäckstorp, Kirchspiel Gräsmark (Fryksdals härad), Värmland. – AT 852 + 1960 E + 1960 A + vgl. 1889 P + 1960 F + vgl. 1889 E; BP II, S. 506–516 (KHM 112 »Der himmlische Dreschflegel«). – Eine weitere schwedische Version bei Liungman, Weißbär, S. 137–139 »Das ist eine Lüge!«, eine dänische bei Bødker Nr. 40 »Die große Lüge«.

Fettgedruckte Zahlen bezeichnen AT-Nummern, fettgedruckte GS-Nummern beziehen sich auf Liungman, Zahlen in Normaldruck bezeichnen die Textnummern in der vorliegenden Sammlung.

INHALT

Nordische Titel in den
»Märchen der Weltliteratur«

Norwegische Volksmärchen

Geschichten von Peer Gynt, vom König Olaf und der Trollfrau.
Unterirdische Waldgeister und Huldren geben sich hier ein Stell-
dichein. Bereits im 38. Tsd.

Finnische und estnische Märchen

Die klassische Sammlung des August von Löwis of Menar jetzt im
28. Tsd. Sie berücksichtigt die ursprünglichen Mythen und Märchen der beiden finnisch-ugrischen Völker und auch einige wichtige
Texte des alten Livland. Erzählungen der Köhler und Holzfäller,
die mit Dämonen und tiergestaltigen Wesen auf Du und Du stehen.

Märchen aus Island

»Das Natürliche und Erklärbare gehen hier mitunter mit dem Wun-
dersamen und Mysteriösen Hand in Hand. Geschichten von Gei-
stern, Gespenstern und Spukgeschichten, aber auch Erzählungen
von kolossalen Trollweibern, von armen Fischern und dem Bauern,
der seine entlaufene rote Stute vergeblich in allen vier Himmelrich-
tungen sucht. Was uns noch heute für diese Märchen einnimmt, ist
der trockene, von Romantisierung freie Erzählton. Die Märchen in
Kurt Schiers sachkundig zusammengestellter Sammlung geben
Kunde von einer beachtenswerten Erzählkunst.«

Neue Zürcher Zeitung

Eugen Diederichs Verlag